卓有成效的管理者

卓有成效的管理者

大全集

丛书编委会◎编著

吉林出版集团股份有限公司

图书在版编目（CIP）数据

卓有成效的管理者 /《超值典藏书系》丛书编委会编著.

— 长春 : 吉林出版集团股份有限公司, 2014.7

（超值典藏书系）

ISBN 978–7–5534–4965–4

Ⅰ. ①卓… Ⅱ. ①超… Ⅲ. ①管理学 – 通俗读物

Ⅳ. ①C93–49

中国版本图书馆CIP数据核字(2014)第153180号

超值典藏书系　卓有成效的管理者

编　　著	丛书编委会	
责任编辑	刘　霁	
开　　本	787mm × 1092mm	1/16
字　　数	300 千字	
印　　张	20	
版　　次	2014 年 9 月第 1 版	
印　　次	2015 年 11 月第 3 次印刷	

出　　版	吉林出版集团股份有限公司
	（长春市人民大街 4646 号　邮编：130021）
经　　销	全国新华书店
电　　话	总编办：0431-85600386
	市场部：025-66989810
	北京市场部：010-85804668
网　　址	www.keyigroup.com
印　　刷	永清县晔盛亚胶印有限公司

ISBN 978–7–5534–4965–4　定　价：39.80 元

在当今社会，企业管理已经成为一门不可或缺的学问。上至企业领导，下至企业员工，无不将提升效率作为企业管理的重头戏。

作为一名优秀的领导者，企业管理最重要的一个环节就是"工作管控术"，主要是指将企业的日常工作依照企业的章法，有条不紊地进行。但是，想要成功推动工作的进行，其中的难度是不容忽视的。首先，你应该懂得什么是当前必须要处理的工作，之后在此基础之上，好好展开工作，循序渐进地进行，直到达成预想的目标，可以做到这一点就需要努力提升员工的工作效率。

当然，除了提升员工的效率之外，想要成为一名优秀的企业管理者，在完善自身的同时还要不断增加自己在管理方面的知识。

其实，任何组织都需要对人员、资源等进行管理。同样的道理，每一个家庭、每一个人也需要管理，包括管理自己的学习、时间、情绪、财富等。例如，我们早晨起来时要先去锻炼身体，吃完早饭后再去上班，在工作中先做什么，后做什么，如何完成领导安排的工作，回到家之后要如何安排娱乐休闲的时间等。这些行为处处都体现着我们的管理智慧。

生活中的任何一个环节都离不开管理。有效的管理可以大大提升生产效率，达到低投入、高产出的目标。

对于管理的概念，不同的人持有不同的意见，每一个人对管理都有自己的诠释。大家都在管理活动中体现出各种不同的风格，这种差异与自身的性格息息相关。

不管管理风格存在怎样的差异，管理活动都会折射出背后的一些最基本的管理理论与管理方法。将这些理论与方法提炼出来，便可以为今后管理活动的展开提供有力的证据，让大家的事业发展得更加顺利。

　　出于这样的目的，我们才特意编撰了《卓有成效的管理者》一书。本书是为了让大家更多地了解管理学，在此基础上，通过个人的努力，成为一名出色的企业管理者。书中的语言通俗、故事鲜明、条理清晰，希望广大读者可以从中吸取更多关于管理方面的智慧。

目录
CONTENTS

一个优秀的企业，制度是制约员工的准则，也是奖惩的分界线。完善的制度体系可以帮助企业变得更好。此时，经营者就会问了，如何制定企业制度呢？这要根据企业的自身情况来决定。但是，对了要奖励，错了要惩罚，这一点是不能动摇的。任何事物都是"无规矩不成方圆"，不能改变的是准则，不能破坏的是规矩。

赏罚分明不动摇

自古以来，"赏罚分明"都是企业管理中一条不变的、有效的铁律。

熟读兵法的人都知道诸葛亮这个人物，他最广为人知的计谋就是"空城计"以及"草船借箭"了。诸葛亮不仅是善于使用计谋，他做事的准则也是非常值得我们学习的。

"街亭战役"也是历史上比较著名的战役之一。街亭战役失败之后，诸葛亮对将领马谡的惩罚，以及给予王平的奖赏，都体现出了诸葛亮"奖勤罚懒"的原则。

街亭战役是诸葛亮首次北伐的战役。北伐前，他任命马谡为前锋，让他镇守街亭要地（街亭位于今甘肃秦安县东北）。临行前，诸葛亮再三叮嘱马谡："街亭虽小，但关系重大！街亭是通往汉中的咽喉要道。如若失掉街亭，我军必败无疑。"诸葛亮还详细指示，让马谡在临山近水处安营扎寨，小心谨慎，不得有任何的失误。

马谡到达街亭后，不仅没有按照诸葛亮的指令临山近水地安营扎寨，部署兵力，反而骄傲轻敌，将营寨部署在远离水源的街亭山上。魏明帝曹睿得知消息后，立即派得力大将张郃领兵出击。张郃进军街亭，侦察到马谡远水上山，不禁心中大喜，立即挥兵掐断水源，阻断粮道，将马谡的军队围困在山上，然后命令放火烧山。蜀军饥肠辘辘，水源全无，导致军心散乱，军队还未出战就已混乱不堪。于是，张郃乘势进攻，蜀军大败。街亭的失守导致战争局面骤变，迫使诸葛亮不得不退回汉中。

街亭战役后，诸葛亮对于战败原因进行了总结，为了严肃军纪，不失军心，诸葛亮下令将马谡革职入狱，斩首示众。马谡临刑前，上书诸葛亮："街亭战役失败，是我违背丞相的叮嘱，才会导致兵败。丞相将我斩首，以警后人，马谡死而无怨，只是恳请丞相在我死后能照料好我一家的妻儿老小，这样我就死而无憾了。"诸葛亮看后，心中百感交集，不禁流下眼泪。但如若违背军法，免去马谡死刑，又会失去众人之心。最后，诸葛亮下令斩首马谡。同样的，诸葛亮对在街亭之战中立有战功的大将王平予以奖赏，还提升了他的官职。诸葛亮的做法真正做到了赏罚分明。

在现代企业的经营管理中，管理者也要做到像诸葛亮一样，奖罚分明、恩威并施，这对员工来说是一个很重要的激励手段。形象一点儿比喻的话，就是管理者手中同时拥有"甜枣"和"巴掌"，要让员工明白，努力工作就能尝到枣子的甜，犯了错误就会感受到挨巴掌的疼痛。这样，赏罚分明的原则才不会让员工的心理失衡，而员工为了得到枣子的甜，领导的奖赏，就会更好地工作，企业的运转才会更加顺利。

在企业运行中，只有管理者"赏罚分明"，不断地强化正确的行为、抑制错误的行为，企业才可以得到更好的收获。"赏"是对员工正确行为的肯定，有利于帮助管理者鲜明正确地表明，员工哪种行为是自己认同和赞许的；"罚"则是对员工错误行为的否定，有利于管理者表明哪种行为是被禁止的，不允许的。

要赏罚分明，管理者就要做到有理有据。摩托罗拉公司的赏罚原则就是其中的代表。虽然现在公司已经倒闭，但是其的优秀管理方法仍值得我们后面的企业借鉴。

摩托罗拉每季度对员工个人进行一次评估，每年对部门进行一次评估，并且在年底召开业务的总结会。根据一年以来对员工个人以及部门的评估报告，决定员工来年个人的薪水涨幅情况，以及决定哪些员工获得晋升的机会。二、三月份，摩托罗拉公司都会挑选出一批优秀的员工到摩托罗拉的总部去考核与学习，五、六月份的时候会决定哪些员工会成为公司的管理职位人选。

摩托罗拉员工的评估成绩表是参照美国国家质量标准制定的，非常地规范。摩托罗拉的员工每年都会制定工作目标，其中包括两个方面：一方面是宏观层面，其中有战略方向、战略规划以及优先实施的目标；另一方面是业绩，这一方面可能包括员工在财政方面、客户关系、员工之间的关系以及与合作伙伴之间的一些作为等。

摩托罗拉员工的薪酬多少与晋升机会都与评估成绩紧密相关。摩托罗拉对员工的评估并不仅仅是为了员工薪酬的调整和晋升提供有效的依据，但是，对于员工薪酬的调整和晋升的机会，评估报告已经体现出摩托罗拉赏罚分明是最为重要的一个工具。

企业就是一个军队。军队赏罚分明，可以提升军队的战斗力；公司赏罚分明，可以提升企业的在市场的竞争力以及企业运转的高效力。如果企业赏罚不分明，一切制度都将成为虚设；赏罚分明，企业制度就更容易得到巩固和完善。企业管理者在赏罚分明方面还要注意以下几点：

第一，有功必赏。下属有功劳却不能获得奖赏，那么，员工必会心生怨气，陷入懈怠的情绪之中，工作失去积极性和主动性。久而久之，员工的工作效率就会下降，最终企业的运转得到阻碍，员工就会离弃企业，企业也会面临倒闭。

第二，有过必罚。企业必须讲究制度和纪律。团队事务是公，不能因为个人感情而有过不罚。有过不罚，就等于企业管理者自动放弃了惩罚机制；有过不罚，所有员工都会无视企业制度与纪律，认为犯错也是可以的。这样，企业内部一盘散沙，就不能同心协力，企业的运转也会受到阻碍。

第三，奖罚一定要恩威并施。员工取得成绩，管理者一定要及时给予奖励和肯定，来激励下属取得更优异的成绩；如若员工犯了错误，管理者也要给予批评和惩罚，让员工认识到自己的错误，警醒员工。最重要的，赏罚一定要公平，否则会引起员工心理上的不平衡，导致混乱的局面发生。

第四，管理者不能讲究亲疏远近。一旦管理者公私不分，对于犯错误的人不惩罚，员工心中就会对管理者有或多或少的意见。这样下去，管理者在员工心中的形象也会逐渐下滑，公司制度也就成了摆设，同时公司的经营也会出现问题。

企业管理中，赏罚分明的原则是不能动摇的。取得成绩就要表扬，犯了错误就要惩罚，这样公平的态度才会让员工觉得公平，员工的工作效率也会为了追求奖赏而大大提高。

今日事，今日毕

子曰："人无远虑，必有近忧。"《礼记·中庸》亦云："凡事预则立，不预则废。"人生应该有长远的目标，并对目标进行规划。长远的目标还可以分为每天的目标，完成每天的目标，这样一一地实现，最终的终极目标也会实现。"今日事今日毕"，勿将今日事拖到明日。今天的事情必须在今天完成，不要拖到第二天，第二天又会有新的任务需要完成，企业同样应该如此。对于客户的要求在当天给予满足，做到今天之内给予完成，绝不拖延。

世界首富比尔·盖茨，微软公司的董事长，慈善家。他的成功让所有人钦佩，但他的成功并非偶然。目标一天一天地实现，最后得以成功。在比尔·盖茨的家乡，每年都会举行阅读比赛。由于比赛的举办方是当地的图书馆，所以比赛的内容自然与阅读和背诵有关了。在每次比赛中，比尔·盖茨都会进前三甲，名列前茅。最好的成绩是捧回冠军的奖杯。人们开始把比尔·盖茨当成天才来看待。

其实，比尔·盖茨并不是天才，他之所以能捧回冠军奖杯，与他小时候的好习惯是分不开的。原来，比尔·盖茨小的时候一直有阅读的好习惯，他9岁就看完了《百科全书》，11岁就已经可以背诵《马太福音》里面最长的段落了。他能捧回冠军奖杯，都要归功于他的外婆。当外婆发现小时候的比尔·盖茨有着惊人的记忆力和思考问题的能力时，外婆就每天要求比尔·盖茨背诵一定的文章段落并思考文章中的一些问题，如果今天完不成任务，比尔·盖茨就绝不可以玩电脑。比尔·盖茨也一直坚持按照外婆的要求去做，

007 | 第一章 ▶ 企业制度是基础 |

他每天告诉自己，今天的任务就应该今天完成，明天还有新的任务需要完成。在外婆的训练下，比尔·盖茨一天天长大，一直奉行每日事每日结的原则。直到现在，比尔·盖茨也不会把今天的事情拖到明天去完成。

比尔·盖茨的成功离不开好的习惯。计划的作用就是让自己的任务在今天之内完成，比尔·盖茨就是如此。每天完成计划，绝不拖延，所以，比尔·盖茨的成功才会让人赞叹。

作为全球营业额最大的连锁企业，沃尔玛每个连锁店的生意都非常好，走进沃尔玛，你可以感受到亲切的服务，每个店员都非常忙碌，沃尔玛超市内有这样的标语：1.顾客永远是对的；2.如果顾客有错误，请参考第一条。这样的服务态度让沃尔玛成为连锁业的巨头。最重要的一点是沃尔玛每个店员在太阳下山之前必须干完当天的事情，不管连锁店所处的位置在哪里，顾客提出的要求，店员就必须在今天之内满足顾客。这是沃尔玛的工作原则之一，同时也是最重要的。

这条工作原则规定了沃尔玛的所有员工在接到顾客、供应商或其他需要服务的电话时，必须当天对这些电话进行答复。这正是沃尔玛对顾客作出的服务友好承诺的一个例子。迅速地答复顾客表明关心顾客，沃尔玛的员工不一定要在日落之前必须解决每一个问题或者完成每一项任务，但员工会与顾客保持联系，方便解决顾客的疑问。这体现了沃尔玛公司的三大信仰之一——沃尔玛服务顾客。

某一天晚上，沃尔玛即将关门的时候，有一家四口走进这家即将关门的沃尔玛。这家沃尔玛是设在夏季旅游景点的一家商店。虽然这家沃尔玛将关门了，可是店员还是把他们迎进了店里，询问他们需要什么帮助。原来这家人刚刚来到这个镇上的夏季别墅，却发现别墅里没有水，他们来买根水管。于是店员将他们领到卖水管的柜台，却发现没有他们需要的那种水管。同样的事情如果发生在其他的商店里，并且是晚上已经过了关门的时间，大多数店员应该会说："对不起，这里没有您需要的水管，您还是到其他商店问问吧！"

可是沃尔玛的员工不会这样做。发现没有客户需要的水管的时候，店员马上打电话帮助他们订购需要的水管。后来他们在一家管道商那里找到了需要的水管，于是店员和他们一起到管道商那里，帮助客户挑选出合适的水管，然后送到他们的别墅里，把水管安装好，检查完水管是否漏水才离开他们的别墅，这时已经是午夜12点多。沃尔玛店员的热情服务与周全考虑，让这家人可以舒适地享受夏季别墅。可以肯定的是，在享受到沃尔玛热情周到的服务之后，这家人在以后的日子里绝对会成为沃尔玛最忠实的顾客，并且他们还会给沃尔玛的服务做宣传，带去更多的顾客。

还有一次，在星期天的早上，沃尔玛商店的药剂师接到店里打来的电话，同事告诉他，有一位顾客是糖尿病患者，却不小心将她的胰岛素扔进了垃圾箱，现在有些危险。药剂师知道，糖尿病患者如果没有胰岛素就会有生命危险，所以他立即赶到店里，打开药房，为这位顾客提供了胰岛素。

这只是沃尔玛员工实现商店的日落原则。在这样一个忙碌的地方，每个人的工作都相互关联着，当天的事情当天做完，是员工的做事准则。无论电话是从何处打来，员工都要尽量在当天给予答复，不能完成的，也要与顾客保持联系，这也是沃尔玛成功的原因之一。就是这样的一种原则，让员工时刻为顾客着想。朴素的原则中有着无穷的力量，这正是企业的成功之道。

企业的发展同样需要今日事今日毕。成功的企业每天都会制订工作计划，让员工的工作在今天完成，鼓励员工为顾客着想，有准则地完成任务，这样，企业的发展才会长治久盛，企业走向成功的步伐才会加快。

执行分工要明确

对于一个优秀的团队而言，完整的执行体系，明确的执行分工是有利于企业有条不紊运行的因素之一。所以，当管理者想要为团队创建一个完整的执行体系时，管理者需要关注几个部分。

在一个团队中，首先需要一个聪明的人。当然，聪明的人要同时具备高智商和高情商。如果不能同时具备，那么，就找出具有高智商和高情商的两个人。聪明的人反应比较敏捷，接受新事物的能力也较强。所以，他能够很好地融入一个新的领域当中去，并且会根据所学的知识，融合不同领域的知识，提出自己的想法和建议，使之变得更加具有创新性。同时还需要德才兼备的人。一个优秀的管理者既要有高尚的品德又要有过人的才能。此外，还要能够更好的笼络人才。还需要善于策划的人，让企业更好地运行，善于维持秩序的人，让执行分工更加明确，同时交际能力强大的人也不可少……

团队成员的构成必须合理，这样才能分工明确，更好地执行任务。团队不是管理者随便找一帮人聚在一起工作的。团队成员之间应该是有共同之处，又有各自长处的人，做到在团队中互补不足，取长补短，这样才可以让团队更好地走下去，企业才能更好地发展。

一家公司里有一个六人的团队，虽然他们各自有短处，但是已有各自擅长的东西，可以在合作中优劣互补，执行能力和解决问题的能力非常强大。可是每次项目经理在的会议，所有人都不说话，事情布置完以后，散会走人，开会的状态非常不好。这样的原因是经理每次都会在开会前会将所有人批评一次，导致大家开会时也是垂头丧气的，心中的怨念越来越多，工作效率也在下滑。

原来的六人团队合作得非常好，就是由于项目经理，变得下滑。所以，管理者在团队中，不能只看到成员的短处，更要看到员工在团队中，执行能力的效果，他们在执行过程中创造的价值。如果管理者只看到短处，那么，员工的信赖也会失去，企业的发展也会受到阻碍。

团队的执行能力是取得效率的基础。所以管理者要保证团队的执行力，就要做到：做正确的事，用正确的人和正确地做事。意思就是，有明确的企业经营战略，企业的发展方向，提升员工的执行能力，让员工充分发挥自己的长处，朝着企业的发展方向做事。团队的执行能力，就是帮助企业实现企业目标的一种能力。管理者制定出企业的目标，通过团队去有效地实现。联想公司的柳传志说："想保证团队执行力，就要用合适的人去做合适的事。"只有这样，才能更好地贯彻执行任务。

管理者与员工进行沟通，可以促进团队更好地执行。沟通会更加理解双方。在团队中，有一个良好的工作环境是企业提高效率的基础。通过沟通，团队成员之间可以更好地增强凝聚力和向心力，集思广益，提出更好的意见和建议，促进合作。通过这种员工和管理者的共同努力，使决策贯彻得更加彻底。

公司的战略目标应该是员工执行的动力。企业制订出长久的战略计划，不仅可以让员工产生动力，还可以让员工在工作、执行的时候更有效率。现代企业的经营，大多数的企业利用绩效指标来管理团队。在这用管理者、团队的执行效果非常好。这是因为多劳多得的原则让员工的动力大增，为了得到更好的回报，员工就会努力工作，执行的效率也会不断增加。企业管理中，通过绩效考核让员工更好地落实执行，让员工在执行中更好地完成工作，也是管理者可以借鉴的方法。

那么，企业该如何更好地增强团队的执行能力呢？这就需要管理者做到以下的几个方面：

首先，让员工心中充满执行的决心。企业运营中，员工如果犹豫不决，瞻前顾后，没有很好的决心的话，就不能很好地执行。所以，管理者要制定出很好的目标，以及明确的态度，让员工更有信心地执行，更好地去完成目标任务。有时候，魄力和决心也是取胜的关键。强大的团队精神，可以帮助企业更好地发展。其次，还要制定明确的执行步骤，比如：

1. 制订战略计划，确立企业的发展方向，增加员工的向心力。

2. 明确分工，让员工清楚自己的职责。

3. 绩效考核，奖惩制度。

4. 团队合作，达到利益的最大化。

当然，团队的执行计划并不仅限于此，企业还需要根据自身的发展情况，制订出详细的发展计划及规章制度。只有团队的执行能力增强了，企业制定的目标才会完成，企业才会更好地发展。

管理者还要有改造团队的勇气。当团队出现问题的时候，就要去解决问题。企业经营中，出现问题是难免的，管理者要善于发现问题，及时地解决问题，才能让团队的合作变得更加顺畅，更好地创造效益。有时，管理者也需要对旧的格局进行改革，只有敢于去改变，才会有一个新的结果。及时地解决问题，也是一种执行力高效的表现。在员工心中树立企业的发展目标。只有员工把自己当作企业的主人了，才能更看重企业的发展，员工的执行力也会上升，企业才会有一个更好的发展。让员工在团队中充分发挥自己的优势来帮助企业，让企业实现更长远的发展。员工的合作互补，也可以让执行力变得高效。

卡耐基说："对于一个上班迟到的人来说，你如果不惩处他，那么工厂里其他所有人就都有了迟到的理由。"所以，管理者还需要对于破坏规则的员工进行及时地批评，不能让这些员工的行为使得其他员工的心中生出不平的怨念。管理者做到一视同仁，员工自然会为企业的发展做出贡献。

晋升机会是动力

企业经营中，每一名管理者都会用晋升的机会激发员工的工作激情。因为管理者觉得，晋升是动力，可以更好地让员工投入工作中去，更好地为企业效力，创造价值。可是，管理者忘记了，晋升的梯子也是有顶端的。一旦员工成功升职，他们想要的或许会更多，等到员工的需求管理者无法满足时，管理者应该怎么做呢？这也是管理者应该思考的问题。

在奖励员工和晋升员工方面，管理者不能一次给尽。这样，不但不能让员工在今后的工作中更加努力，可能还会让员工变得飘飘然，不能专注于工作。员工升职的速度快，也会产生一些不良的影响。

但是，当管理者发现身边的员工极具潜能的时候，就要破格提升员工，员工为企业的发展效力，帮助企业更好地发展。能够很好地提拔企业中有潜力的员工，也体现出管理者发掘"千里马"的非凡才能。对于人才的提拔、重用，管理者都要不断地观察，让那些有才能的员工更好地发挥自身的才能，帮助企业的发展。

享誉全球的松下电器创始人松下幸之助，就是因为提拔山下俊彦为总经理，才会有松下电器今天如此显赫的成就。当时的山下俊彦只是一名普通的员工，他39岁的时候被提拔为松下分公司的部长，后来又担任了公司的董事。

山下俊彦能够成为松下公司的董事，完全得益于他卓著的经营成绩和出众的才能。并且，山下俊彦清楚地看到公司内部的弊端，进行改革，使公司发展得更好。千里马总会遇上伯乐，松下幸之助发现了山下俊彦的才能，知道他是难得的人才，也是整个公司里最优秀的将才。于是，松下幸之助破格提拔山下俊彦。山下俊彦当上总经理以后，也颇有松下幸之助的才能。他重视有才能的年轻人，提拔有才能的员工，凭借自己出众的战略眼光和能力，使松下电器在短短几年之内得到很大的发展，企业的业绩也是突飞猛进。

在山下俊彦当总经理的第二年，松下公司的经营状况呈直线上升。到了1983年，松下公司的利润总额比1977年几乎增加一倍。松下公司也逐渐被世界知晓，企业发展越来越强大。

所以管理者应该知道，对于员工，不能让他升迁过快，即使他的能力出众，但是也不能让有才能的员工等得太久。特别是管理者发现一名员工的能力超群时，不能错失机会，要让员工升迁，为企业的发展创造更好的效益。

管理者要认识到，员工的业绩到底如何，在短时间内是无法考核的。如果员工升职的时间和周期太短，管理者不能客观地考核员工的工作情况，也不能很清楚地知道员工的工作能力。因为员工在这个岗位还没有什么成效就被升职了，一些内在的素质和真实情况，并没有充分地表现出来。正如明代的宰相张居正说的那样："器必试而后知其利钝，马必驾而后知其驽良。"想知道这个员工是否具备才能，是否应该被重用，就需要管理者在工作中不断地了解员工，知道员工的才能，最终决定员工是否被提升。管理者在提拔员工的时候，需要对员工进行全面的考察，品德、才能、考勤、业绩等都已经考核过了，那么，管理者可以观察员工的一些其他的品质，是否到位。如果对员工提拔太快，管理者就不能很好地考察员工了。

管理者过快地提拔员工，会让员工不能很好地认清自己，不利于员工的成长。有些员工即使得到了提拔，但是并没有做好充分的准备去迎接新的岗位，没有足够的经验积累，不能很好地知道自己到底是否适合这个岗位。这样，即使员工晋升了，在新的岗位上，也不会得到成长。同样的，过快地提拔员工，还不利于员工在工作中取得成效，反而可能会助长员工的权力欲望。过快地升迁，会让员工的责任感受到影响，急功近利的心态也会随之产生。为了让自己升职，可能会做出一些不利于公司发展的事情来。

在员工的晋升过程中，管理者需要让员工明白，想要得到夏好的岗位，不是一时就可以得到的，必须通过自己辛勤的努力达到目标。因此，管理者提拔员工不要过快，最好设置一个过渡阶段，把握提拔人才的尺度。也就是说，管理者不能让那些有才能的员工一直原地不动，在员工有出色表现的时候，就要及时地奖赏。但同样的，管理者也要让员工明白，虽然他很有才能，但是晋升还是要等到合适的时候才可以，让员工明白，晋升只是时间早晚的问题。

合理的晋升机制，对员工来说是一种激励，也是可以帮助企业收获效益的一种方式。所以，管理者在制定晋升机制的时候，要让员工明白，晋升是一种长期和不确定的诱惑，想要获得很好的成功，得到提拔，就要在工作中不懈地努力，通过自己的努力取得成功，得到晋升的机会。

管理者都希望自己的企业可以得到长久的发展，那就需要在企业里建立一种完善的晋升机制。可是，管理者也会思考，如何建立比较完善的机制呢？首先，这还需要根据企业的实际情况，具体分析，建立属于符合自己企业发展的机制。

更重要的是让员工看到晋升的空间和价值，让他在工作中充满激情与动力。员工在工作中充满激情，工作的效率才会更高，企业的效益也会随之更高。如果管理者能在企业中为员工创造更大的施展空间，让他感到有挑战，有期待，管理者同时还要控制晋升的速度，让员工一步一步地成功，一步一步地晋升。

优胜劣汰的法则

在企业中，员工的工作效率肯定有高有低，工作能力也是一样。想要企业更好地发展，就需要员工齐头并进，就需要员工的能力差不多，即使有差别，也应该很小。这就需要管理者在企业中制定优胜劣汰的法则。只有这样，才可以帮助企业更好地发展。

在企业中，总会有人处在末尾的位置。那么，这要用什么标准去考量？管理者根据员工工作完成的效果可以对员工进行考量。当然，前提是管理者给员工分配的工作是员工所擅长的，能够让他发挥自己的才能。如果员工不能很好地完成管理者制定的目标，管理者就要考虑是否让员工去学习一下新的技能，或者让员工涉及一些其他的工作。最后，如果员工的工作状态一直不好，管理者就要考虑是否辞退员工了。

企业的优胜劣汰，就是为了保持团队工作的高效率。淘汰在企业的发展中是个不可回避的话题。必须强调的是，淘汰员工不是因为员工天生不行，而是这位员工可能不适合这个岗位的工作，不能很好地发挥他的优势。因此，当一名员工不胜任或者不合适这个工作岗位的时候，就必须淘汰。更重要的是，淘汰并不意味着就要将这名员工辞退，而是让员工到更能发挥他优势的岗位去，为他安排新的工作。

所以，优胜劣汰的原则应该是这样的：为了企业更好地发展，满足在市场竞争中的需要，通过客观地评价和考核，对员工进行分析，最终，让员工到适合的岗位去发挥自己的才能，从而使企业的效益变得最大化，帮助企业更好地发展。这种优胜劣汰的原则，是为了更好地激发员工的工作潜力，提升团队的竞争力。

李经理是一家公司人力资源部的主管，他所在的公司一直以来实行优胜劣汰的制度，在年终的时候还会对员工进行全方面的考核，对员工按照10%的比率进行淘汰。企业这样的制度听起来很好。但是，公司实行这样的制度不到一年，就不了了之了。这是因为，干活儿越多的人，出错的几率就越大；越坚持原则的人，得罪的人越多；结果这两类人的年终评分都非常的低，按照公司的规定，只好把他们淘汰了。但是公司其他的员工都为他们感到惋惜，意见也很多。最后，公司的制度就被舍弃了。李经理对此很是疑惑：为什么明明制度是好的，却没有任何的效果？

在企业中，要制定完善的优胜劣汰的制度，就需要考虑淘汰的标准和淘汰的比例。也就是说，企业淘汰的制度，是否符合自身的情况。如果企业制定的制度不符合实际的情况，而管理者又不能客观地评价，最后只会让优秀的人才流失，混日子的人继续在公司里，使管理者失去了员工的信任，不利于公司的长久发展。

管理者确定末位淘汰准则的时候。不能只是简单地评价员工当前工作业绩的好坏，还要对他基本的工作能力进行考察，进一步确认员工在企业中的发展潜力。管理者还要知道，员工的绩效差异，除去自身的因素外，还与他的工作环境、工作的难易程度、人际关系、等等有很大的联系。决定员工绩效成绩的因素相当地复杂，在很大程度上，员工无法自己掌控，所以，管理者对员工的考核也不能以偏概全。要全面客观地考核员工，得出准确的结果。

对那些绩效成绩好的员工，管理者可以及时地给予晋升或者学习的机会，帮助员工更好地发展自己，促使他不断进步。对那些绩效成绩不佳的员工，管理者应该分析出不佳的原因，让员工改善，从而使绩效成绩变好，而不是为了企业的利益而辞掉员工。如果是员工自身原因的话，管理者当然可以采取淘汰的方式。但如果是岗位不适合，管理者就要让员工到可以发挥他优势的岗位上去，为企业的发展创造效益。

团队在创建初期和成熟期是两个完全不同的阶段，优胜劣汰的制度也是不同的。企业创建之初，需要团队员工充分发挥出自己的高效率，因此就要以高素质为用人的目标，一旦发现不行，立刻淘汰。但当企业发展成熟之后，员工的竞争机制建立了，分工更加明确，这时的淘汰机制，就应给予员工学习的机会，让落后的员工更快地追赶上大部队。

企业经营中，优胜劣汰是法则，但同时也要注意以下几个问题：

1. 优胜劣汰是绩效考核体系中的一种

优胜劣汰的目的，是通过这样一种管理机制，激发员工工作的积极性。通过竞争，使整个企业处于一种上进的状态，有利于提升工作效率和团队利益。

2. 客观地判断末位

管理者需要公正客观地判断末位，不让优秀员工被不公平的机制摆弄。管理者做到公正客观，更有利于优胜劣汰的客观性，最终确定出末位。

3. 重点关注比例问题

对于一个企业而言，优胜劣汰的比例过高和过低都会产生问题。如果比例过高，很容易导致企业的后备力量不够，也就是没有更有能力的人胜任岗位，还会给员工增加心理负担。如果比例过低，又会达不到想要的效果，不能发挥其作用。所以，管理者要慎重考虑优胜劣汰的比例更好地发展企业。

4. 淘汰后的安排问题

有些员工如果在哪一方面都不能胜任，这样，只好辞退员工。但是，如果员工只是没有找到适合自己岗位，这就需要管理者考虑安排员工接下来的工作，让员工去更适合他的岗位上去发挥作用。企业对成员要量才而用，不可简单因为员工的绩效成绩，就辞退员工。管理者要具体问题具体分析，对员工进行客观地分析，让员工到适合的岗位上发挥优势，帮助企业发展。

没有规矩不成方圆

俗话说："无规矩不成方圆。"这句话永远不会过时。在企业的经营运转中，更是需要制度的存在。企业中的自由就是员工有权去做企业允许的事情。当然，企业允许的事情，就是企业制度规定了的。任何企业的运行都要有规矩，这样，企业的运转才会更加有利，企业才会走向辉煌。

世界管理大师德鲁克认为：组织结构可以帮助每个部门或者每个人去理解自身的任务，与此同时又可以理解共同的任务，帮助员工理解如何让自己的任务去适应整体的任务。一个好的组织结构能够更好地促进企业取得成就，能够让员工在自我激励的条件下快速地将决策转化成为行动，帮助企业取得成就。

企业制度不仅仅是让员工了解哪些事情是可以做的，哪些事情是不可以做的，哪些事情是对的，哪些事情是错的；企业的制度还应该包括员工的自我管理。其中员工的自我管理的大致范畴包括：员工对企业组织方式的认同程度，对企业文化的理解程度，员工自身的羞耻感、自我约束能力以及自我激励的能力，还包括员工在工作中所表现出的积极性与能动性，对所承担工作的完成能力，能够达到公司设定目标的自信心，克服困难的勇气，战胜挫折的毅力，和同事的友好相处的能力，以及在工作中表现出合作的精神等等。

美国管理界的权威人士，被誉为"质量管理之父"的戴明博士。一次，他在讲课中讲到这样一个企业案例：一家合资的美国工厂即将倒闭。一位日本人受命去这家即将倒闭的合资工厂，这位日本人只用了三个月的时间就让即将倒闭的合资工厂起死回生了，让人惊奇的是这家工厂还赢利了。

很多人会问，这是为什么呢？其实道理非常简单，那位日本人后来解释道："这是因为美国人也是一般意义上的人，他们也拥有正常人的需要和价值观，对待他们要像对待正常人一样，他们自然会付出使得工厂起死回生。"

企业帮助和引导员工去实现自我管理才是真正的"人性化管理"，而不是企业去要求员工完全按照已经设计好的方法和方式去工作，思考以及行动。企业对待员工，要真正地让员工认识到自己也可以有自己的想法，像对待普通人一样，不能让员工处于木偶的状态。只有实现真正的"人性化管理"，企业才会走向成功。

世界著名的西门子企业有一个口号叫做"自己培养自己"。这句口号是西门子发展企业文化或者价值体系最成功的办法，还反映出了西门子企业在员工管理上的独到见解。西门子把员工的全面培训以及继续教育等列入了企业战略发展规划并贯彻实施，让员工认识到，只要认真工作，任何人都有晋升的机会。这也是西门子成功的原因之一。

然而，西门子所做的并不止这些。他们还把一定的注意力放在了如何更好地激发员工的学习愿望，更好、更正确地引导员工进行自我激励，营造出共同承担责任的环境，在工作中富有创造性等方面，以便员工和企业可以共同成长，共创辉煌。对于西门子来说，先发展员工，再让员工来发展企业的想法才是真正帮助西门子成功的方法。西门子认识到：企业的成功并不只是靠着管理者的头脑和智慧，还需要团队的力量。员工的发展，就是企业自身的发展，只有员工强大了，企业才会真正的强大。

面对越来越激烈的市场竞争，企业一定要拥有成功的经营人才。拥有成功人才的前提就是：企业经过千挑万选的员工大部分都是优秀的，他们干练、灵活，并且能够全身心地投入工作当中。他们拥有强大的爆发力，能够积极地发展自我潜力。而企业也正是因为有了这些优秀员工才能获得业绩的增长和利润。

企业运行中，员工的自我约束力是最有效的管理制度，也是企业事半功倍的法宝。员工做到自我约束与管理，并不是一件非常容易的事情。这需要管理者及时地帮助与引导等，最重要的是企业要具备一套能够促进员工进行自我管理的规章制度。员工的自我管理也需要企业的帮助，所以，企业不能放任员工自我管理。只有将员工与企业结合起来，企业才会变得强大、成功。

有研究表明：100人以下的团体在自我管理的方面显得尤为出色，一旦超过这一数目，效果就会明显下降。这是因为：小团体具有交流成本较低的特点，能够更快地向顾客反馈，使得效率更高和收益更大。所以，管理者在管理团体的时候，可以让员工分为几个团队，小团队合作，从而使效益达到最大化。

我们都知道，企业如果缺乏明确的规章制度，员工在工作中就非常容易产生混乱，企业运转低下，工作效率下降等后果。如果员工有令不遵、有章不循，按照个人的意愿行事造成无序浪费与严重的后果，更是一件非常糟糕的事。所以，任何企业在经营运转过程中都需要一个完善的制度体系，不仅是对员工的工作环境，更是对员工自身的约束，让员工明白，在企业的运转中，自我约束力可以更好地帮助员工取得成绩。员工的自我管理也要及时地给予表扬，让员工更好地发挥作用，帮助企业实现目标。

懒惰因子要清除

在企业中，有辛勤工作的员工，同样也有偷懒的员工。如何让员工由懒变勤，是所有管理者经营企业的时候，都会思考的问题。懒惰的人对于工作没有什么特别的上进心，整天混吃度日，一有时间都会钻空子，逃避工作，还妄想以最少的付出，获得最大的回报。他们对于企业没有忠诚度。管理者在面对这些懒惰的员工的时候，要想办法让懒惰的员工变得勤劳。正如澳大利亚商学院的一位博士生本杰明·沃克曾说的那样："一个团队中最懒的那个成员，实际上就可以决定一个项目最终的成功或失败。"所以，企业想要获得成功，管理者就应将这些懒惰的因子清除掉。

从前，一个小村庄里住着一位农夫。虽然他只有很小的一块田地，但是他非常地珍惜，而且很认真地耕种。有一年，田地的收成很不好，到了该播种的时候只有一小袋的种子。播种的时候，天刚亮，他就起床，来到了他的田里播种。

播种过程中，他十分地小心，生怕遗失了一粒种子。到了中午，正是太阳毒辣的时候，他播种得累了，停下来在树旁休息。可是当他坐下的时候，一把种子突然洒了出来，掉进了树洞里。虽然种子很少，但是相对于农夫本就不多的种子而言，丢了就是损失。农夫非常心疼，于是，他拿着铲子，决定从树洞中挖出种子。天气越来越热，汗水不断地留下来，但他还是不停地挖。当种子终于挖出的时候，他发现树洞里还有一个盒子。他捡起种子，又顺便打开盒子，那一刻，农夫惊呆了，盒子里都是黄金，那些黄金足够让他生活得非常富裕。

从此以后，这个贫穷的农夫成了一个富有的人，人们无比羡慕地说："你真是世界上最幸运的人。"

农夫却笑着说："不错，我是很幸运，但这些都源于我的辛勤劳作和对种子的珍惜。"

可见，辛劳可以为人带来更多的财富。而懒惰的人，只会偷懒，逃避本该属于自己的工作，所以，金子才不会被你挖掘到。想要获得金子，需要自己努力，想着偷懒就获得，那是不可能的事情。工作也是一样。只有通过自己的双手打拼出来，才是有价值的。上天看重的是那些生于艰难、手脚并用打天下的人，而不是偷懒逃避的人。想要获得更好的回报，不付出是不行的。行动才是最美的步伐，空想、偷懒只会让原本的毅力被磨平，最终碌碌无为地生活。

为了避免员工在工作中偷懒，管理者要建立合理科学的奖惩制度。让员工明白，奖勤罚懒，这样不但可以增强员工工作的积极性，还可以赢得员工的信赖，帮助企业发展。

有些管理者认为，一个团队的整体水平，应该是每个成员的平均水平。

所以在工作的时候，就要安排一个能力特别强的人，帮助团队拉高水平。但是，如果团队中有一个技术不熟练的员工，或者是一个懒惰的员工，那么，团队的水平就会大大地降低，影响企业的发展。在勤劳的员工心中，也会心生不平，最终出现秩序、制度等的混乱。即使团队中一些有能力的人努力地表现好的方面，他们也无法弥补那些懒惰成员的影响。也就是说，懒惰的人最终决定了团队的整体的水平，甚至是团队的成与败。

面对企业中懒惰的人，管理者必须采取一些制度来制止这种现象。企业中没有制度管理，缺乏具体的奖惩措施，对于偷懒的员工没有惩罚，那么，所有的员工都会选择偷懒不去工作了。所以，管理者一定要在企业中建立完善的奖惩制度，监督员工，保证进度的量化，将那些懒惰的人驱逐出团队，以保证企业的长久运营。如果企业的成员在职业道德和责任感方面缺乏，就很容易产生懒惰的情绪。所以，管理者建立奖惩制度的同时，还要培养员工的责任心和职业道德。

一个企业或者一个团队的不成功，是因为人才的缺失，而人才的缺失是因为企业中的懒惰因子。懒惰的人在工作中偷懒，却得不到惩罚，努力工作的员工就会心生怨念，久而久之，员工心中的积怨颇深，就会对管理者失去信心，选择离开。即使再能干的人也不会再为企业付出，没有一个人愿意做出自己应有的贡献。企业倒闭便是不可避免的。

管理者如果没有设定任何的奖惩措施，保证成员可以对团队的整体利益负责，那么，有些员工就会开始偷懒，因为没有惩罚的措施，他们企图坐享其成。当懒惰的人越来越多的时候，团队就变得不思进取，不再盈利，企业的发展也会受到阻碍。

企业的发展需要所有员工齐心协力，不仅仅是奖励，还需要惩罚。尤其是对团队中的懒惰之徒的惩罚。惩罚企业中的懒惰的人，对于勤劳的员工来说也是一种激励，因为看到一个公平的体系，所以他们更加地努力，有更好的表现。这样，通过公正的管理和奖惩制度，企业的发展会越来越好，盈利也会直线上升。

惩罚制度有利于监督员工。当发现企业中有懒惰的员工时，管理者要及时惩罚，不能任由懒惰因子在企业中存在，因为懒惰的人会影响身边的其他员工。时间长了，所有的员工都会变得懒惰，企业哪里还有效益可言？让每位员工对身边的其他员工进行监督，对懒惰的人进行共同惩罚，可以更好地建立良好的工作环境，有利于企业的发展。如果一个企业的管理者对员工的懒惰视而不见，在其他员工看来这是一件不可接受的事情。其他的员工也会效仿，懒惰弥漫，工作的环境逐渐变差，最终，企业只能走向破产。

工作效率最大化

在企业中，并不是所有员工都非常地勤快，肯定会有偷懒的人。企业制度的建立，就是为了防止在工作中出现偷工减料、偷懒逃避考核的人。想要员工的工作效率提高，企业发展得高效，就要建立有序的制度，让员工能够更好地工作，使工作效率达到最大。

管理者想要员工的工作效率变得最大化，就需要员工提前做好充分地准备，能够很好地进入工作状态中，对自己的工作有一个很好的掌握，对需要完成的事项做好计划等。只有员工的工作效率提高了，企业的效率才会随之提高。

如果企业的员工都是敷衍了事的，那么，企业的运转会变得非常缓慢，想要完成的目标也会一再地拖延。即使管理者有远大的抱负，对企业的发展有长远的目标，这些也都将变为想象而已，离真正的实施，还有一大段距离。

一次 CVS Caremark 公司照例召开行政会议，一位经理看到自己的手下玛丽正坐在椅子上看资料，尽管她努力地做到不被发现，但还是被经理看到了。

"玛丽，你好像在会前没有读过资料。"经理说。玛丽的反应是尴尬地对经理笑一笑，显得很不好意思。经理又说："我们现在就要表决了，玛丽，你没有读资料就没有办法进行表决，那么对不起，请你现在出去，将资料读完了再进来。"玛丽只好拿着资料走出会议室，坐在门口尴尬地读资料。经理问大家："诸位，资料你们都看过了吗？"结果，会议室内一片寂静。于是，本来二十分钟的会议，足足开了三个小时。

企业想要得到很好的效益，功效效率达到最好，就需要每位员工的工作效率达到最大。如果员工在开会前，没有很充分的准备，没有阅读过资料，那么，在会议上，员工的重心只能是在阅读资料上，而不能很好地听经理的发言，不能了解经理对于事情的看法，也不能很好地表达自己的想法。这样，本可以短时间结束的事情，会花费更长的时间来解决。所以，管理者想要员工的效率达到最大化，就得让员工做好充分地准备，让员工可以更有激情地去工作，而不是每天都死气沉沉的。

管理者想要提高员工工作的效率，让员工更加有动力地工作，就要在企业内部建立起严格的考核制度，让员工有一些紧迫感。有时候，压力也是前进的动力。当员工感受到压力的时候，他就会开始努力，为了不被甩在最后，会努力地工作，让自己的工作做到最好。管理者制定考核的周期，这样的结果会有很大的不同。考核的周期可以短一些，如果一个月一考核，那么，工作的结果已经出来了，再怎么考核也无济于事。所以，管理者可以缩短考核的周期，提高考核的标准，才能做到掌控过程中的一切问题，知道问题的发生原因，及时地解决，达到最终改善结果的目的。

以严格的考核来提升效率，是非常普遍的管理办法。企业的管理者刚刚接触一个团队，可以循序渐进地推行考核制度，由一个月一考核逐渐地发展成半个月一考核甚至一周一考核的制度。让员工逐渐适应这种考核的制度，这样才会对企业的发展有帮助，更加有利于提高员工的工作效率。

管理者还要明确员工的职责，避免浪费时间。想要取得效率，在团队中就要分工。团队中的分工有利于各个员工熟知自己的任务，更好地完成任务。团队的效率是与团队成员的职责状况有关联的。在一个团队中，若某一位成员的工作效率不高，那么其他的成员的工作效率即使再高，也会有缺陷。所以，给每个成员分工，让员工清楚自己的任务，有利于工作更好地完成。当然，管理者的分工也要根据员工的优势，不然，分工就只是一个形式，不能很好地发挥员工的特长，最终也只是浪费时间。

合理的分工对企业的发展是有力的。在企业中，每个员工都应该明白并接受各自的职责，在工作中努力地完成，分工明确。管理者想要达到最大化的效率，就需要让员工的效率达到最大。每个员工只有清楚地知道自己的任务是什么，才可以更好地去完成、实现目标。管理者在确定员工的职责的时候，要充分考虑员工的素质和能力。只有根据员工的实际情况，根据每个人的专长、能力和水平，把他们放到最适合的岗位上，才能让他们在合适的岗位上发挥自己的优势，同时，也有利于员工个人的成长，能够极大地调动员工的主动性和积极性，有利于达到效率的最大化。

另外，管理者还应该清楚，在团队中，每一位员工都是非常重要的，他们的工作也非常重要。所以，管理者在对员工进行职责分配的时候，不能只强调这个成员的重要性而忽视了其他员工的作用，这样，就不能全面地发挥团队的作用，也就无法让团队的效率达到最大。反而会因为自己疏忽，失去员工的信赖，使管理变得混乱。也就是说，管理者在分工的时候，要做到全面客观，不能被自己的主观意识所左右。全面客观地对员工进行分工，不仅可以让员工的工作效率最大化，还可以获得员工的信赖，有利于公司长远的发展。

最后，管理者还要根据现实情况，对员工进行职责分工。根据员工各自的能力，性格等进行"量体裁衣"的分工，充分调动员工的积极性才是完成工作的前提。而且，管理者对员工的期待不能过高，也不能低估员工的能力。真正做到分工得当，还需要管理者根据自身公司的情况来具体问题具体分析。只有让员工充分发挥出自己的特长和能力，才能帮助企业实现效率的最大化，企业的发展才能更长久。

PART

第二章

2

诚信经营，必有所得

企业经营中，最重要的是诚信。良好的信誉是一种无形的资产。诚信是企业生存的氧气，如果一旦失信，企业的信誉就会受损，产品的销量将会大打折扣，甚至企业也会变得岌岌可危。所以，经营者要懂得，诚信是基本，也是最重要的，不可失信。当然，诚信还体现在产品的质量上，不能在质量问题上松懈，好的口碑可以为企业带来更多的利益。诚信也将为企业提升形象。

诚信的魅力不可阻挡

富兰克林有两句至理名言："时间就是金钱"与"信誉也是金钱"。如今前一句广为人知，后一句则有人不以为然。其实，在人与人的交往和相处过程中，一些规定与秩序往往都是靠信用来坚守的。在市场经济的运转下，无论是生产、交换，还是分配、消费等，哪一个环节都离不开信用。守信是市场经济的必要条件和内在要求，同样地，企业的运行更离不开守信。

一位年轻人大学毕业后，开办了一家电脑耗材公司。经过两年多的努力打拼，他俨然成为一个拥有80余万元资产的小老板了。可惜，就在他的事业蒸蒸日上时，一个皮包公司骗走了他企业很大的一笔钱，导致公司资金周转困难，坚持不到半年之后，被迫宣布破产了。他的其他合作人劝他离开这个地方，去外地打拼，但是，他最终选择留下来，为此他要承担企业50万元的债务。但他并没有气馁，尽管债权人并没有找上门逼债，但是他诚恳地表示：半个月之内，一定会把所有的债务全部偿清。然后，他决定把自己一所具有升值潜力的房产卖出去。在不到半个月的时间里，他还清了所有的债务。

年轻人讲究信用、一言九鼎的行为，深深地打动了债权人，他们都把他当作真诚值得深交的朋友。还有人给他介绍朋友，并且为他以后的创业出谋划策。就在第二年，国内一家知名企业的主管找到他，让他代理自己的产品，但是需要60万元的启动资金。但是他全部财产甚至不到8万元，60万元是一笔不小的数目。当他的朋友得知消息后，不到两天的时间里，凑齐了70万元来全力支援他。很快，他的事业出现转机，一步一步走向成功。也是由于他的诚信原则，为企业带来了巨大的收益。

诚信能够使商品和企业人性化，最终征服人心，使企业走向成功。一个企业或一个信得过商品，做到让消费者觉得"质量放心"、"斤两不缺"等，就会帮助这个企业或者商品树立起良好信誉和形象。甚至，口碑相传，最终使得企业的信誉形象越来越广为人知。其中海尔的形象、麦当劳大叔的形象等都是通过诚信和品牌树立起来的。产品质量是永恒不变的，而诚信则是其活灵魂，企业诚信经营，效益也会因此直线增长。所以，精明的商人都信奉"利润诚可贵，诚信价更高"的经商之道。

很多人会对世界最著名的交易网站 eBay 的成功感叹不已。而 eBay 的成功很大程度上依赖于它的信誉。eBay 要求每一个买家与卖家相互做出信誉评分，只有信誉好的，别人才愿意和你合作。假设有 2% 以上的人不满意他的服务，就会直接影响他未来的生意；如果不满意率达到 5% 以上，就不会有人愿意和他继续合作了。

eBay 的首席执行官梅格·惠特曼认为：网上购物的成功，是因为买方与卖方都坚持诚信的原则。从而形成了一个强大的、相互监督的信誉网。一些 eBay 的卖家为了自己的信誉，一些商品甚至比实体店的还要好，这就是 eBay 成功的原因。

诚信的魅力不仅可以帮助企业走向成功，还可以让企业起死回生。注重信誉的人，肯定会有一番成就的。所以，管理者在企业运转经营过程中，更要注重信誉的作用，不能为了盈利就忽视了信誉的重要性。企业信誉也是一种无形的力量。

首先，企业信誉可以提升企业有形资产的价值。在市场竞争中，有形资产是可以看得见的，而无形资产就是企业信誉。关键时刻，企业信誉可以帮助企业提升有形资产；其次，企业信誉还可以帮助企业更好地融资。只有信誉良好的人，才会有人愿意与你合作。良好的信誉也是企业融资的一项条件。最后，良好的企业信誉还可以帮助企业降低交易成本。不确定、不信任的一些繁琐环节都可以省略，这样，企业的交易成本节约了，企业的效益与利润自然而然就提高了。

格力空调的成功就是凭借它多年来的良好信誉。市场竞争中，企业更要看重信誉，任何一个环节都需要诚信。管理者在企业管理中要首先意识到，树立信誉意识。企业的信誉意识贯穿于整个管理过程之中。企业的信誉通过企业员工和企业管理者的行为表现出来，所以，管理者要在员工中树立信誉第一的意识，让员工明白信誉是企业生存发展尤为关键的一个环节；其次，管理者还要将信誉看得与产品质量同等重要。信誉应该与产品质量并驾齐驱。这样，企业的发展才会更加成功，效益才能蒸蒸日上；第三，在企业信誉有一定缺失的情况下，管理者要加强企业自身的信誉维护，帮助企业树立正确的信誉形象，尽可能地挽回企业形象。

诚信在企业经营中的地位非常重要。企业管理者不能盲目地追求利益而忽视信誉的重要性。想要利益能够达到最大化，企业信誉是最关键的一步。良好的信誉同时也是企业可持续发展的基础，能够更好地帮助企业延长生命活力与生存周期。

诚信是立足之本

一个人如果没有诚信就很难在社会上立足，也很难走向成功。一个企业如果没有诚信就难以发展，效率低下，最终导致破产。简而言之，诚信是企业生存的立足之本，每个企业管理者都应该注重企业诚信和获得员工信任。

有些管理者认为让客户满意就可以了，其实，客户满意并不是终极的目标，更重要的是要赢得客户的信赖。企业只有赢得客户的信赖，才能让客户青睐你的产品、你的服务，甚至，让顾客离不开你的产品。顾客的信赖和忠诚度是企业最值得去追求的目标。

一般而言，顾客根据价值判断来评价产品和服务，而顾客满意就是对企业和员工所提供的产品和服务有一个直接而且有效的综合评价，是顾客对产品与服务的认可。有些企业的管理者认为，顾客满意就证明对于我们的产品与服务是非常满意的。于是，产品质量开始下降，服务态度也越来越差，最终，顾客不再购买此类商品，企业也面临破产的危险。所以，管理者不能仅仅追求顾客的满意程度，而是应该让顾客离不开你的产品，依赖你的产品，这样，企业才能走得更长远。但是，值得注意的是，在客户满意产品与服务之后，管理业也要同样注重信誉，不能让好不容易建立起来的企业形象毁于一旦。

就企业的角度而言，为顾客服务的目标不能仅仅使顾客满意为止，让顾客感到满意只是企业营销管理的第一步。正如美国维持化学品公司总裁泰勒认为："我们不仅仅要让顾客满意，还要挖掘出那些对于增进顾客与企业之间关系具有价值的东西。"在顾客购买企业产品时，企业向顾客提供超过顾客所期望价值的东西，要让顾客在每次的购买产品过程中和产品购买后的体验中都能感到满意。而顾客的满意度都会增加顾客对企业的信任度，从而，企业才能够获得长期的发展，获得更好的效益。

在企业的经营管理中，管理者不仅要做到对顾客诚信，还要做到对于公司员工的信任。在企业运行中，管理者的聪明智慧是优势，但是，员工的团结与力量也是一个企业成功的关键。管理者要对自己雇用的员工十二万分的相信，相信员工能独立、更好地完成自己的任务，而不是每天不停地监督、控制员工的行为。正如著名的企业管理学家沃伦·本尼斯说的那样：信任是一个管理者非常重要的特质，任何一个企业管理者都要信任他的员工。

管理者信任员工在很大程度上是指相信员工会尽力做事，会正确地完成工作，员工通常也不会让管理者失望。但是，如果员工工作在被指挥、控制、监视的环境中，是不可能被信任和尊重的，工作效率也不可能高效。管理者不信任雇用的员工是最没有效率的管理方式。在正常的情况下，管理根据不同的工作能力，将工作目标划分为适当的范围，分给不同的员工去完成，使得员工的潜力达到最大的发挥。但是，总有许多的管理者狂妄自大，在他们眼中，只有自己有能力完成这项工作，而不去信任员工，同时，又对自己管理员工的能力缺乏信心。这就是管理者的刚愎自用。

克里斯公司就是因为尊重员工，对员工信任而闻名的。克里斯公司新买下一家商店，就决定撤掉店中的打卡器。当有人持反对意见的时候，公司的管理者说："我们为什么要用打卡器来贬低员工呢？他们都是成年人了，而且他们知道什么时候应该来上班，也知道自己应该尽到的本分是什么。"克里斯公司的管理者以实际行动证明了他们相信自己的员工，并且他们是值得信赖的。

克里斯公司的员工餐厅卖饭机根本没有上锁，并且没有收银机，员工在购餐付账时，自动将钱放入一个敞开的收钱箱里。克里斯对此种情况说到："管理者要么信任员工，要么就不要信任。若信任员工，根本就不需要上锁的卖饭机和打卡器，甚至是几十个管理员在一旁监督。若不信任员工，那就不要录用他们。"

按照克里斯的说法，故事告诉我们：管理者要把自己的员工当人看，不能时时刻刻地监视和控制员工，应给员工自由的空间。在人之上的人，要把人当人。这样，企业才能够更好地发展。管理者也要尊重自己的员工，只有员工感到自己得到尊重，被信任了，才能更好地工作。长此以往，企业的生产力才会更高。员工的工作效率也会不断增强。企业才能得到长久发展。然而，用"好好干，要不然……"这样威胁的态度来对待员工，只在短期内有效，时间长了，员工会舍弃公司而走的。

作为一个企业的管理者，需要时常问自己："对员工有多少的信任？员工是否表现出自我管理的能力？"管理者关于信任的反问都会让每一位企业管理者都进行片刻的反思。有些管理者错误地认为：员工都只是为了钱才来工作的，并且他们都非常自私狭隘，一点儿也不关心企业的兴衰。这种想法是错误的。而那些鼓励员工进行自我组织的管理者看到了员工身上才华、能量以及创造性等。每一位员工都具有自己独特的能力，管理者只有深入了解自己的员工，充分发挥员工身上的潜能，企业才能够持续发展。管理者不能一叶障目，忽视了员工身上最宝贵的特点。

员工值得信任是被信任的前提，而信任是管理者授权的前提。信任员工不仅仅是管理者对于自己员工的信任，更重要的是要让员工对于管理者形成一种信任。只有形成双向的信任氛围，企业团队才能更好地发展。双向的信任对于任何团队与组织都是非常适用的。诚信是立足之本，企业如果失信，肯定会造成极大的损害。

酒香不怕巷子深

企业要寻找自己特点，就必须做到产品的精益求精。任何消费都是趋于理性的，消费者总是希望能够获得最优质的产品。只有产品足够出色，才能获得市场的青睐。所以，这就需要企业自身的优秀，才能使得产品变得优秀，获得青睐。只有企业的产品过硬，才能在市场竞争中立于不败之地。

企业管理者要非常重视产品的质量问题，做到每个环节都不会出现任何差错。这样，最终生产出的产品质量才是过硬的。产品质量上没有任何差错，流通到市场中才能打败其他的同类产品。

劳斯莱斯汽车在 1904 年正式面世，它的制造者是英国的一位名叫亨利·劳斯的男子。在很多人的眼里，劳斯是个技术狂。因为，他在制作每一辆车时，都像是在创作一件艺术品。即使是一颗小螺丝，他都会精雕细刻。对于车身的底盘、引擎等，他还会根据订货人的爱好，选择制造的方式。

劳斯莱斯作为全球知名的一个汽车品牌，它不仅代表一个品牌，更代表了一种汽车文化。汽车市场的竞争非常激烈，劳斯莱斯面临的对手非常强大，比如通用、福特和宝马等。为了能在激烈的竞争中脱颖而出，立于不败之地，劳斯莱斯塑造了一个个性化的品牌文化。劳斯莱斯并不是机械地培训员工，而是让员工以艺术家的热情去制造出劳斯莱斯的每一个零件，让每一道工序制作出来的成品都像是有生命力的艺术极品。所以，劳斯莱斯公司出售的不仅仅是汽车，而是具有较高价值的艺术品位。

"飞翔的女神"是劳斯莱斯的品牌标志，这个标志的设计也非常独特。"飞翔的女神"体现出了劳斯莱斯具有个性化的品牌文化：这位优雅飞翔的女神，她代表的是人类的崇高理想，人类快乐的生活，高贵与财富等。她降临在劳斯莱斯车的车首上，让整个世界听到她振翅的声音。劳斯莱斯百年不变的品牌标志与文化品位，都体现了劳斯莱斯公司和劳斯莱斯轿车独特的品牌文化内涵与精髓，所以劳斯莱斯更变得吸引人，更能打动人心。

如今，只要人们看见"飞翔的女神"，就会马上联想到劳斯莱斯轿车，这就是品牌的力量。现如今，劳斯莱斯已经不仅仅是代步工具了，还是有志之士渴望成功、追求理想的动力。可以这么说，世界上每一辆劳斯莱斯轿车的背后都包含着一个成功人士的传奇故事。

精益求精的结果，就是每一辆劳斯莱斯汽车都具备坚固、耐用，几乎听不到噪音，感觉不到晃动的特点。所以，劳斯莱斯汽车被公认为是世界上最优良的汽车，拥有它的人会感到一种自豪和荣耀感。劳斯莱斯汽车的名声在"一战"之前就响彻世界，在第一次世界大战后，劳斯莱斯更是获得了"世界第一"的光荣称号。

精益求精也是企业在发展中需要做到的，任何企业在初期都会经历价格战和质量战。然而，有些企业在有了名声之后，开始偷工减料，不再有创业初期的初心，消费者对于此类产品也会失去信心，企业失去人心，最终会走向破产。这样的情况也是屡见不鲜的。因此企业经营要做到质量过硬。所有的消费者都有自己对于产品的判断与评价，只有好的产品才能赢得消费者的青睐，企业的运转经营才能更好。企业产品只有做到"酒香"，才能不怕"巷子深"。

在现代市场竞争中，个性品牌文化是吸引消费者眼球的重要法宝。然而，支撑个性品牌文化的必然是企业产品的过硬质量。让消费者在购买产品后感觉很好，质量问题很少，只有这样，企业才能立于不败之地，不被其他企业超越。管理者要发掘产品在服务中的独特部分，让顾客充分体验这种独特的优势，并且利用这一优势进行市场传播，从而获得良好的口碑，这样，产品的优势才能够充分体现。最好的产品是让顾客感觉离不开这件东西。顾客离不开了，企业才能走下去。

　　企业想要取得成功，不是看企业干过多少事情，而是看企业干成多少事情，尤其是企业在哪几件事上做得尤为出色。只有做到极端出色，企业才会更具备竞争力，才会在市场竞争中获得胜利。精益求精的结果是成就企业的核心竞争力。只有企业做到极端出色，才会拥有最好的屏障，对手自然没办法超越。企业的核心竞争力是指企业的核心能力在市场竞争中的具体体现。现如今，企业的核心竞争力已被广泛地看作是企业在市场竞争中获取持续竞争优势的能力。劳斯莱斯的成功在于它不断地"精益求精"，这样的理念就是企业的核心竞争力。企业要想不被其他的企业超越，唯有精益求精，才能持续发展。

　　"真金不怕火炼"，但前提是"真金"。"酒香不怕巷子深"，前提是"酒香"。企业生产的产品也是一样。想要得到更多的效益，企业就要投入足够的时间与精力，让顾客感受到产品的特色与质量。只有产品足够优秀，才能让企业收获更多的利益。企业的产品也要做好市场调研，对市场有一个大致的了解，这样，才能知道哪些产品是符合消费者需求的，哪些产品是受欢迎的，哪些产品是市场中缺少的。只有有针对性地研发产品，才能在市场竞争中取得优势，不被市场的浪潮淹没。

口碑好过奖杯

　　在中国，有很长的一段时间，只要你打开电视，不管你看哪个频道，都会出现脑白金的广告。脑白金的广告每天都出现在电视上，广告语更是在耳边进行车轮式的轰炸。因此好多人把脑白金的广告语称为"恶俗"，把脑白金批评为"无用"。当脑白金风靡全国的时候，很少有人知道史玉柱是谁，脑白金的发明者又是谁。

　　很多人都知道脑白金，因为它具有个性的广告。但是，脑白金的发明者也是一名具有传奇故事的人物。史玉柱在发展前期也是不被看好的，但是，脑白金好的口碑还是为史玉柱打开了一扇通往成功的门。

其实,脑白金的成功一直都伴随着一些尖锐刻薄的批评。有专家曾说:"脑白金的确含有一种抑制性激素。激素的滥用可能会增加中风的危险。"等类似的话语也是一直贯穿脑白金始终的。但是,尖酸刻薄的话语并没有让脑白金消失,它的销售额还是稳居第一宝座。这正是对于质疑最好的回击。

实际上,史玉柱对尖酸刻薄的言论已经习以为常了。史玉柱说,那些批评脑白金的人大多数都没有真正吃过脑白金,而那些吃过脑白金的人一般也不会主动对媒体说脑白金。因为他们没有义务对媒体宣传脑白金。脑白金在消费者中宣传靠的是口碑,而且脑白金赢得的是回头客,却因为"老大"的身份背负起保健品行业的一系列骂名。脑白金刚刚取得成功的时候,有不少人说脑白金用不了多久就会垮掉。结果证明,脑白金卖了11年都没有垮掉,至今在同类产品中都是销售冠军。

史玉柱曾经说过:"产品骗消费者一年,还有可能。想要骗消费者十年,那是绝对不可能的。"在史玉柱眼中,消费者的口碑是最为重要的,口碑比任何的奖杯都要重要,消费者正是验证产品好坏的最权威的人物。

既然有了做"百年产品"的想法,史玉柱必然会全力以赴。于是,他开始向中国营养学会寻求合作,取得黄金搭档的配方;与瑞士的罗氏维生素公司合作,由罗氏维生素公司提供原料药;全力以赴地打造"中国人的维生素产品"。史玉柱说:"黄金搭档的配方是中国最具权威的中国营养学会设计的。这样的产品,一百年都不会衰退。产品本身也会随着科学的进步不断地进行更新调整,黄金搭档这个牌子会一直延续下去,因为每个人都需要这样的产品。"

在史玉柱看来,"黄金搭档"的配方是遵循了"营养平衡"的原则,全面均衡地补充中国人所缺乏的维生素。也是因为"营养平衡"的原则,才使得黄金搭档受到中国人的喜爱。而且黄金搭档还是中国营养学会的研究成果,不像脑白金那样"来路不明",才让黄金搭档没有像脑白金那样遭受非议。

史玉柱的成功并不是偶然的。在面对外界的质疑时,他始终相信自己的产品。为什么外界对于脑白金的质疑吵得不可开交时，脑白金还是依然能够夺得同类产品的销售冠军？这是因为消费者相信这个产品。脑白金已经在消费者中拥有了良好的口碑与信誉，才会让脑白金成功卫冕销售宝座。可见，产品好的口碑根本不会受到外界的影响，即便有影响，回头客还是愿意相信这个产品，愿意购买这个产品。这就是口碑的力量。口碑好胜过无数的奖杯。

脑白金从诞生开始，它的发展道路就充满坎坷，而且一直都有市场的猜疑。从1997年脑白金试销开始，至今已经销售十几年了，它并没有像很多人质疑的那样，销售出现大幅度的下滑。相反，它的销售额一直都处于高位，并且始终遥遥领先。脑白金的销售也曾出现过一定的波动，但是15%左右的波动属于正常的范围内的波动，不能因为销售额的下降就说明有危机。脑白金销售这么多年依旧屹立不倒自然有其成功的原因。正如史玉柱说的：骗顾客十几年，那是不可能的。好的口碑是产品在激烈的市场竞争中存活的方法。

脑白金持续卫冕销售宝座就是对市场质疑之声的有力反击。史玉柱认为，做生意就是真正要吸引顾客，尤其是回头客。产品要用事实说话，要看效果，靠口碑让人心服口服。

不得不说，史玉柱是一个精明的商人，他不做竭泽而渔的事情，也不做坑蒙拐骗的生意。因为他知道，想要成大事，那些短期的小利益是不必理会的。脑白金就是好的例子。外界的质疑声只会让脑白金在逆境中越挫越勇，登上宝座之位。

产品要在激烈的市场竞争中存活下来，不仅需要产品自身的过硬质量，还需要顾客的帮助。而顾客的帮助就是顾客的口碑。产品拥有良好的口碑就已经是事半功倍了。好的口碑会让企业拥有一种无形的资产，顾客愿意去相信你的产品，才会购买你的产品。只有赢得顾客的心，产品才会经久不衰，企业才能长久经营。

消费者是验证一个产品好坏的最佳人选。企业家的任务就是把顾客心所想却没有表达出来的需求挖掘出来。这就需要企业管理者对市场有一个全面的了解，对于市场未来的发展趋势有一个大致的方向。发现那些未被发现的东西，它比跟千军万马抢独木桥还要难，这需要管理者的智慧了。

"金杯银杯不如观众的口碑。"这句话永远不会过时。管理者只有注意到质量过硬，观众良好口碑的问题，才会帮助企业走向成功。企业的产品不能忽悠人，要真正地赢得回头客，才是企业成功的基础。

多做公益，扬名立万

香港首富李嘉诚曾经说过这样一句话：一个人在金钱上的富足并不是真正的富足，还要能关心处于窘境中的人，帮助那些在困境中的人，才是真正的富足之人。

然而在现在的这个社会里，对每个人来说，甚至对公司来说，有名就意味着有钱。对个人而言，成名以后，自然就会有人请你做广告、写书或者演讲等，这些活动也意味着你收入的增加。从公司的角度而言，一旦公司有了名声，被消费者熟知，认同你的公司和产品，消费者就会冲着产品的名声和公司的名声去购买产品，这就意味着公司的利润会逐步增加。也正是因为这些原因，管理者才要特别注重公司名声这一重要的环节。如何让产品和公司不被打败，还需要管理者的深度思考。良好的企业形象也是一种无形的资产。

众所周知，公益活动的定义就是对社会、对大众有益处、有好处的活动。现如今的发展趋势是，越来越多的公司热衷于做公益活动，因为参加公益活动不仅可以造福社会，对大众有好处，对公司今后的发展，也是有很多的益处。任何的管理者都不会错过为自己公司树立良好的形象的机会。所以，管理者在面对公益活动的时候，不能只考虑企业是否会从中盈利，因为良好的公司形象会超过预想的结果。

日本的公司就非常注重公益活动这一方面，并且他们同样重视公司在公众心目中的形象，因为他们知道自己形象的好坏，决定顾客对公司产品的信任程度，决定顾客是否购买公司产品。所以，日本的公司将公司的信誉和形象看得比企业利润还要高。

日本有一家生产衣帽的小公司，在那些知名企业中是默默无闻的，但就是因为做了一件有益于公众的好事而声名远播。为了方便过往的行人，这家公司特意在公司附近设置了一个漂亮的小亭子，让来往的行人可以休息、乘凉。不仅是这样，公司还提供饮料，让每位行人在口渴的时候都可以喝到。此外，如果遇上下雨天，公司还会在小亭子里放上几把雨伞，供因为匆忙上班而忘记带雨伞的人们使用。在小亭子的四周，则是一些该公司的产品的简介和公司经营情况的介绍等，以及陈列一些公司产品样品的橱窗，这些都是公司在做着无形的宣传。

正是因为这个小亭给公众带来了方便与实惠，在附近住的人，都知道这里有一个惠民的小亭子。久而久之，这个小亭就得到了一个非常好听的名字，叫作"爱的小屋"。当然好事传千里，越来越多的日本人都知道这个小亭子的存在和这个公司。越来越多的人来这里参观，甚至有许多的外国游客来到日本后，都要特意去看一看这个"爱的小屋"，"爱的小屋"因此名声远扬，公司也声名鹊起。

与"爱的小屋"一起高升的还有公司衣帽的销售额。自从"爱的小屋"闻名国内外后，公司衣帽的销售额扶摇直上，达到最高点。这家公司真正做到了"善小而为"。当然，这一点儿"小善"为社会和公司本身带来的效益却是一点儿也不小的。

公司参与公益活动主要可以显示公司的爱心，为公司树立起关心公益事业、热衷于公益事业、并且具有高度社会责任感的良好形象。而且，公益活动是比任何的商业广告更具有说服力的一种宣传机会，有利于提高公司的知名度和美誉度，在公众心中有一个良好的企业形象，成为一种无形的宣传。在人们的认知中，一个具有良好信誉形象的企业是比任何的广告更好的。因为具有责任感的企业才会参加公益活动，产品自然也不会很差。也正是因为公众的这种心理，才会选择去购买多参加公益活动公司的产品。公众一旦信赖企业拥有良好的口碑，那么，公司的盈利就指日可待了。

然而，现在有一些公司为了盈利不管不顾，不做任何的公益活动，甚至想尽办法骗取钱财，产品的质量偷工减料，公司不去改善，让公众对公司失去信心，导致公司周转不灵，面临困难。还有一些公司为了盈利去做公益活动，但是产品质量却不像宣传的那样好，公众心中也会对公司的形象大打折扣，最终企业也会面临困境。所以，公司应多做公益活动是无可置疑的，但是产品的质量也要像宣传的那样好，这样，才能赢得公众的心，且赢得彻底，让产品在市场中不被淘汰。

参与公益活动可以收获很好的回报，这一行为可以用心理学方面的知识来解释。购买行为的产生是基于人的心理活动，其中最主要的是人的认识过程，而且人们的认知心理和情绪是有联系的。消费者一旦认为这个公司是值得信赖的，产品值得购买，甚至是消费者自己喜欢这个公司，那么，消费者对这个公司的产品就会有强烈的认同感和持久的购买欲望，公司的经营销售也会因此直线上升。所以，作为一家公司的管理者，要把公司做大做强，是不是可以考虑多参与公益活动，让公司扬名立万，最后让名声转为利益呢？

质量精，诚信扬

质量，是企业众多发展因素中的一个，但我国的产品质量问题常被推到风口浪尖处。为什么呢？就是因为，我国一些私营企业的商人为了最大限度地掘取利润，偷工减料，生产出成千上万质量低下的商品。这些低劣产品的质量也彻底伤透了消费者的心，也让这些生产伪劣产品的企业尝到了被市场抛弃的苦果。经验告诉我们：产品只有拥有过硬的质量，才可以获得优势，才能不被市场淘汰。

有一个看似笑话，实则是一个产品质量追求完美的经典案例。

　　一家生产降落伞的工厂，他们制造出来的降落伞从来都没有瑕疵，更没有降落伞在半空中打不开的记录。其降落伞的品质无与伦比，闻名中外。记者对此感到非常地好奇，他好奇工厂怎么可能生产的降落伞没有任何的瑕疵，于是，在他千辛万苦地打听下，终于找到了这家工厂的负责人，希望能够打探出生产零缺点降落伞的秘诀。

　　记者先是恭维老板的领导和经营，随后简洁地说明了来意，老板说道："要求生产出的降落伞零缺点是本公司的一贯要求，试想一下，在半空中，万一有破损或打不开的降落伞的话，那使用者在半空中岂不是会被吓得魂飞魄散。这是人命关天的大事，不能马虎！"话毕，老板又说："生产这类产品并没有什么所谓的秘诀！"

　　老板的话还是没能解答记者的疑惑，他仍不死心地追问："老板，我想其中一定有一些生产的诀窍，不然贵工厂怎么有可能生产出、并且维持降落伞这么高的品质？"

　　这个时候，老板淡淡地说："哦！要保持降落伞零瑕疵的品质，其实很简单。我们只是要求，每一批降落伞生产出来后，一定要从这整批的货品中随机抽取几件，交给负责制造该产品的工人，让工人拿着自己生产的降落伞到高空中进行品质测试。"

　　追求降落伞"零缺陷"表达的是一种不向低劣产品质量妥协的决心。追求完美的产品质量要求员工努力工作，甚至当作自己的事情来做，才能达到产品"零缺陷"的完美境界。为了实现产品的"零缺陷"，企业必须符合顾客的要求，防止缺陷的产生，保证产品一次性合格。产品的"零缺陷"是预防出来的，而不是通过检验检查出来的。预防可以有效地防止某些缺陷发生，保证质量。而质量的保证，是企业获得效益的保证。

　　降落伞的"零缺陷"是工厂的追求。也正是因为工厂保证每一个出厂的降落伞做到了"零瑕疵"才会驰名中外。同样的，任何企业生产出的产品都应该做到"零瑕疵"。只有做到质量过关，够硬，才能赢得消费者的心，让企业在发展的潮流中处于不败之地。如果企业偷奸耍滑，质量问题严重，那么，企业经营就会受到阻碍，在市场中被打败也就不远了。

　　一些日本的产品会受到人们的欢迎，就是因为日本产品的质量过硬。然而，日本20世纪四五十年代产品的质量问题非常严重，日本产品在国际市场上名声也非常不好。为了改变这种情况，摘掉这顶质量不好的帽子，日本政府当年就提出了"质量救国"的口号，意图改变日本生产的产品质量的问题。

　　为了占领国际市场，一些企业采取了许多新奇的招数来展示自己产品不一般的质量。日本的西铁城钟表商想要在澳大利亚打开钟表市场，提高西铁城手表的知名度，广而告之，说某月某日将在某广场上空投掷手表，谁捡到手表就归谁。到了投手表的那天，日本钟表商雇用了一架直升飞机，将千余只手表从高空投下来。当捡到手表的幸运者发现自己拣到的手表完好无损时，纷纷奔走相告。于是，西铁城钟表的销售之路也打开了。

　　日本的许多产品就是依靠过硬的质量才可以跨出国门，在国际竞争中取得优胜。过硬的产品质量会让企业在竞争中立于不败之地，日本产品的质量也是由坏变好的。可见，产品质量过硬才是赢得人心最好法宝。

　　在市场竞争中，企业拥有良好的信誉是一种无形的资产，但是，企业生产出的产品拥有过硬的质量则是人们的口碑了。消费者在购买质量好的产品后，必定会奔走相告，这也是帮助企业进行宣传，有利于企业的发展。所以，企业在产品质量上绝对不可以偷工减料，消费者一旦发现产品有质量问题，企业在消费者心中的形象就会一路下滑，这样的话，企业会很难再重新树立在消费者心中的形象。

　　随着社会的发展，越来越多同类产品的出现让消费者不知道该选择哪个产品。这个时候，想要在同类产品中获得竞争优势，就需要企业生产出的产品具有良好的质量。消费者对于所购买的的产品会在心中有一个评价，知道哪些产品是好的，哪些产品的质量不好。获得消费者的好评才是一个产品的成功。所以，企业生产的产品更要注重产品质量。好产品会为企业带来更多的收益，帮助企业扶摇直上。

　　只有产品质量过硬，赢得信赖，才能让企业在竞争中具有优势，也可以让产品在市场中立足。管理者如果想获得更多、更长远的收益，一定要注重产品的质量。让质量称为企业的代名词，为企业开辟一条可持续经营与发展的道路。

依靠技术，让产品"延长寿命"

著名的经济学家厉以宁说过这样一句话：现今世界，高新技术是商业的核心。产品的技术含量很大程度上决定了商家竞争的成败。随着社会的发展，科学技术也在不断地进步。依靠技术可以延长产品的寿命，也是管理者应当思考的问题。技术的进步可以让产品的使用年限增多，保证产品物尽其用，将产品的功能达到最大化才是科技真正要做的事情。

然而，随着现代科学技术的进步与发展，使得一些产品的寿命不断缩短。过去要几年甚至几十年才更新一次的产品，现如今可能只需要几个月。计算机行业尤为明显，几乎也是几个月就更新换代一次，人们的脚步也逐渐跟不上科技的发展了。这种飞速的变化，给一些公司的技术创新带来了前所未有的"威胁"。新产品老化加速，一些公司或许还没来得及感受一下自己创新的结果，创新利润就已经消失不见了。

因此，公司只有通过不断的技术创新，利用高新技术来延长产品的寿命，才能提高产品的应变能力。通过技术来维持产品的使用寿命，提高产品在市场竞争中的应变能力，让产品不会被打败，都是管理者需要关心的问题。只有产品才是人们真正需要的，满足人们的需求，才会在市场中生存下来。

其实，原始社会的人类就已经学会了使用罐子。随着科技的进步，人们不断地对罐装器皿进行改进，其中，易拉罐的发明为罐装饮料工业化提供了一条便捷之路。同时，易拉罐的发明也在不断地改进当中。

易拉罐，是以铝制成的一种金属罐，它的上方有一个小拉环，使罐不用使用开罐器都可以轻易地拉开，让人们能品尝到饮料。这样的包装设计非常方便，而且非常适合即兴消费，甚至不必去找开罐器。不得不承认，这个小小的拉环是一项非常了不起的发明。而拉环的发明者艾马尔·克林安·弗雷兹，同时也是个设计师。

大部分的罐装饮品里面都注有大量的二氧化碳。因此，铝罐要承受很大的压力，如果罐底是平的话，一旦装满饮料密封以后，罐身就会像气球一样鼓起来，所以设计师将铝罐的底部设计成了内陷的碟状，罐底就能抵挡液体的压力。另外还有一个问题，罐内压力这么大，如何让每一个使用者都轻而易举地把拉环打开呢？后来，弗雷兹想到了解决的方法：利用罐顶凸起的部分充当铆钉，并把附近位置磨薄到原来厚度的一半；塑造凹凸坑纹；连上拉环。这样，只需很少的力气就可以轻松地拉开拉环，同时罐内的二氧化碳也会跑出来。

易拉罐出现，不仅在美国受到人们的追捧，而且很快风靡全球，形成了一种易拉罐文化。但是拉环这种锐利的垃圾也是很多的，尤其是在野餐区和海边，看似小小的拉环却很难清理干净，因为它很容易就可以躲过清洁人员的工具。甚至还有不少的人被拉环割伤脚，有些动物误食拉环后也会对其造成不同程度的伤害。因为拉环产生的这些问题，人们对拉环进行了改良，改良后的拉环是开盖带往罐内推入，这样拉环不会与罐体分离，也就避免了环境问题和伤害人与动物的问题了。

从日常生活中人们使用易拉罐的情况来看，它还有一个缺点，就是易拉罐在开罐后不能再密封，饮料也失去了最原始的味道，而人们常常又不能在短时间内喝完饮料。当然，如何利用现今的技术让易拉罐达到最大的适用值，也是人们正在思考的事情。

所以，产品的寿命是需要科技来维系的。当一个产品面向市场的时候，激烈的竞争中有许多的同类产品，如何让消费者去购买这个产品，华丽的外观只是昙花一现，产品的质量才是重中之重。但是，其他的企业也会想到将产品的质量提升。这时候，管理者就要将自己产品的使用年限延长了。产品能够经受住长久地使用，不会在更新换代迅速的潮流中被淹没，这也会成为消费者选择这类产品的原因。

所以，公司管理者可以通过以下几个方面来运用技术，获得收益：

①使用技术的用途拓宽。比如著名的杜邦公司，它对用于战争的火药进行改进，改为民用建设中的爆炸包，对战争中用的尼龙伞进行改进，改为平时使用的尼龙袜等；

②使用技术空间范围的拓宽。比如发达国家制造的小汽车可以向发展中国家输出，发达国家制造的经久耐用的产品也可以向发展中国家输出；

③时刻关注技术发展的趋势。管理者只有在技术上有所延伸，对产品不断进行技术革新，渴望利用高新技术使产品在技术上遥遥领先，这才是从根本上获得企业永久竞争力的方法，也是企业长久运转的良策。

技术的进步远远超过人们的预想。所以，管理者要时刻关注高新技术，将这些高科技运用到自己的产品中，延长自身产品的使用寿命，在市场竞争中获得优势，帮助企业长久发展，从而获得更大的收益。当同类产品使用年限只有几年的时候，管理者就要思考如何才可以让我的产品使用年限达到十年以上。只有被消费者认可的产品，才可以称之为好的产品。

然而有些公司为了谋取暴利，不断推陈出新，产品的使用年限也不足为念，甚至有些产品一年之后就已经奄奄一息了。这样的做法只会让消费者远离你的产品，即使再好，也不会再去购买。这也是体现一个企业家良心的产品，所以一定要用心。

随着科技的发展，社会的发展，越来越多的公司注重于新技术的使用。公司的成败就在于新技术是否可以使用上。事实证明，使用高新技术的公司可以勃然兴起，高新技术也是公司迅速强大的捷径。

以诚待人，诚信做事

我们经常会在电视或者报纸杂志上看到一些广告，说某个牌子的产品如何好，或者说某家企业的服务特别人性化，给人一种回家的感觉。在看了广告之后很多人都对里面提到的产品动了心，便去购买广告里所宣传的物美价廉的超值产品。但产品买到手后消费者发现被骗了，实际的产品根本没有广告中描述的那么好，不是质量存在问题就是重量严重不足，有些甚至就是假冒伪劣产品。再看卖服务的企业，服务态度极为恶劣，根本感受不到回家的感觉。这时候，消费者们才认清一个事实：广告做得好并不代表产品真的好，所谓的物超所值，摘下面具之后便会发现其实是物非所值。

如果你也遇到同样的情况，发现自己买回来的实际产品跟广告上所说的几乎完全不一致，物非所值的时候，你会怎样做呢？也许你不会一气之下去消费者协会投诉，至少你很有可能不会再去这家店买任何东西了。原因很简单，在你实际买到这家店的产品或者服务之后，看到了他们真实的质量和服务态度，你对他们很失望。无论是公司还是店铺还是这种产品或者服务，它们对你来说根本没有诚信可言，宣传中所描述的各种优点和好处在现实中却没有得到任何的体现。

表面上来看，类似的事情几乎每天都在发生，但如果你是一名生意人，或者当你站在生意人的角度上看待这个问题的话，那你肯定就应该仔细考虑一下出现这个问题的关键原因和解决办法了。即便是站在消费者或者单纯从"人"的角度出发，面对"信任"这个严肃的问题，也同样会进行细致地思考。

如果你到某家商店购买某项产品或者服务，发现他们的产品和服务的确是物美价廉、货真价实的同时还能做到童叟无欺。假如他们对自己的产品和服务进行过宣传的话，那么宣传中所有被提到的，他们都能一一兑现，给你的感觉就是，他们绝对没有任何夸大其词的地方，所有的宣传都与实际情况一致。这时候你便会对他们感到极其满意，然后你会怎样做呢？

通常情况下答案是，如果你再需要类似的产品或者服务的时候，会首先想到这家店并且再次到这家店进行购买。为什么？因为你之前已经亲身体验过它的产品或者服务，这家店诚实守信没有欺骗消费者，使你真正感觉到物超所值，因此你对它有很好的评价，并且很有信心。

　　这样的故事几乎每天都在发生，可能很多时候你都没有关注或者没有刻意思考过这件事中都有哪些含义，但如果思考的话你就会发现，那些获得成功的企业家或者生意兴隆空的店铺都有一个共同的特点——诚信。他们做生意讲究诚信，便能取得客户对他们的信任，一旦双方之间信任的桥梁建立之后，便会产生双赢的结果，消费者有了固定的购买场所，商家也有了固定的顾客群体。这样一来，生意自然会蒸蒸日上。

　　在商场里，如果你诚信待你的合作伙伴，那你的伙伴也一定会对你诚信；如果你对顾客讲究诚信，顾客也同样会对你的产品忠诚。诚信，绝对是使生意兴隆的必备条件。

　　听多了商场里的斗争你可能会认为，在这样一个争夺利益的圈子里，到处都是尔虞我诈，每走一步都算尽心机，怎么可能有诚信？假如你真的这样认为，那你就错了。举个最简单的例子，在商场里，我们经常会遇到签合同的情况，这个合同有可能是用白纸黑字正规打印出来的，也有可能是双方口头上的协定，在这样的情况下，如果没有以诚待人，诚实守信的心，就很有可能不去遵守合同上的某些条款，这样一来,最可能出现问题的便是我们自己。

　　一个生意人如果不讲诚信的话，那他或者他的公司、他的产品或者服务都会遭殃，或早或晚都会被消费者或者他的合作伙伴所排斥。从长远发展的角度来讲，他很难在商场里长久立足。只有讲求诚信，以诚待人才能给自己打下坚实的根基，才能在这个瞬息万变的商海里站稳脚跟，生意才会越做越大。在商界，并不是只要有手段、有心就能成功。那样的成功只是暂时的、表面上的，只有以诚待人，诚实守信才能真正得到合作伙伴，得到顾客青睐的心，这样的成功才是实实在在的，才是真正意义上的成功。

PART

第三章

3

找准方向，制定战略

企业的方向决定了成败。那么，企业如何制定好一个目标，也是很多经营者关心的问题。每个公司都有自己独特的经营战略，了解时代的变化，革新技术，也是经营者需要关注的。清晰的目标让企业的发展方向变得更加明确，方向明确了才可以制订出完美的战略计划。深入市场调查，了解客户需求，根据分析得到的数据来制定企业的战略。这样，企业才可以长盛不衰。

战略决定决策

无论企业是什么性质，管理者想要做出好的决策，必须要懂一点儿战略。一般而言，企业发展战略是由其自身特点所决定的。因为每一个企业，都有不同的特点。所以，要根据企业的具体特点来选择适合自身发展的战略。只有这样，企业才能在复杂的市场竞争中立足、生存和发展。所以，发展战略的正确与否是决定企业生死存亡的重要因素。

企业管理者在企业发展战略的制定与选择中，要注意以下几点：

第一，企业在发展战略中必须要注重规模意识。

企业虽然有很多的优点，但也有缺点，而缺点多半是由于企业的规模太小造成的。从根本上讲，任何一个企业都有扩大规模的内在冲动。管理者也要深知，只有企业规模发展了，才能克服企业自身的缺点。在激烈的市场竞争中，企业如果得过且过、不求进取是根本站不住脚的。在现代市场经济中，企业需要准备随时应付新的挑战与变化。一个不思进取、不求发展的企业是不可能获得成功的，是要被市场所淘汰的。

第二，当企业的进取心较强时，比较容易在战略上犯急于求成的冒进错误。

有些企业由于规模较小，急切地盼望进入大型企业的行列。于是，过于雄心壮志地发展，而这些计划往往容易使企业在财务上陷入困境，这也是一些企业最终破产的最常见的原因之一。所以，企业制订的发展战略计划要根据自身的情况，从实际出发，实事求是地分析企业的内部条件和外部条件，科学、客观地预测和判断市场的发展趋势等。

第三，企业的发展战略通常不采取与大型企业对着干的办法。

企业规模小、实力不足，就要从自己的实际情况出发，避开市场上大型企业的锋芒，在大型企业竞争中夹缝生存。一般情况下，企业与其和大型企业在市场上针锋相对，不如与相关的大型企业共同前进，甘当配角，在与大型企业的相互协作中寻求发挥自身优势的机会。

第四，企业的发展战略需要有较强的适应性或灵活性，以便企业能够灵活地经营，以及在面对困难时可以灵活转变。

虽然企业的发展战略是为了解决长期发展的问题而提出来的，但是由于客观上企业的发展战略受到各种因素的制约，因此企业的发展战略要适应客观条件的变化，具有一定的灵活性。

第五，企业的发展战略还需要全体员工的认同和参与。

企业的发展战略只有得到全体员工的支持和认同，才会一帆风顺。在企业中，人与人之间的直接沟通较多，管理者正好可以利用这个机会，让员工将自己的想法说出来，共同为公司创造更好的未来。所以，企业发展战略目标的实现在更大的程度上依赖于全体员工的认同与参与。

腾讯开放平台的战略就是非常成功的。其中，腾讯的战略就是在"顾客资产"的平台基础之上，与其他的客户创造"共享"价值。

腾讯拥有7亿多用户，可以供第三方接入，腾讯的客户流量给第三方带来生意，而腾讯则参与利润的分成。"2011年，腾讯引进专家，讨论并决定开放平台战略。腾讯决定利用这7亿多用户，与第三方建立合作、共享的平台，包括朋友网、QQ游戏、QQ空间、腾讯微博等在内的五大核心平台。

腾讯的开放平台拥有四大优势，其中最重要的是用户的账户资源可用于"连接空间"等服务，即可用QQ账户登录不同的网站，这样，会给合作伙伴带来大量的用户。这个网站有意思、好玩的事情可以分享到另一个平台，网络使信息可以被多次传播，为合作伙伴提供额外的影响力。

管理者执行公司战略，目的是为了战略经营。而战略经营要求企业经营人员能够依照环境的变化，做出弹性的经营。所以，管理者想要搞好战略经营，就应该对战略做以下考虑：

其一，对战略状况的判断。

战略的基础是对于状况的判断。为了制定制胜条件，必须依状况来决定采取哪种行动。以围棋或象棋为例，掌握全盘大局是非常重要的。正确的决心是从正确的判断而来，正确的判断是从周密的观察而来，实事求是的态度，正是战略行动的出发点。

其二，对整体战略有一个了解。

在实施战略时，管理者应有大局观念，熟悉影响大局的因素。在情势日益复杂的今天，个体与整体的关系及整体性观念，可以说是战略行动的基本。

其三，所作的战略一定要重点集中。

以实事求是的态度细观全局，在最重要的点上集中力量。管理者如果三心二意，则凡事不成。经营所面临的问题常常是多而复杂、纠缠不清的，但同时，可利用的资源和时间有限。如果试图草率解决全部问题，往往造成力量分散，结果一事无成。管理者要针对重点问题，重点解决。这种有重点的导向，正是战略的决策。

其四，战略的机制还需有长期的导向作为指导。

在改革经营的结构与体制时，长期的不懈努力是非常必要的。无论在何种行业中，目前占压倒性优势的优良企业，其持有的共同特点是较其他企业先行使用出奇制胜的手法，并积极努力从事各种改革。管理者应以先见之明判断状况的变化，针对重点，耐心而踏实地做长期的推进是重要的。

事实上，企业经营最主要的一点就是求生存。在求生存的过程中，会遇到很多的矛盾和冲突。在处理这些冲突时，不能简单地将其划分为黑白两类，要根据实际情况做出相应的处理。这样，才能在战略的基础上做出好的决策。管理者应该根据公司自身的条件，制订出符合公司长久发展的计划，有好的战略才会有好的收益。

了解发展变化，紧随时代步伐

李嘉诚说："聪明的商人懂得观察时局。商业本身就是适应时代的发展变化而形成的产物，所以只有与时俱进，才能做好生意。"企业管理者要懂得与时俱进，了解时代、市场的发展，才能将企业做大做强。

事实也确实如此。为了更好地发展，李嘉诚独辟蹊径，制订屋村计划。把发展重心放在土地资源丰富、地价低廉的地区，大规模兴建屋村。而李嘉诚这次的举动，也奠定了他成功的基础。独到的眼光，独辟蹊径的做法，都是李嘉诚获得成功不可缺少的因素。

李嘉诚在租楼还是售楼问题上的做法，充分显示了他懂得随机应变这一点。李嘉诚说：如果手头的资金比较宽裕或者说楼市不景气、楼价偏低时，只租不售；若急需资金回流，或者楼市景气，售楼利润能够得到保证时，就以售楼为主。李嘉诚的这种做法恰恰说明了他懂得顺时而变的经营方针。如果该售楼的时候租楼了，改租楼的时候售楼了，那么，李嘉诚的成功就遥遥无期了。一个成功的商人，一个聪明的商人，一个有智慧的商人，是懂得与时俱进的。

虽然在中区的发展有了一席之地，但是李嘉诚并没有急于在中区发展，因为他更看好九龙、尖沙咀以外地界的发展前景。于是，他再一次独辟蹊径，决定迂回出击，推出大型屋村计划。综合能力较强的大型屋村，集居住、医疗、购物、保健、餐饮、交通、消遣、教育等为一体，方便集中管理。此外，屋村之外还有相关的工业大厦及社区服务的物业等。李嘉诚推出大型屋村这一计划是顺应时势的、为大众家庭推出的计划。

20世纪七八十年代，李嘉诚先后完成或者进行开发的屋村有：海怡半岛、丽港城、黄埔花园、嘉湖山庄等。虽然有些建筑的利润不如兴建商业楼宇，但总体的利润还是非常丰厚的。屋村的成功再一次显示了李嘉诚独到的眼光。由于香港只有李嘉诚大建屋村，所以，屋村逐渐与李嘉诚画上了等号，而他也由此获得了"屋村大王"这一称号。李嘉诚也被称为地产界的新贵。

1980年8月，李嘉诚与联邦地产联手合作，斥资10亿港元购入国际大厦和联邦大厦，几个月后，李嘉诚又以22.3亿港元出售国际大厦和联邦大厦，他从中赚取的利润达10亿港元以上。在这个时候，我们可以看到，李嘉诚已经从稳健发展的方针中跳出来了。新建和收购的楼宇，大部分都用来出售，很少用来出租。而在刚刚投入房地产的时候，李嘉诚则是只租不售。李嘉诚说："这并不违背我们增加经常性收入的原则，因为要决定将楼宇出售或收租，须看时势及环境而定，现在的楼宇价格急升，售楼所能获得的利润远比租屋要多，在为股东争取最大利润的前提下，将建成楼宇出售更合算。"

李嘉诚不再采取稳健发展的方针并不是失去了最初的初心，而是懂得随机应变。当初李嘉诚进入地产业时，实力太过弱小，为了在地产界站稳脚跟，谋求发展，只能走稳健之路；而如今已经具备一定的实力了，并且拥有了一定的声誉，想要谋求更大的发展，就要采取多样化的发展策略。

"商场如战场"，需要管理者灵活机动地运用战略战术，应对突发的状况，教条机械地搬用老一套已经成为过去时。李嘉诚的经验告诉我们：做生意要灵活机动，要具体情况具体分析，不能刻板固执。确定出相应的策略，然后将企业做大做强。经商没有什么规矩可循，关键是管理者要因人、因时、因地的随机应变，这样企业方能立于不败之地。若是一味固守成规，企业自然会被淘汰。

管理者在面对复杂变化的市场局势时，应该懂得随势而变，不能一味地固守陈规，不思进取。要根据不同的情况做出不同的决策，公司的制度、发展战略更应如此。如果公司不能做到审时度势，只是按照旧的思想与方针发展的话，企业只能面临被淘汰的危险。在企业发展的不同阶段，管理者也要制订出不同的发展计划。企业起步的时候，应该稳步发展，企业加速发展的时候，就不能倒退。拥有一定的信誉和知名度了，这时候，企业就应该全速发展，争取获得更大的收益。

想要更好地发展，还需要管理者拥有对市场变化的了解，掌握市场的动态，了解发展的趋势。只有充分掌握了变化的趋势，企业才能在应对市场变化的时候有自己的对策，在市场变化中生存下来。市场变化是残酷的，一旦企业无法应对市场的变化，在变化中被淹没，企业再想重振旗鼓也就很难了。

成功的人之所以会成功，失败的人之所以会失败，都是因为在关键时刻做出的决定。有时候，一个决定就会关系到企业的存亡。而这个决策，就需要管理者的深思熟虑了。管理者的决定，直接影响着企业的发展。所以，管理者要时刻关注市场动态，了解市场变化，懂得与时俱进，能客观、冷静地分析市场的动态，得出一个客观的结论，才是有利于企业发展的。管理者做到了与时俱进的分析，也就是企业即将成功的信号灯。所以，管理者在面对市场变化时的客观冷静，是必不可少的。

激烈的市场竞争是永无止境的，市场变化也是捉摸不定的。管理者无法真正了解市场，只有自身的企业具备应对变化的对策，才能够与时俱进地发展企业，让企业永远不会被市场淘汰。这样，企业才能在众多企业中立于不败之地，才能在市场中获得优势，取得效益。所以，管理者还要努力地了解市场才行。

技术革新不能断

当你所处的行业正慢慢走向衰败，或者发展空间变小时，一定要沉住气去开辟新的出路。企业也是如此。制订出正确的计划是最好的，但是一旦发现计划行不通，就要及时停下来，找出问题，然后继续行进。企业中，不仅仅正确的方向和战略计划是重要的，还有技术的革新也是必不可少的。所以，企业技术的革新不能断。一旦企业技术停滞不前，企业离面临被淘汰也就不远了。技术是一个企业生存发展的命脉，命脉断了，离死亡不远矣。所以，管理者也要时刻注意企业技术的革新问题。

已逝的邵逸夫先生是邵氏兄弟电影企业的创办人之一，是中国香港著名的电影制片人、电视剧制作人，其影院业务、录像业务也都雄霸中国香港及东南亚地区。

1930 年，美国和欧洲相继出现了有声电影。邵逸夫知道后，觉得无声电影前途已尽，今后的发展趋势是有声电影。于是，他横下一条心，一定要拍出有声电影。邵逸夫去了有声电影的发源地美国。在美国他购进了大批先进的器材和设备，回到新加坡后，他立刻寻找合作者，合作拍有声电影的事项。1932年，邵氏兄弟在香港拍摄出了第一部有声电影《白金龙》，正是这部电影开创了中国电影从无声进入有声的新时代。邵氏电影经过十多年的努力，在新加坡、马来西亚、爪哇、越南等东南亚各地拥有电影院达110多家，游乐场9家。游乐场还设有舞台、剧场等，每晚可容纳的观众数以万人计算，邵氏电影几乎雄霸了东南亚影业市场。

1959年，邵逸夫来到香港开创他自己的电影事业。邵逸夫亲自赴港坐镇以后，在他的感召下，网罗了许多一流导演、一流明星，更拍出了许多一流的电影。香港老一辈的影人每每谈及邵逸夫先生对他们的栽培，都是感激不尽的。邵逸夫的决定是正确的。如果没有他，就没有早期香港电影的发展。

邵逸夫的成功不仅是他找准了方向，还在于他敢于技术革新。如果邵逸夫不曾去美国购买先进的设备，那么，中国的电影事业还在缓慢发展中，也不会出现从无声电影进入有声电影的时代。可见，企业想要更好地发展，技术革新是关键的一步。这一步非常重要，有些企业之所以被淘汰，就是因为技术上的漏洞。时代的发展注定了科技技术也会随之发展。企业想要在社会的发展中永立不倒，就要不断地更新技术。

然而正当邵氏影业全盛之时，电影受到了来自电视的冲击。在一些国家，电影俨然已经成为"夕阳企业"，正在走下坡路，同时也失去了昔日鼎盛时期的光环。电影市场逐日缩小。这时，邵逸夫敏感地意识到，应该把业务推向多元化发展——向电视进军。

依靠毕生的经验以及先进的技术，邵逸夫进军电视市场。很快地，70年代末期左右，电影业迅速下滑，精明的邵逸夫结束了一部分电影院的营业，把更多的金钱与时间投资在无线电视上。依据自身具备的优势，将"邵氏影城"的明星和香港演艺的精英都网罗到门下，制作高水平、高质量的电视剧，收视率也急剧上升，压倒香港的竞争对手"亚视"。时至今日，"无线"每年仍带来巨大的赢利。人们也不得不佩服邵逸夫的眼光。从事后的发展来看，邵逸夫移至电视是一项明智之举，因为电影业在全盛期后就受到电视、广播的强烈冲击。邵逸夫电视事业的成功是因为他审时度势，掌握了市场的变化。但是，如果没有电影的先进技术，邵逸夫的电视也不会做得绘声绘色。可见，一个成功的企业对于现今技术的需求是非常大的。邵逸夫的每一次转变无疑是成功的。

企业如果离开了技术的支持，那企业就只是一个空壳子，没有一点儿的用途了。企业技术革新应该是周期性的，让企业的技术始终处于领先地位，这样才能保证企业在面对客户需求的时候有良好的应变能力。在其他企业的技术还处于老化状态的时候，先进的技术就是赢得合作机会的有利条件，管理者也会从中收获更多的效益。

每个行业都有生命周期，当企业的生命周期变短时，会使市场中的很多产品走向衰退，这种衰退是经营周期所造成的。技术革新创造了替代品则是重要的原因。这种衰退的过程可快可慢。企业要在衰退期间生存下来，就要认清行业的衰退情况，根据企业自身的条件来选择有力的竞争战略。同时，也不能忘记更新自身企业的技术。唯有如此，才能帮助企业获取尽可能多的利益。最重要的，在衰退时期，企业要尽早地确定自身的战略方向，若是犹豫不决，只能给企业带来更大的损失。

有些企业为了节省成本，忽视技术的进步与革新，这样做是大错特错的。技术革新虽然会让企业成本增加，但是收益也在同样增长。如果管理者只看重眼前这点儿利润的话，忽视长久效益，那么，企业的经营将很难维持，被淘汰也就不远了，因此，技术革新不能断。

企业的技术进步了，才能创造出更先进的产品，获得消费者的青睐。一个永不更新技术的企业，只能在市场竞争中被淹没，淘汰。所以，企业管理者在管理公司的同时，要适当注意企业的技术是否需要更新，也要随时关注市场上新技术的出现能否为自身企业带来利益，创造利益。一旦可以，就要更新技术。管理者时刻掌握最新的技术信息也是为了企业发展可以收获更多的效益。只有技术革新，技术进步，企业才能长久发展，收获更长远的利益。

产品要先发制人

企业想要获得成功，关键在于了解并满足客户的需求。只有企业管理者真正了解了客户的需求以后，才能有的放矢将公司的产品销售出去，使企业获得成功。当然，企业经营过程中遇到的问题也是层出不穷的。如果企业只是盲目地推出新产品而忽略了消费者的需求，迫使消费者接受新产品，那企业也不会成功，新产品只能被消费者抛弃。

大多数管理者都知道真正了解客户需求的重要性，客户的真正需求是企业成功的决定因素。然而，当管理者在发现客户需求出现错误导向的时候，有些管理者不能勇敢地指出客户的错误，而是任由自己的产品销售，最终消费者那里对于产品的评价也是不好的。

当所有的管理者都奉行"顾客永远是对"的时候，阿里巴巴的CEO马云却说出这样的一句话："客户大部分时间是错误的。"为什么马云会说这样的话，这不是对客户的不尊重吗？原来，马云说出这样的话并不是没有原因的。正是因为他的亲自经历，才会得出这样的结论。

杭州有一家非常有名气的饭店，如果去这家饭店吃饭，要提前几天甚至是提前一个星期预订座位。6年前，马云约了一个客户到这家饭店用餐，在马云点好菜后，他们坐在那里等着饭店上菜，过了大概5分钟的样子，餐厅经理过来对马云说："先生，您的菜再重新点一下吧。"马云疑惑地说："怎么了？"餐厅经理说："您的菜点错了，您刚才点了四个汤一个菜。回去的时候您一定说菜不好，实际上是您菜点得不好，我们有很多非常好的菜，您应该点四个菜一个汤。"马云感觉这家饭店很人性化，还为客人着想。

经理继续跟马云说:"其实您没必要点这么多的菜,两个人点这些就可以了,不够的话可以再点。"这家饭店给马云的感触就是:他们并没有像有些饭店一样,一见客人来,就说本店的龙虾怎么好,或者鲍鱼也不错,想让客人多花钱,最后顾客离开饭店也没有说饭店的菜很好的话。

在这件事上,马云领悟到为客户服务的真谛就是为客户着想。只有客户满意了,企业才会成功,才能做大做强。"客户永远是对的"这一原则,是在客户完全清楚自己要什么的前提下才是正确的。因为一些条件的限制,客户往往并不清楚他们真正想要的是什么。企业管理者同样应当重视这一点。饭店帮助客人选择出更合适的菜,避免让客人多花钱,同时也避免了客人在出饭店以后对饭店的抱怨。这一点,也是其他饭店所没有的。所以,有些产品先发制人,让顾客体验到舒适的服务,给顾客留下好的印象,是企业成功的关键。如果饭店不提醒马云,相信以后如果有人问起,他也会说这家饭店并没有传说中的那样好,菜也一般。可是,餐厅经理这样的服务态度却让人印象深刻,同时顾客对于饭店的好评也会增加。

认真思考这个故事,就能理解马云的意思了:很多时候,公司都奉行"客户永远是对的"的原则,但是客户有时候是错误的,他们不知道企业家在干什么,而企业家非常明白自己在干什么。马云的阿里巴巴是一个商务服务的企业,希望帮助大家在网上达成合作。所以马云对电子商务的交易有这样一句话:"它是一个工具,不是炸弹,使用这个工具,它能帮你把你的产品推广到全国、全世界,它能帮你在网站上收集其他人的信息,它能帮你加强内部的管理和调节。"马云的阿里巴巴网站现在已经做大做强,当eBay进入中国的时候,马云就已经想要做出自己的商务服务企业。所以,淘宝网才会有如今的成功。产品的先发制人是为自己开辟一条道路的最好办法。

企业需要充当一个工具或者一个渠道,可以向客户清楚地提供他想要的产品。如果企业在客户不明白自己想要什么的情况下仍然遵守"客户永远是对的"这一原则,企业往往会失去客户,甚至不知道为什么会失去客户。企业要向客户清楚地提供产品,最重要的就是读懂客户的心,了解客户真正的需求，然后有的放矢地推出产品。所以，企业只有真正了解客户的需求才能让自己的产品先发制人。

可口可乐公司曾经推出过一款新口味的可口可乐饮料，但是，当公司大力推广新口味可乐的时候，却惨遭失败。这是因为可口可乐公司忽略了客户多年以来对与传统的可口可乐的情感。情况变得愈发地糟糕，众多的消费者开始上街游行示威，纷纷抵制新口味的可乐。最后可口可乐公司不得不出面道歉，并换回传统可口可乐的口味。

所以，企业想要成功，了解客户的真实需求是很重要的，马云就一直奉行了解客户需求这一理念。他常说："我认为，客户第一，员工第二，股东第三。投资者是阿里巴巴的娘舅，客户就是阿里巴巴的父母。"只有真正了解客户的需求，推出满足客户需求的产品，才是企业成功之道。

客户在大多数的情况下都是无知的，或者是一知半解的。所以，管理者一定要区别对待客户提出的各项要求。要知道，有些不懂行的客户会提出一些"无理"的要求，这些都源于客户的不"懂行"。因为他们担心受到欺骗，所以想方设法来"刁难"企业从而获得真实、全面的信息。管理者只有真正明白了这一点，才能使用正确的方法来引导客户，并满足客户的需求。

企业的管理者明白产品先发制人才能在市场中具有竞争优势，可是，产品想要更好地先发制人，只有真正了解客户的需求才行。所以，企业管理者还是多多深入市场，了解客户的需求吧！

没有什么是"不可能"的

原通用电气公司总裁杰克·韦尔奇说过这样一句话："我们发现，只要我们敢于朝着那些看似不可能的目标不懈努力，最终往往会如愿以偿。哪怕最后没有实现这一目标，我们也会发现，最终的结果肯定远远比我们预想的要好得多。"是的，朝着哪些看似不可能的目标前进，最终它们都会实现。于是，越是被人嘲笑的梦想，就越有实现的价值。管理企业也是如此。想要获得更好的收益，就越要超越不可能的目标。一旦企业超越了不可能的目标，就会发现，收获的比预想的还要多。

韦尔奇在企业管理中有这样一个习惯：当下属向他汇报接下来的工作指标的时候，他会告诉对方：把你的目标乘以 2 然后去做吧！企业追求"不可能"的目标是非常具有深远意义的。长远的目标，不可能的目标可以使员工工作得更加努力，公司收益逐渐增加，企业获得更好的效益。

从福特汽车的事例中就能清楚地看到追求不可能的目标这一点。为了使汽车更具备好的性能，亨利·福特决定要生产一种具有 8 只汽缸的引擎。然而这在当时几乎是不可能完成的任务。但是，亨利·福特却不听，一定要工程师们实现这个看似"不可能"的目标。设计师们对这个任务非常反对，但亨利·福特坚持认为："无论如何也要生产出这种引擎，去做，直到你们成功为止，不管需要多长时间。"于是，全体员工不得不将全部的精力投入 8 缸引擎的研发中去。很快地，一年过去了，工程师告诉福特："还有很多关键的问题没有解决。"但福特依然坚持，说："继续去做，一定要研制出这种 8 缸引擎，这是我们的目标。"最终，工程师们找到了诀窍，成功地研制出了 8 缸引擎。不仅这样，员工们在福特这种不断追求高目标的精神中，也形成了一种克服困难、不断进取的精神。正如摩托罗拉创始人高尔文说的那样："有时我们必须凭信念来采取行动，这种信念就是，一些重要的事情虽然不可证实，却可以做到。"福特汽车的成功就是因为不停地追求不可能的目标，并且把看似不可能的目标逐一实现，才取得最后的成功。

企业想要获得更好的效益，只看重眼前的蝇头小利是不可能成功的。只有去追求那些不可能实现的目标，那些被人说是不可能的目标，才可以让企业赢得漂亮，赢的彻底。任何的目标，看似困难，但是等到真正变为现实的那一天，就会变得非常容易。而且，追求不可能目标的过程也是管理者管理公司员工的一个好机会。培养员工不断进取的精神，让员工不断地克服困难，挑战不可能。这样，企业的员工才可以发展得更好，企业的经营也会变得更加顺利。那些看似不可能，实则是内心对于自己的否定，所以，不要害怕，勇敢地追求不可能的目标，实现效益的最大化。

拿破仑·波拿巴是一位军事家，曾经在欧洲大陆所向披靡，他的名字令他的敌人闻风丧胆，他领导的军队几乎战无不胜，他是一个在世界历史上都写下重要篇章的伟大人物。他的成功，也是由于他不断地追求不可能的目标。

拿破仑的一生颇为传奇，但是任何一个奇迹都是他自己创造出来的。他曾冒着严寒率领军队翻越阿尔卑斯山，打败了装备先进的英国和奥地利联军。这次战役，就是一次非常具有传奇色彩的经历。

当英奥联军将拿破仑的属下马塞纳率领的军队围困住时，拿破仑被激怒了，他发誓一定要让英奥联军尝到苦头。然而愤怒的拿破仑并没有丧失理智，他清楚地知道，如果不及时地救援马塞纳率领的军队，这支精锐的军队很可能全军覆灭。但是要及时救援必须率领军队翻过阿尔卑斯山。于是，拿破仑率领军队开始翻越阿尔卑斯山。阿尔卑斯山的严寒环境也是一个阻碍，可是，正是完成了这样一个不可能的任务，最终使拿破仑一举击败英奥联军。马塞纳的军队得到了支援，法军再一次获得了战役的胜利。

拿破仑创造的奇迹，正是因为他具有挑战"不可能"目标的勇气。翻越阿尔卑斯山，途中的艰辛又怎是想象就知道的。艰辛苦楚，只有翻越过去，才能营救军队。所以，看似不可能的任务，拿破仑做到了，所以，他取得了战争的胜利。

人的潜能是巨大的，人们自己也不清楚自己到底拥有多大的潜能，所以，不逼自己一把，永远不知道自己的潜能能够发挥到什么地步，永远不知道能实现多高的目标。在面对不可能的目标的时候，适时地逼自己一把，让潜能充分地发挥出来。只有完成了"不可能"的目标时，人们的潜能才能被充分发挥，而这个看似"不可能"的目标，通常也会实现。因此，作为企业的管理者，应该要制定出卓越的目标，挖掘出员工最大的潜能，帮助员工克服那些不可能的事情，实现公司效益的最大化。

虽然有些不可能的目标很难实现。但是，就算结果是目标没有被实现，公司的管理者也应该看到，结果比预期目标要好得多。看到员工在实现这一目标的过程中，学到的东西，自身能力的提高，勇敢地追求不可能目标的这种精神，敢于克服困难也是值得表扬的。所以，企业管理者衡量员工的标准，并不是是否实现了预定目标，而是这一次与上一次的成绩相比，员工是否有明显的进步，是否在追求的过程中变得更好。当员工挫败时，企业管理者应该鼓励他们，而不是惩罚他们。一旦员工在面临失败的时候，遭受了批评，员工就会失去工作的积极性，任何方式的激励也就没有任何意义了。所以请记住，管理者制定出的不可能的目标，只是一种激励员工的手段，而不是考核员工的标准。

清晰的目标，让动力大增

杰克·韦尔奇想要推行一项变革或实现一个目标的时候，会在通用电气公司的每个角落，用出色的表演天赋和演讲能力，向每一位员工进行宣讲。正是因为韦尔奇的坚持不懈，他所规划的每一项变革都得到了实施，每一个目标也依次实现。所以，清晰的目标绝对是他成功路上必不可少的因素之一。

有人关于如何建设一流的团队做过这样一个调查，70%以上的团队成员最希望团队领导指明目标或者方向，接近80%的团队领导希望团队成员朝着目标前进。由此可见，目标在团队建设中具有非常重要的意义。目标是团队里所有的人都关心的事情。没有目标，所有的行动都将成为没有前途的苦役。只有目标清晰明确才能让人们看到希望的曙光。清晰的目标可以让员工的动力大增，也可以让管理者更加清楚企业发展的方向与趋势。当然，企业想要追求宏伟的目标，首先要让员工树立起清晰的目标。这样，团队合作才能走向成功。

目标可以作为管理者的一种管理方法。著名管理学家彼得·德鲁克认为：并不是有了工作才有目标，相反，是有了目标才能确定每个人的工作。每个团队都有自己的目标和任务，所有的任务都必须先转化为目标，才能实现。也就是说，让员工把任务转为目标，逐一实现目标，也就是将任务一个一个地实现。重要的是，团队里，所有人的目标应该是一致的，如果方向不一致，那么，团队里就很可能发生冲突以及浪费时间。只有逐一完成每一个目标，团队的整体任务才能实现。

一位部门经理经常为目标得不到实现而感到苦恼。尽管每一次他将目标清晰、准确地传达给下属员工，但在执行的过程中，还是会产生各种各样的问题。这使部门经理感到苦恼万分，这种情况一点儿好转的迹象也没有。为了解决这种情况，部门经理想了很多种方法，但效果总是不尽如人意。甚至当他反复强调目标的时候，下属会表现得非常地不耐烦，说："你已经强调了很多次了！"这种情况真的是让经理感到头疼。

后来，经理发现下属有一个共同的习惯：午餐后他们喜欢坐在院子里的石头上聊天。于是他突发奇想，把目标刻到了石头上。最初，人们也是以嘲笑的态度对待石头上的文字。不久之后，刻在石头上的目标就起了作用，下属们开始反思，相互提醒："我这么做是不是和目标有些不一样啊？"，"你的目标实现了吗？"

同事之间这样的沟通越来越多，每位员工的心中也有了团队目标。更重要的是，员工们开始制定目标，按计划地完成目标，工作效率大增，企业也得到了很好的效益。制定出清晰的目标，让员工的心中都有团队的目标，这样，所有成员都朝着一个方向努力前进，团队合作的最大化，就是企业收益的最大化。

部门经理把目标刻在石头上，目标不能轻易地抹去，这也是在告诉员工：我们必须坚定不移地去实现目标，不能改变。所以，逐渐地，石头上的目标就会转为员工们心中的目标，所有的员工也会为了同样的目标而努力前进。目标的作用就是为了让员工清楚地知道自己的任务是什么。自己应该做什么。

只有树立了清晰的目标，让员工劲儿往一处使，才可以帮助企业走向成功。

往石头上刻字是一个非常好的激励员工的办法，但是并不是所有的管理者都可以奉行这种办法，因为不是所有的管理者都拥有同样的院子和石头。但是，管理者可以用同样的思维去激励员工。只要善于开动脑筋，管理者就会找到属于自己的"石头"来激励员工，让员工有清晰的目标，比如办公室的一面墙、员工的休息室等，利用这些拥有的资源让员工感受到动力的力量，这些地方都是管理者描绘目标的好地方。只有员工具有清晰的目标，管理者想要实现的目标才能得以实现。所以，让员工有目标，去实现、完成，才是企业成功路上的帮助。

管理者制定的目标是相对于员工的工作业绩来说的，因此管理者在确定目标的时候，必须着重考虑员工自卑的工作能力。只有根据员工自身的工作条件制定出合适的目标，具有可行性的目标，这样员工的工作动力才会大增，才会在面对目标的时候不至于畏缩，而企业想要的预期效果也会实现。管理者制定出的目标，还应该依据企业当前的发展情况，如果企业发展得非常顺利，就可以制定一些长远的目标，让员工明白，只有企业发展得好了，员工的收获才会更好。

团队目标应该明确，要用具体的语言，清楚地说明要完成的结果是什么。一旦目标定的模糊不清，团队成员就不能很好地理解这个目标，那么，目标的实现就具有很大的困难度。而且，企业制定的目标应该具有一定的挑战性，这样员工感受到压力，同时也会有动力。员工感到没有压力或者压力非常小，这个目标定得非常容易实现，那么，团队目标就很难实现了。当然了，压力要适中，这样的效果才是最大值。对团队的目标有帮助的是适度的压力。它不仅可以调动员工工作热情，还可以激发员工的潜能，目标的实现还能给员工及整个的团队带来成就感。

如果管理者无法判断制定的目标是否能实现，那么，目标实现的标准就会不明确。员工心中对于这个目标也会抱有疑惑，最终目标也不会实现。所以，管理者不能让员工不明白目标，让员工对于目标有清晰的认识，才是目标实现的基础。并且，管理者制定的目标应该现实一些，具有可行性和可操作性，让员工知道通过努力目标能够实现，不然，反而会使员工泄气。当然，制定的目标还要有时间的限制，如果无限期地拖延下去，管理者就会急得要命，员工们则闲得发疯。所以，制定了目标就要努力去实现。

放长线钓大鱼

目光长远的人，有远大抱负的人会更看重未来的收益，懂得"放长线钓大鱼"。不同的人眼光不同，有些人往往只看到眼前的利益，这种人目光比较短浅，急功近利，暂时的表现可能很出色，但是做事的能力不强，甚至只是停留在现有的水平上，缺乏对未来的把握和规划的能力。管理者在经营企业过程中，不仅需要将目光放得长远一些，必要时候，也要懂得寻求合作。

企业的经营同样需要"放长线钓大鱼"，只有给企业制订一个长远的、可行的计划，企业才会长久持续地经营下去。所以，企业管理者不能只看重眼前的利益，要把目光从内部扩大到外部，从眼前的利益延伸到长远的利益，对企业发展进行系统地思考。企业管理者要从内到外的对企业自身进行分析，了解企业发展的优势与不足，懂得扬长避短，让企业的优势得以最大限度地发挥，从而收获更多的利益。

著名的"钢铁大王"安德鲁·卡耐基的创业之初恰巧是美国的南北战争时期。战争导致铁路桥梁被毁，损失惨重，但国家仍然要及时地对铁路进行补修和重建的工作，然而，在铁路这方面的耗资是非常巨大的。卡耐基马上发现了可以赚钱的机会，所以他想要成立一个铁桥建设公司。在当时好多人劝他不要去冒险，但他下定决心，决定去实现。于是，他四处筹集资金，建立铁桥建设公司。在当时，很少有专门从事这一行业的公司。但是卡耐基铁桥建设公司成立后，工程不断，效益也是很好的。然而当他的事业鼎盛之时，他却把自己一手创建的铁桥建设公司放弃了，改行去做别的，一切从零开始。很多人劝阻卡耐基，但是卡耐基不以为然，他坚持相信自己的判断。卡耐基认为："美洲大陆现在是铁路时代、钢铁时代，需要建造铁桥、火车头和铁轨，钢铁生意将是一本万利的。"钢铁会成为美国最赚钱的行业，于是，他决定把自己事业改为向钢铁方面发展。1872年，卡耐基在匹兹堡的南面建起了一座钢铁厂，是当时美国最大规模的钢铁厂。因此，卡耐基的事业再次走向辉煌。

卡耐基的两次投资无疑是成功的。卡耐基特别注意鼓励工人放远目光，特别是技术人员。而且，卡耐基还非常注重技术的革新，学习最先进的技术，这也是卡耐基企业的生产力一直处于领先地位的原因。卡耐基本人更是十分关注市场最新的变化，分析市场的走向等，制定出最有效的、符合事实的经营策略，所以他是成功的企业家。

卡耐基的成功，就是因为他将眼光放长远，及时地抓住了机遇。管理者同样应该如此。企业想要做大做强，只有目光远大，放眼未来，及时地抓住机遇，为公司的发展带来机遇，这样，企业才能更好地发展下去。卡耐基的成功在于他看到未来的发展，及时抓住了机遇。所以，作为一个企业的管理人员，要对市场的走向有深刻的了解，只有这样，才能在变化复杂的市场中找到机遇，发展企业。这也需要管理者具备良好的观察力和理智清晰的思考能力。

摩根，美国著名的财富大亨，在掌控市场方面有他独到的智慧。当时的华尔街商行林立，竞争非常激烈，但摩根并没有像其他公司那样，时刻想着怎样同对手一较高低，抢占更多的市场。他的目光放得很长远，认为竞争浪费时间并且消耗自身实力，与其想尽办法与对手拼个你死我活，不如联合其他的公司，共同合作，寻求一条繁荣稳定的道路。与其他公司的联合、合作不仅可以避免竞争带来的负面作用，还可以快速地让自己的事业变得强大。在这一理念的引导下，摩根与查斯·达布尼在1864年一起组建了达布尼——摩根公司，从事债券及通货和黄金的买卖。随后，在1873年，摩根和安东尼·德雷克歇联合组建德雷克歇摩根公司。不断地合作，使他们成为最强的投资金融商行。长时间的运转，无疑让它在公债市场处于统治地位。

到 1900 年为止，摩根公司已经成为美国最强大的铁路公司。以摩根公司为轴心，从金融到铁路再到钢铁，形成连锁、严密的管理体系。人们把摩根比喻为华尔街的"众神之王"，"银行家中的银行家"是美国金融界对摩根的称号。摩根的成功也是金融界一抹传奇的色彩。摩根并没有像其他企业那样，选择与对手拼到底，而是选择与人联合，创造一个更强大的体系。这样，既可以降低企业在面临困难时的风险，又可以在合作中壮大自己的公司，这种做法也正好体现了摩根的长远目光。

企业要发展离不开竞争，但是过度的竞争就会给企业带来危害。根据市场的形势，建立符合自己公司发展的体系，向其他的公司寻求合作，共同创造，共同进退，也是管理者在管理企业中可以做到的。一个企业如果一味地想要战胜别人，那么，企业也很难生存下去。

对企业的管理者而言，要把自己的企业做大做强，就应该把目标变得远大，将眼光放得长远一些，做到放眼未来。管理者只有这样做，才会使企业得到更大的发展和效益。

作为一个企业的管理者，不能因为眼前的小利而忽视了长远的利益。有一些企业者就是因为贪恋眼前的小利，最终使公司走向破产的。盲目地追求眼前的利益，最终也会失去更大的利益。管理者将目光放长远一些，未来的利益才是真正的利益，"放长线钓大鱼"，争取让企业获得更好的收益。企业经营不能急功近利，"一口吃个胖子"是异想天开。企业只有长久地经营下去，才能够收获更多的利益。

紧急事件处理系统

在企业的运营发展过程中，随时都可能会发生一些突发的事件，让企业措手不及。突发的事件，如果管理者不能从容处理、应对的话，不仅对管理者的考验非常大，还会影响企业的发展，甚至使企业走向破产。一些优秀的成功的公司并不是在市场的竞争中淘汰的，而是在面对突发事件时不能很好地应对，应变的能力太差。对此，管理者要针对企业的管理环境，在企业内部形成一种应对机制，并且这种机制被员工广泛认可。

没有一家企业能够逃避灾难的突然袭击。当一些意外事件出现时，如果没有良好的应对机制，企业内部的员工就会人心惶惶，企业也会陷入被动的状态，对于事件的发展不能很好的处理，让事件愈演愈烈，结果可能也是最坏的。

南宋绍兴时期，杭州城失火，失火的地方正是最繁华的地方。火势非常迅猛，蔓延的速度也非常快，几乎所有的房屋商铺都葬身于火海之中，繁华的城市转瞬间化为了废墟。

杭州城里有一位裴姓的富商，辛辛苦苦经营半生的店铺恰巧也在繁华的城市中，是几间当铺和珠宝店。大火持续，眼看着他的心血就要被大火毁于一旦了，他不但没有让伙计和奴仆去抢救珠宝财物，反而从容地指挥他们撤离，非常地从容淡定，仿佛大火中的并不是他的店铺，他这样的行为让所有人感到不解。

然后，他派人去购买大量的建筑用材。当这些建筑材料买回来之后，他又变得非常从容淡定，饮酒品茶，好不自在，好像失火这件事情从来没有发生过一样。

大火连烧数天之后终于被扑灭了，曾经繁华的杭州城，已经是一片废墟。没过几日，朝廷下旨要重建杭州城，并且告知凡是经营建筑用材的人一律免税。于是，杭州城内开始大兴土木，建筑用材的供不应求导致价格陡涨。这时，裴姓商人抛售建材，获得巨大的利润，利润的数额远远超过被火灾毁灭的财产。

这个案例虽然久远，但是其中蕴含的经营智慧却一点儿也不久远。管理者在面对企业危机的时候，是否能够做到向裴姓商人那样，有对紧急事件的应对措施，而不是慌了手脚呢？管理者可能会遇到种种的问题，但是，针对问题的发生，是否有应急的预案，能够让企业的损失降到最小？管理者真的能够很好地应对突发事件的发生么？这些问题，管理者应该常常思考，然后根据自身公司的实际情况，制定出应急的方案，帮助公司更好地度过危机，减少损失。

对于紧急事件，突发事件，管理者想要更好地解决它，就要有一个较为完善的应对制度，帮助企业度过危机。但是想要制定出比较完善的应对体系，管理者不仅要根据自身企业的条件，具体问题具体分析，还要明确企业中哪些环节具有脆弱性，容易出现危机，对脆弱的环节进行风险评估，知道这种脆弱性会对企业造成什么样的影响，以及事件发生的时候，首先应该做什么，将企业的损失降到最低。

一旦管理者做到这些，对于突发的事件也可以有一个很好地了解，知道在危难中企业应该做什么，薄弱的环节应该加强，有条不紊地实行。同样的，管理者还要对企业中可能发生意外的事情做出排序，并列出造成的损失大小程度。企业遭受的风险程度越高，损失就越大，这件事情就越应该作为重点提防的对象，并及时地排除它的发生可能，避免产生更大的损失。

一些事情是突然发生的，并不是像管理者分析企业内部的问题那样简单，所以，这就需要管理者在事件发生的时候及时地制定应对的方案，让企业可以更好地度过危机。当紧急事件发生的时候，管理者要有一份行动指南，让员工更加有条不紊地执行，比如哪个部门进行决策，哪些部门是可以正常运转的，对于风险的评估，细节问题的处理，企业中一些设备的保护，避免更大的损失等等。管理者还要根据事件的大小制定详细的应对方案，争取将损失降到最小。

当管理者的应急方案制定好的时候，接下来就是实行了。员工在面对突发事件的时候，第一反应肯定是慌张，所以，管理者还要让员工镇定下来，通知员工，让他们明白自己应该做的事情。有些危机，仅仅靠企业内部的员工是不行的，管理者还要适时地向外界的专业人士求助，获得他们的经验，帮助企业应对突发事件。专业的人士还可以提供给管理者一些他自己的经验和建议，可以更好地帮助管理者完善应急方案。然后对员工进行培训，让员工在面对危机的时候不会手忙脚乱，可以减轻紧急事件对于企业发展的消极影响。科学的培训员工可以挽救企业的生命。培训还可以提高员工的应对能力，保证企业的整体应对能力，使企业正常运转，而不至于因为危机企业就垮掉。

在突发事件中，企业可能还有很多问题需要解决。但是，恢复企业的运转同等重要。如果竞争对手及时地恢复了运转，对企业来说，又是一次危机。所以，管理者要对恢复运转做好准备，做到合理有序地恢复企业的运转，避免其他的麻烦。企业一般在度过危机后，不能很快地、很好地运转。所以，管理者要提前做好的计划，有相应的制度。当面对突发事件的时候，可以很好地恢复过来，让企业更好地运转。

每个企业都会遇到突发事件，能够很好地应对突发的事件，也是企业实力的表现。管理者应对突发的事件，及时地做好对策，同时，也应该提前制订计划，让企业在突发事件中更好地应对，更好地度过突发事件带来的危机。

执行到位，完成目标

在企业管理中，执行是非常重要的一个环节。如果没有执行，企业制定再好的战略或目标都不可能实现，企业想要更好地发展也是一句空话。所以，管理者一定要提高企业的执行力，建立健全企业的执行系统，各级执行者能够清楚地明白各自执行的任务是什么，以及重点和难点。企业管理中，只有执行到位，才能发展和壮大企业，完成企业的目标。

如今的佳能，经过几十年的努力奋斗，已经是全球领先的生产影像与信息产品的综合集团，并成功地将佳能的业务全球化，遍布行业的各个领域。目前，佳能的主要产品包括照相机及镜头、数码相机等。而佳能的成功，在很大程度取决于佳能公司强大的执行力。也就是说佳能高效的执行能力让佳能不断地创新，不断地完善，不断地成功。日本公司的成功在于对现代技术的应用，强力角逐和高度重视信息技术市场，使日本企业迅速占据了家用电器和办公设备等领域，并且在长时间内处于统治地位。成为世界上第六个收入最高的计算机和办公室设备的佳能公司就足以证明其在信息技术领域的领先地位。在佳能的发展过程中，科技创新始终扮演着重要的角色。佳能不断创新，从照相机到办公设备再到数字设备，佳能无疑是成功的。

佳能公司凭借光学技术起家，先后研制出复印机、气泡喷墨打印技术等，这些都是佳能公司一步一步努力的结果。佳能公司制订的计划，也都逐一实现。佳能的成功经验也是值得借鉴的。对此，佳能公司的社长御手洗先生将佳能分成两个 30 年：第一个 30 年佳能得到了产品质量好和技术革新的赞誉，同时也是佳能产品技术突破的阶段；佳能的第二个 30 年：凭借"右手抓照相机，左手抓办公设备"这句口号，佳能决定实现第二个基本战略计划：产品的多样化。于是，佳能在办公设备、电子、电子仪器等领域进行开发。

"共生"的理念就是为了大众的利益，促进人与人之间、人与社会之间、人与自然之间的相互理解，和谐相处。佳能公司理所当然地在保护生态方面成为先驱，增加了再制造和回收的项目。在佳能公司的目标中有这样一段话："我们将以领先的技术创造出最优秀的产品，我们有这种责任和义务。为了达到这个目标，我们将在 R&D（研究和开发）、产品计划和市场营销领域以一种进取的态度团结努力。"这种思想渗透到了公司的各个部门，每个部门执行落实，才会有如今的佳能公司。可见，在企业中，人员执行到位，完成设定的目标，会给企业带来怎样的收益。

佳能公司的执行体制使项目的经营活动和管理活动紧密结合起来，从而实现企业经营效率的提高，保证了产品的创新。正是因为佳能公司把执行力落实到了公司的每一角落，使执行变得更加彻底，才会有如今的成功。落实执行，让执行更到位是每一位管理者在管理企业工作的重中之重。只有贯彻落实执行，将执行落实到企业的每一角落，每一项任务中，才能更彻底、更到位地执行，才能使企业得到更好地发展。

有一些企业，决策是一回事，执行就是另一回事了。这样的做法是阻止企业发展的障碍物。不能很好地落实执行，贯彻执行，只会让企业的效率变得低下，企业的活力变得下降。所以，管理者在经营过程中，要时刻注意各个部门是否真正地落实执行，并将执行贯彻的是否彻底。只有执行彻底，才可以帮助企业更好地发展。同时，一个企业具有高效的执行能力也是企业的一种象征。能够高效迅速地完成任务，并且在完成的过程中实现创新，让公司的产品不断完善，使企业获得更好的效益，也是企业成功的因素。

想要提高员工的执行能力，管理者可以尝试从以下几个方面着手：

①让员工认同企业文化。帮助员工掌握企业好的工作方法、做事原则，概括来说就是让员工认同企业在发展过程中的精神财富，只有认同了企业文化，员工才能更好地完成任务。员工对于企业文化的认同，就是执行的最有利的帮助。

②统一员工的观念。针对不同的问题，统一世界观和价值观。也就是说，在企业发展过程中，要让员工的心成为一条线，增强凝聚力。让员工以积极的态度面对工作，这样执行才能更彻底。员工的观念统一了，人心是齐的，能够朝着一个方向前进，那么企业离成功也就不远了。

③有明确目标。就是让员工明确地知道公司的目标是什么。企业的目标可以帮助员工更好地落实执行。目标是企业发展的动力，没有目标的企业会被市场淘汰出局。所以，企业要制定出明确的目标，让每位员工都清楚地知道目标。清晰、明确的目标是执行的方向，只有目标清晰了，执行才会更有动力。

④细化执行方案。细化执行方案可以帮助员工更好地了解自己的任务，知道自己在执行的过程中应该做什么，遇到困难时，应该如何解决等。每一个任务都应该有相应的执行方案，所以，制定出一个详细的执行方案也是必不可少的。

企业想要拥有高效的执行力，还需要根据自身的特点来制订计划。只有企业的执行力变得快速高效了，企业的运转才能变得更好，才能够收获更多的效益。企业高效的执行力也是成功路上必不可少的因素之一。有些管理者认为，每个人不必参与其他的任务，这也是错误的。不同的人在面对不同的情况的时候，会有不同的想法，往往这个时候，就是创新的最佳时机。所以，可以尝试让员工参与到不同的执行中去。

4

创新思维，开辟道路

随着时代的发展，人们开始渴望新鲜事物。创新的需求也越来越大。企业同样需要创新。从思维到产品的创新。企业盲目的跟风已经不能让人熟知，有自己特色的产品才能在市场中畅销。那么，如何创新就是经营者头疼的问题了。创新思维不仅可以让企业获得效益，还可以扬名，获得口碑信誉。了解市场就是管理者应该想到的问题，同时也要开拓思维，从不同的角度思考问题。

创新使企业立于不败之地

一个公司如果没有创新的意识，不知道该如何创新的话，就相当于把自己推到了一条绝路上。道理很简单，除了你以外大家都在变，都在向前走。虽然你当时的起点并不低，但这样一来你便处在了落后状态，如果一直保持现状的话你就会越来越落后，落后就会被同行排挤，甚至被市场淘汰，这样的话还有出路可言吗？

公司想要长久地生存并一直向前发展，决不能一味地依靠原来的"家底"，按照最初的方式方法运行或者生产，如果长时间墨守成规不进行改进的话，很有可能导致企业丧失生命力。所以，要不断进行创新，不论是企业制度还是产品的制作工艺都要有所提高，这样才能保证融入新鲜的血液，企业才会有活力，有了活力企业才会有竞争力，竞争力越强生命力才越旺盛。

很多员工往往不太在意公司制定的一些工作规则，但是公司老板总是以对工作规则的熟悉度来作为衡量一个员工个人能力的基础。所以，很多老板都会问员工这样一个问题："目前公司又制定了哪些新的条文规定？请你告诉我规定的内容，并加以说明。"

老板这样做有他自己的理由。在他看来如果不这样做，员工根本就不会注意也不会关心公司的规章制度，更别说他们会以这些规定和制度为基准，在制度的要求下工作了。如果真是这样，那这类型的公司老板便只是在做表面文章，起不到任何积极的作用，也忽略了工作的真正意义和内涵。

另一个问题来自于公司制定的规则。每个公司制定规则都是为了将一些模糊不清的事项，经过客观地分析之后，定出一些合理的大家都应共同遵守的标准。因此，这些规定都具有时间性，同时它们也是为了更好地适应时代和整体的大环境而制定的，所以，它们绝对不是客观不变的，必须要无条件遵守的规律。当时代变迁，环境发生改变，所有一切都向前发展的时候，这些最初的规定也必然会随之失去自身原有的合理性或者时间性。因此，该如何使规定更加符合实际情况，满足现实的需要，是公司老板工作中至关重要的一环。

有这样一则故事，大致内容是："曾经有一个对战场很陌生，不具备带兵打仗能力的连长，虽然参加过很多次战役，但都是以失败告终。可有一次他却获得了一项极高的荣誉，原因是这位连长符合某项规定，规定里清清楚楚地标明：连队里任何一名战士在参加的所有军事演习中，只要能取得最高成绩，那他所在连队的连长便能获最高荣誉。可能这项规定在最初制定的时候是出于对战士和连长的一种特殊激励，符合当时的环境和条件。但如果现在还按照那条规定来实行的话，就会显得特别不合时宜，甚至过于迂腐，所以才会发生无能的人也能受到褒奖的可笑情形。

在现实社会中，类似这种带有"滑稽"成分的规则简直是数不胜数。例如：有些公司会将工作中发生意外事故的多少作为评定员工表现的标准。类似于这样的规定，如果同时应用在危险性较低和危险性较高又非常忙碌的工作环境中的话，就显得太过笼统。对安全生产没有发生过意外事故的员工进行表扬固然是一件很好的事情，但在制定规定的时候应该综合、全面地考虑到所有存在的因素和可能发生的状况，根据现实情况来拟定最为恰当的规则。

如果一直墨守成规、没有创新改善的意识，那之前制定的所有表面上看起来很完美、面面俱到的规定，在真正实行起来的时候往往会引起意想不到的结果，甚至还会产生原本能够避免的纠纷。所有的规定都是人来制定的，但很多时候原本应帮助人前进的规定却起到了相反的效果，遵守规定的人不但没有前进，反而被"囚禁"在那些条条框框里失长前进的能力。也就是说，最初制定的时候是符合现实情况的，在经过一段时间以后，却与实际需要完全脱节，随后就会有一系列的缺陷和连锁反应发生。如果要对规定加以修正的话，就需要花费大量的时间，投入大量的精力。因此，企业只好继续遵守这些已经不合时宜的规定，最终成为牺牲品。

总而言之，不论是大企业、小公司还是事业单位，掌舵人都要时刻注意自己"地盘"里所制定的规则，是不是紧跟时代的步伐，是不是符合行业和社会的现实状况，仔细检查是否存在不合理或者与实际不符的情况。如果有，管理者应该直截了当地废除，在审时度势并深入调查研究之后进行进一步大胆的创新，创新越多，"地盘"越有活力，有生命力，有竞争力，这样企业才能长久地立于不败之地。

让每个员工都有创新意识

如今，一些好的企业大部分都是点子公司，也就是是创新公司。公司不断地推陈出新，不断地想出创新的点子，从而为企业带来效益。一个好的管理者善于开发员工的创意，更能让创新意识在员工的中扎根发芽。

管理者要激发员工的创新思维时都会遇到这样一个问题：大部分的员工通常选择不发表自己新的观念。对于这些员工，管理者不应该责怪，而是要先鼓励他们，培养他们的自信心，让他们敢于把自己的想法说出来。一旦员工选择不说出想法，他们的创造能力也很难发挥出来。所以，管理者要让员工对自己有信心，让员工相信自己，相信自己的想法，敢于表达自己的想法，最好的方法便是管理者对他们表示出信任。员工不是没有想法，而是不去表达自己的想法，这样对于企业经营来说也是一项损失。多个人多个智慧，何况企业中的员工很了解自己所在的公司。只有让员工具备了创新意识，让员工积极地参与到创新中来，企业的发展才会更好。

谷歌的副总裁拉斯泽罗·鲍克在美国加州大学伯克利分校参加"经济学人创新论坛"时，讲到了谷歌的创新秘密：谷歌一直鼓励员工创新，让员工充分发挥自己的想象力。当所有员工都在发挥想象力的时候，就会形成一种创新氛围，而企业采取员工的可行性的创意，就会帮助企业获得效益。谷歌公司的员工相对较少，但是他们一直以来都在一种创新氛围中，让员工可以聚在一起，发挥想象，然后说出自己的创意。公司对于一些可实行的创意进行采纳，推出新产品。这也是谷歌不断推出新产品的原因。

"我们努力保持尽可能多的表达渠道，让不同的人和不同的创意都能以不同的方式展示出来。"鲍克说。谷歌的渠道包括：

1. 鼓励员工在团队之间展开互动，在工作和休闲中进行对话，集思广智，广泛地开发思维，最终得到富有创意的思维。

2. 员工可以直接向公司领导人发送邮件，表达自己的想法。

3. 每当要召开公司会议时，或者技术讨论的时候，任何人都可以提出问题，然后投票选出自己感兴趣的问题。这样员工们对于现有的想法、问题、建议有一个了解，然后投票决定新的创意。

4. 在 Google+ 中展开对话。

5. TGIF。谷歌每周的全体大会，可以让员工直接向最高领导进行提问，可以涉及公司的任何问题。

6. 进行各种各样的调查。"我们经常对员工展开调查，了解他们对管理者的看法，然后利用这些信息来公开表扬最优秀的管理者，将他们作为下一年的模范。最糟糕的管理者要接受严格的培训，有 75% 的人能在一个季度内有所好转。"鲍克说。

鲍克认为："这种文化非常符合人性。人们希望在自己的工作有意义，他们想要了解周遭的变化，希望有能力改变周围的环境。"谷歌也凭借这种文化，培育了一批有创意、有激情的员工，为谷歌公司的创新做出了重要贡献，帮助谷歌公司走向了成功。

有些员工认为：与众不同的思想，代表在衣着、言谈、举止方面与别人不同。这时候，就需要管理者帮助员工克服这种发挥创意的障碍，最好的办法就是帮助培养"顺应环境"的习惯。也就是让员工适应环境的变化，让他们知道，拥有与众不同的思维并不是一件坏事，这种思维叫做创新。适时地鼓励员工将自己的创新思维说出来，公司可以有针对性地进行采纳，这也是鼓励员工发挥创新思维的方法之一。企业管理者还可以让这些羞于表达自己想法的人多接触一些新的思想，多和一些具有创新思维的人打交道。帮助员工树立信心，也是帮助企业获得良好点子的办法。

要鼓励和培养员工的创新思维，企业管理者应当随时注意倾听他们想要表达的想法。无论员工的这些观念是如何荒唐甚至可笑，管理者也不可以妄下结论，严厉地告诉员工："这行不通！"要审慎地与员工做进一步的讨论，看看是否能讨论出该观点的好处和更好的一面。当管理者评估意见的时候，首先要肯定员工提出意见态度的积极性。如果意见中有不好的地方，需要批评的地方，管理者也应该采用委婉的态度告诉员工。例如：管理者最好不要严厉地说"那太花钱了。"可以改为："你有没有事先算一下费用？"让员工想到费用的问题，这样说不定还可以想出更好的方案。管理者要谨记：一个"与众不同"的人所提出的看法可能会有些不合实际，但千万不能表示轻视，这样不仅会永远地扼杀员工的创意，还有可能失去一个好的创意。谁说不可能的创意就没有实现的价值呢？说不定有一天，这个就会变为现实。

创新思维的另一障碍就是许多人一旦决定的事情，就不会轻易改变。通常，这些人对外界的不同意见会选择忽视。戴尔·卡耐基曾说过："时时敞开你的心灵准备接受改变。要欢迎它，取悦它，要一再检验你自己原有的意见和看法。"管理者尤其应该做到这一点。管理者应该鼓励员工去兼听不同的意见，同时，管理者自己也要听取不同的意见，这样才能让创新意识变得更强大，开发出所有员工的创造性。千万不要对员工泼一盆冷水，这样会打击员工的积极性，也会扼杀一些好的创意点子，使得企业的发展变得缓慢。

假如管理者能营造一种接受新观念的气氛，鼓励员工多多读书或积极地参加研讨会，让员工参加一些富有创意性的活动，都可以激发员工的创造潜能。这些努力一定会有所帮助，有朝一日必定会有所收获，员工的创意也可以促使公司成长。

路走不通，不如换个方向

标新立异的目标是为了开拓更好的方向，企业经营同样如此。在经营过程中，一旦发现方向出现了一些偏差，或者遇到一些阻碍，就要及时地思考，道路到底能否行得通。当产品出现大量的相同或者相似的时候，管理者要及时地转变方向，以出其不意的产品重新获得市场和消费者的青睐。企业发展的道路并不仅有一条，适时地换个方向出发，或许会有更多意想不到的收获。

日本最大的化纤生产商之一东洋人造丝织品企业，曾经鼎盛一时。但是，到了20世纪60、70年代，开始走向衰落，东洋企业也遭受到很大冲击，尽管一再地减产，但是仍然无济于事，企业面临着即将倒闭的危险。

在企业即将走投无路的时候，一位员工找到企业的管理者献计说："现在各大企业为了提高产品质量，都想办法把5根线弄得粗细均匀，没有人将不均匀的线纺到一起，若我们反其道而行之，很可能会创出一条与众不同的新路。"管理者听后觉得很有道理。市场上出现越来越多的同类产品，人们的兴趣也是随时改变的，过去追求的光滑、闪光的衣服，现在几乎所有人都穿着同样的，已经不时髦了。如果制造出细中有粗、凹凸搭配得当，并且搭配和谐色彩的衣服，说不定会成为新的潮流。

于是，企业的管理者决定先少批量生产，将一些少量成品投入市场，投石问路，看一看市场的反应。产品投入市场的效果是非常显著的。正如那些吃惯了白饭的人，偶尔吃上一些粗粮的食物，会感到非常地新鲜和可口。这种新产品一面市，就被抢购一空。于是，东洋企业立即申请专利，并大批量投入生产，很快使企业摆脱了逆境，获得了巨额利润。东洋企业的危机变为转机，利润也直线上升，都是通过改变发展方向而来的。企业的发展不是一帆风顺的，在面临困境的时候，将道路换个方向，转个弯，或许就会变得更加畅通了。

企业生产的产品会受到市场的检验，如果被消费者广泛好评，那么，即将会有很多的同类产品出现在市场中。这时候，企业的经营也会遇到困难。而解决困难最好的办法就是让自己的产品成为市场中的"异类"。也就是说，企业要不断地完善产品，不断创新，做到"人有我精"的地步，这样，才可以保证企业不会倒闭，不会被市场淘汰。当然，想要做到标新立异，就需要企业不断地改变思路。管理者做到这点，可以集思广益，发动员工的智慧，让员工积极地献策，当路走不通的时候，可以适时地换个方向。正如东洋纺织品公司，从生产平滑的衣服到生产凹凸搭配得当的衣服一样。换个方向，对企业的发展也是很有帮助的。企业想要获得更多的利润，就要不停地换个方向，但是，方向也不能随时改变，这样会让员工的心也改变。

澳大利亚有一家名叫宁根企业的公司，该公司研制出了一种比较先进的收银机。商店如果购置了这种收银机，可以将商店每天的营业收入及时地存储并且准确地计算出来。但是这种现金的收银机却打不开销路，原因是宁根企业不当的推销策略，产品堆积在库房，企业资金也逐渐变少，企业很快就面临亏损破产的危险了。

后来，有属下建议，将营销的策略把"请人购买"更改为"我准你买"。管理者觉得很有道理，这也是一种解决办法，于是在报刊、电视上大肆地宣传这种收银机的优点，并且发出声明，一个地区限买一台收银机。谁知，这样却打开了销路，人们纷纷前来购买，宁根企业也改变了困境，营业额也直线上升。

意大利有一家商店，为了吸引顾客，管理者想出了一个别出心裁的点子，在店门上贴有醒目的告示："进店顾客必须是7岁儿童，大人进店，请带7岁儿童做伴，我店专售7岁儿童商品，盼君遵守。"这家店开张以后，果然吸引了许多7岁儿童与其父母，想要看看店里的奥秘。出于好奇心，有不少的消费者谎称自己的孩子刚好七岁。该商店表面上是限制年龄，实际上却吸引了更多的顾客。这家店的生意也蒸蒸日上。

企业成功其实没有什么秘诀，只要抓住消费者的一些心理，就可以帮助企业获得利润。在企业经营中，企业的管理者就要在创新上有一个很好的表现，适时地进行逆向思维，不断地创新，推出一些与众不同的产品吸引消费者，这些都可以帮助企业走向成功。反其道而行的方法，或许有些冒险，但是，只有敢于冒险的人，才可以收获更好的东西。企业的敢于冒险，首先也要符合自身的实际情况才行。

企业生产的产品在市场中会受到各式各样的冲击。面对挑战的时候，企业如何让自身的产品战胜危机，在市场中不被打败，都是管理者关心的问题。为什么一些产品会受到消费者的青睐，这是因为现今的人们越来越追求与众不同的东西。只有企业生产的产品一直处于市场的最前沿，一直是与众不同的时候，才会有消费者愿意去购买你的产品。抓住消费者的一些购买心理，让消费者的这种心理得到满足，也是企业经营的法宝之一。

有时候，一些限制条件往往也是消费者购买此类产品的先决条件。看似是限制的，实则是为了更好地吸引消费者的眼球，让消费者在好奇心理的作用下，去购买商品。所以，企业的经营，企业生产的产品，都可以根据市场的变化而改变一些方向，从而更加获得青睐。这条路走不通，适当地拐个弯儿，或许就会一帆风顺。

跟风不能形成自己的特色

很多企业的管理者都希望自己的公司有一点儿特色，也就是我们常说的有一些个性化的东西。但是许多管理者又没有什么特别好的想法，于是开始模仿那些拥有自己特色的成功的公司。时间长了，没有办法跳出模仿的影子，不但没有像成功的企业那样有自己的特色，反而束缚了自身公司的创造力，最后变得什么也不是。

企业的发展需要有自己的特色，但是这种特色应该是市场上缺少的特色。一旦有些企业有自己的特色，并且成功了，那么，这种特色就要舍弃，不能模仿成功的企业。让自己的特色成为市场中的一抹风景，才是成功之道。如何让企业变得有自己独特的特色，就需要管理者能够对市场有一个很好的把握，了解市场的需求，理智客观地分析市场，从而更好地推出自己的产品。

世界上的第一个主题餐厅是在 20 世纪 90 年代出现的。这家主题餐厅餐饮概念非常新颖，装饰布置也是别具一格，让那些慕名而来就餐的顾客既可以品尝到美味佳肴，又可以感受到某种文化氛围。从吃饱到吃好的是一个时代变迁的象征，而吃也正逐渐成为一种文化，让消费者在品尝美味佳肴的时候，又可以感受到某种文化氛围，也是主题餐厅成功的原因。相比一般的餐厅，主题餐厅的用餐环境令人印象更加深刻。主题餐厅往往是围绕一个特定的主题来装饰餐厅，甚至餐厅中的食物也与主题符合。让顾客在品尝食品的时候，还可以感受到一些不同的文化。

主题餐厅的经营模式在中国非常受欢迎。如今中国已经拥有不同特色的餐厅。比如：知青餐厅可以帮助老一辈怀念当年的时光；丽江餐厅可以让那些对丽江有美好向往或者去过丽江的人感受或重温丽江的风土人情；一些动漫的主题餐厅则是吸引动漫爱好者。诸如此类，主题餐厅在餐饮业可谓突飞猛进的。主题餐厅吸引顾客也是五花八门的。比如 8 号学苑，就规定用餐者必须是 80 后，而且，进门要喊报告，还要回答试卷问题等，这些都是 8 号学苑吸引 80 后的方式。同时，8 号学苑也不断地吸引各个年龄层去 8 号学苑就餐。主题餐厅的发展，也是餐饮业不断发展，人们不断渴望新鲜的一种标志。

现如今，全国各地拥有各式各样的特色主题餐厅。而这些主题餐厅非常受到年轻人的喜爱。这是为什么呢？原来，现在的年轻人非常喜欢一些具有自己特色的东西。而主题餐厅的出现，不仅可以让自己的好奇心得到一丝地满足，还可以在一些餐厅感受到不同的文化，回忆一些曾经的时光等，这些都是主题餐厅成功的原因。主题餐厅拥有不同的氛围，消费者可以在餐厅感受不同的文化，对于喜爱的文化自然会更多地前往。但是主题餐厅光有文化还是不够的，菜品也要同样精彩，这样才能够让顾客再次光临。

企业的管理者一定要有自己的创新风格，否则自己的创新魅力便无从谈起。企业的创新不能一味地模仿。要拥有自己的特色，管理者就要在激烈的市场竞争中，根据自己产品的实际情况，根据自己的风格进行改进、变换和扩充，使产品能够应对市场的变化，更具备竞争能力。如何更好地有自己的特色，就需要企业管理者对自身公司有一个从上到下，从里到外的了解和掌握。知道公司哪些是强大的，哪些是有缺陷的。然后，根据实际情况，扬长避短，加以创新，形成具有自己特色的公司。

现代社会中越来越多的人追求个性，甚至社会发展也有自己的特色，企业同样如此。一旦企业没有了自己的个性，没有了自己的特色，变得与大众一样，那企业也不会成功。企业想要拥有自己的特色，还需要创新。让公司从上到下都有创新的概念，员工可以说出自己的想法，管理者决定哪些方法是可以采用的，哪些方法有待改进，形成一种上司与员工和谐的关系，这样更有利于创新。

"鞍上无人，鞍下无马"是马术的最高境界。想到达到这一境界，就需要人与马不停地冲撞，不停的摩擦，不停地控制与反控制，让人和马达到一种默契和谐的境界，这样才能达到最高境界。企业管理也需如此。员工与管理者不停地进行意见的碰撞，不停地推陈出新，不停地交换意见，只有这样，才能够更好的相处，想出更好的点子帮助企业发展。

企业中，员工与管理者之间难免会有磕磕绊绊。员工的一些反抗精神也是有好处的。比如：反抗能够使僵化的机体变得活跃。如果企业经营中，只有管理者一人说了算，员工只会服从，没有反抗，就没有自己的想法，那么这样机制的企业就失去了生命力，企业的经营也不会顺畅。反抗还可以改善管理者与员工之间的关系。管理者指挥员工，难免会有不公正的时候，影响关系正常发展。而员工的反抗能让管理者更加理智地处理问题，让他及时地改正错误，悬崖勒马。

企业具有自己的特色，可以更好地发展。同时，具有特色的企业也会给人深刻的印象。一些盲目跟风的企业，没有自己的特色，最终会被市场所淘汰。企业的经营发展，并不是管理者一人说了算。管理者可以在员工中集思广益，开拓众人的智慧，根据企业自身发展的优势，形成企业自身独特的特点，并让特色广为流传。这样，企业才会收获效益，收获利润。

企业特色不能盲目追求，管理者要对市场有一个很好的调查，了解市场，对市场的发展走向有一个大致的了解和自我判断。从而推出拥有自己特色的产品。

思路决定出路

企业发展如果没有创新，那么，企业就会毫无作战能力，在面对市场竞争的时候，也会被无情地淘汰。创新就是需要突破常规，不断地创造，从而找到新的想法与思路。所以，企业管理者要敢于改变思路，为企业发展寻求新的天地。创新意识就像一层窗户纸，不捅破的时候毫无头绪，一旦捅破了这层窗户纸，一切都会变得非常清晰。

我们面对的世界，并不是一个稳固不变的世界，而是一个不断变化、充满竞争的世界。这种竞争，主要是依靠创造力和创造性。真正具有创造性的活动，不会妨碍别人，而是可以促进发展的活动。也就是说，创新应该是促进发展的，而不是阻碍他人发展的。

企业的创新是为了谋求更好的发展，而在得到更好的回报之前，创新是一条非常艰难的道路。新点子的出现，总会遇到各种各样的困难和问题。为了让自己的想法独树一帜，还要不断地进行检验，不断地调查。可见，企业想要创新，还需要付出很大的努力。管理者可以多多鼓励员工，让员工积极地参与到创新中，众人的智慧肯定会产生更好地想法。

　　著名的布里丹的驴子是一个寓意非常深刻的故事。有一头肚子很饿的驴子，在它面前，有两个不同方向但是同等距离、拥有同样数量和同样种类的料草。这个很饿的驴子犯了愁，不知道该去往哪个方向，因为两堆料草数量和质量是同样的，与驴子所在的距离又是相同的，所以它不知道该怎么办才好。于是很饿的驴子就在原地犹豫不决，最后在犹豫的愁苦中饿死了。

　　这则寓言告诉我们：许多时候，有一点儿创造意识，激发创造力，就会变得有活力，一直处于呆板的状态是不会有收获的，还会扼杀创造力。如果驴子不犹豫不决，它也不会被饿死。企业同样如此，不能犹豫不定。创新思维不能在原地踏步中被扼杀。企业想要更好地发展，就要不断地创新，不断地开发创造力，不断地创新，研发新的产品。思路决定企业的出路，这句话永远不会过时。企业只有思路对了，才能找到更好的出路。

　　人人都具备创造力，但创造力产生的成果却被称为奇迹。奇迹是人们不断进行创造的另一种解释罢了。每个人都具备创造力，在企业中，新的点子的产生，都应归功于创造力。创造力也是创新的能力。企业如果没有创新力，没有创造力，企业将会死气沉沉，经营也会遇到问题。创新能力可以帮助企业更好地发展，所以，企业管理者要让员工可以充分地发挥自己的创造能力，帮助企业创新，从而获得效益。管理者想要员工更好地创新，不断地创新，还需要营造一种创新的氛围，让员工可以自由地创造，说出自己的想法。

　　几年前，有个人喊价 28 万美元卖一块铜。记者打听得知，这个人是位艺术家。但是，一块只值 9 美元的铜喊价 28 万美元，这个价格的确是个天价。于是，这位艺术家被请进电视台。在节目中，他说道："一块铜价值 9 美元，如果制成门柄，价值就增值为 21 美元，如果制成工艺品，价值就变成 300 美元。如果制成纪念碑，价值就应该值 28 万美元。"华尔街一位金融家被他的创意打动了，花费 30 万美元购买这块铜，最终用那块铜制成了一尊优美的头像。一块只有 9 美元价值的铜到 30 万美元之间的差距，是非常大的。而填补这个差距的就是创造力，更准确地说是创造力的价格。9 美元到 30 万美元，艺术家的创造力才可以成就这巨大的飞跃。

一个人的创造力可以创造出这样巨大的价值。但是，只有真正好的创造力才可以创造出这样的价值。企业的创造力也是如此。企业要获得好的收益，就要不断地创新，只有创新，才能帮助企业收获利益。

奥列佛·温特·怀斯曾说："人的智慧如果滋生一个新点子，它就永远超越了它原来的样子，不会恢复本来的面目。"每个人都可以应用自身具有的创造力，同时还可以在应用中不断增强这种能力。只有创造力才能带给我们想要的。

有调查显示：45岁的年龄层的创造力只有5%；20岁至45岁之间的创造力也只有5%。这样的结果很不理想。但是，在17岁年龄段的结果达到了10%以上；更令人惊讶的是在5岁儿童中，创造力竟然高达90%。人的创造力是与生俱来的。随着年龄的增长，创造力受到了抑制。就算在这种抑制的状态下，人的创造力也并没有完全消失，而是被隐藏起来了，没有发挥出来而已。所以，企业的管理者可以充分地调动企业员工的创造力，让员工发挥想象，不断创造。

人的创造力是无限的，唯一限制创造力的是知识系统、道德系统和价值系统。当然，周围的环境因素也是必不可少的一个限制条件。这些因素常常妨碍人们的创造力，让人们对于自己的创造力感到怀疑，约束人们的创造行为，让人认为自己没有创意。殊不知，这样的做法对于企业的发展是最大的阻碍。

通常情况下，人的自身障碍在于不能真实地面对自己，而是通过外界的成见来判断自己能做什么、不能做什么。这种做法是对自身的一种否定。其实，现实生活中有许多阻挡创造力的东西，人们只有将这些东西移开，才能更好地发挥自己的创造力。追求新鲜的事物并没有错，当被某种信念限制时，不用考虑它，大胆地去创造，最后，成功是对于限制信念最好的回击。

作为企业的管理者，应该及时将阻碍创造力的"绊脚石"移除掉，找到适合自身企业的成功之路。

开拓思维，员工献策

现代企业的发展，需要富有创新能力的人才。这样的员工不仅善于发现问题，还善于解决问题；不仅能够独立创造，还能与人合作；不仅学习能力强，还能对学习到的知识和技能进行改革创新。管理者要抓住员工这样的特点，鼓励员工，激发员工的创新意识，使员工始终具有创造精神，不断进取，不断地进行创造。管理者还要充分挖掘和发挥员工的创新能力，让员工的创新可以应用到企业的运转中，从而为企业创造效益。所以，对于企业的管理者而言，开拓发展员工的创新意识是非常重要的。

对于企业来说，员工的创新思维也是企业成功的重要因素之一。有些企业，管理者明白创新的重要性，但又在有意无意地压抑员工的创新。实际上，员工的创新思维是需要培养的，管理者应该不停地鼓励员工积极创新。这样，还可以提高员工对企业的忠诚度，让员工的工作成就感增强，信心增加。企业的经营，并不是管理者一人说了算的，还需要群众基础。群众的智慧，往往比一个人的智慧要强大很多。管理者积极地鼓励员工进行创新，不断地让员工参与创新，这样，才可以帮助企业运转，让企业在激烈的市场竞争中占有优势，不会被市场淘汰。

3M 公司营销的产品多达 60 000 多种，从心肺仪器到人造韧带、砂纸和胶黏剂再到隐形眼镜等，还有创可贴、防护胶带、超级捆绑胶带等。3M 公司将革新观念看得尤为重要，在公司成长的道路上，新产品是公司生命的血液。3M 公司每年要开发的新产品多达 200 多种。也正是因为这种注重革新的精神，使 3M 公司连续几年成为美国最受人羡慕的企业之一。3M 公司每年研发的新产品，都是经过创新而来的。创新，是给企业带来成功的保障，同时也可以为企业带来很好的效益和利益。

当然，任何一件新产品都不是凭空产生的。企业员工不断创造，公司也努力营造了一个创新的环境。3M公司往往要投资约7%的年销售额，用于研究和开发新产品。3M的创新投入与一般公司相比，就相当于是一般公司的两倍了。所以，3M公司的产品得到消费者的喜爱并不是没有道理的。投入得多，收获得也多。

3M公司鼓励每一位员工发挥创造力，开发新产品。其中最著名的是3M公司的"15%规则"。这个规则是公司的每位技术人员至多可用15%的时间来搞个人感兴趣的工作方案，甚至不管这些方案是否直接有利于公司的发展和收益。当员工产生一个有希望的创意点子的时候，3M公司就会组织一个冒险队负责培育产品，并且保护新产品免受公司的调查。队员贯彻开发产品的始终，直到产品成功或者失败，才会回到员工原先的岗位上，然后继续研发新产品。3M公司每年都会把"进步奖"授予那些在美国或者世界上有成就的冒险队，也正是因为3M公司的这种鼓励政策，促使他们的员工创造出了更多新的产品。

管理者要知道，企业要获得更大的成功，就要不断地创新，不断地尝试成千上万种构思。任何的成功都是在错误和失败的基础上得到的。如果你不犯错，不构思，不创新，就不可能成功，也就不会做出任何事情来。3M公司许多的错误都成了最成功的产品。3M公司都知道这样一个故事：有个化学家在一次偶然的实验中，把一种化学混合物不小心溅到网球鞋上。过了几天，化学家发现到溅有化学混合物的球鞋部分没有变脏。后来，这个化学混合物成为斯可佳牌织物保护剂。

3M公司科学家西尔维想开发出一种具有超强黏度的黏剂，但是研制出的产品都不是很黏。过去几年了，依旧没有什么进展。3M公司另一个科学家弗赖伊遇到了一个问题，在诗集中做记号的小纸条常常掉出来，于是他在一张纸片上涂了点西尔维博士的弱黏胶。纸片很好的黏在书上，并且撕下的时候也没有将诗集弄坏。就这样，3M公司再一次成功地研制出可粘便条纸。现在，可粘便条纸已成为全世界办公设备中最畅销的产品了。

　　所以，作为一个企业管理者来说，想要开拓员工的创新思维，首先要客观地对员工的创新活动进行评价。管理者对员工的创新活动进行客观的评价，可以体现出管理者对员工的尊重。这种尊重也表示了管理者对员工创新活动的支持。管理者也不必过分担心打击员工创新的积极性，对一些不认同或者不可行的建议同样大为赞赏，员工有信心地去做了，最后效果却不理想，这样才是真正地打击了员工的积极性。其次管理者还可以鼓励员工工作以外的创新。可以让员工在完成自己的工作后，对自己感兴趣的领域加以创新。员工对领域提出的建议，或许就会给公司带来不同寻常的思考和收获。最后，管理者可以采取各式各样的活动鼓励员工进行创新。管理者可以在公司设立创新奖，奖励员工提出优秀的创新建议；还可以组织讨论活动，对于需要改进的地方提出各自的意见，大家一起讨论等。

　　只有让创新成为企业的日常工作之一，才能更好地培养员工的创新思维。让创新成为企业的一种长远发展的动力，管理者就需要激发员工的创新思维，让员工对工作有热情。企业在现今的社会中发展，如果不创新，不革新，就会被市场无情地淘汰。企业的创新已经越来越重要了。不创新的企业是不能经营长久的。而企业的创新大多数从员工中得来。所以，管理者要充分调动企业员工的创新思维，让员工积极地参与到创新中去。这样，企业才能得以长久发展。

有计划不如有变化的对策

　　有些人喜欢事先计划好一切事情，可是，也有一句话叫作"计划赶不上变化"。企业经营同样需要这句话。很多管理者认为，很多工作没有做计划的必要，而且有些工作不可能提前做好计划，所以，有些管理者在对突如其来的变化的时候，显得手足无措，最后企业也会面临困境。企业经营中，有计划固然是重要的，但是，还要有应对变化的计划。在面对突然发生的事情时，企业能够很好地应对，渡过难关，这也是企业经营成功的条件。

世界上唯一不会变化的是自己。确实，计划赶不上变化。企业的经营过程中，总是突然出现各式各样的事情，扰乱本来平静的步伐，这些半路杀出的事情，会让原本的计划被打破。但是，这些突然出现的事情再正常不过了。正如基督教教义上说的："每天早上，如果我们还能醒来就要感恩，因为有很多人睡下后就不能醒来了"。确实，谁也无法预知接下来要发生的事情，谁也不能说我可以安全地度过突如其来的事情。所以，在面对变化时，最重要的还是应对的对策。企业更加需要这个对策。企业要面对的变化关系到企业的存亡和员工的生存。所以，管理者要在变化发生之前就事先制定出应对的措施，让企业可以在变化中安全地度过，得到成长。

制订计划初期，有些信息不完全，需要在行动的过程中才收集到的，所以计划也就会不周全、不全面，不能准确地与实际吻合。最重要的是，计划通常是死的，不会改变的，所以在执行计划的过程中就会出现"变化"。企业的管理者要注意到这一点，从而更好地应对经营中遇到的变化。

英国有一部动作片的老电影叫做《野鹅敢死队》。电影的剧情非常简单，但是却充满惊险。主人公福克纳上校，被某银行家雇佣，任务是从非洲一座监狱里劫走被推翻下台的前总统林班尼。谈好佣金，福克纳找了几个伙伴，组成了一支50人的敢死队。敢死队趁着夜幕，到了目的地。计划也进行得非常顺利。监狱看守被轻松地干掉了，他们成功地劫出了林班尼。另一个行动小组也占领了机场，等待接应。

然而，雇主银行家和这个国家的独裁者达成了新的交易，不再需要林班尼，于是他下令接应的飞机返航，让独裁者的军队消灭敢死队，以省下雇佣敢死队的费用。

敢死队的处境非常危险，但求生的本能让他们迅速做出应变，于是，敢死队迅速的制订出新的计划。决定开向林班尼的领地。可是当他们来到林班尼领地的时候，当地的神父用和平的信念使林班尼放弃了战争。敢死队再次面临新的挑战。幸好，神父告诉敢死队，这附近的机场有一架飞机。于是，他们决定占领机场，抢到飞机，离开这个死亡之地。

即使敢死队突出了重围，抢到了飞机，可惜军师雷弗却牺牲了。飞机在飞行中也遇到了问题，不得不迫降，但是罗得西亚机场却不允许他们迫降。最后福克纳用林班尼的声望求救才得以绝处逢生。最后，福克纳找到了那个背信弃义的银行家，把他送上了西天。

当然，电影的情节不会在生活中出现。但是在现实中，管理者的工作同样会遇到各式各样的挑战，计划赶不上变化的问题也会经常出现。法国记者和政治家 Jean · Jeeques 曾经说过："管理者根本的任务是什么？是对变化的聪明应对。"这句话告知管理者：管理企业，必须像敢死队一样，善于在变化面前调整原本的计划，及时地改变策略，绝处逢生。如果企业遇到变化，管理者首先慌了阵脚，那么，企业的员工也会手足无措，企业的经营也会出现问题。

查斯特 · 菲尔德爵士指出："如果立下的目标变得更灵活时，你就会发现，一些美妙的事情开始发生了，你会觉得更放松，并且你不会损失任何生产力。"管理者在制订计划的时候，应该首先将更多的变化因素考虑在内。制订的计划可以分为多套，有应对变化的计划，也有没有变化出现的计划。只有管理者将种种因素考虑进去了，才能够帮助企业更好地运营。管理者甚至还要有"未思进先思退"的精神，管理工作具有灵活性。这样，就算出现了意外，也能够最大限度地减少企业的损失。

彼得 · 德鲁克说："环境变化并不可怕，可怕的是沿用昨是今非的逻辑。"一旦出现意外的情况，管理者必须尽快地做出应变对策。以不变应万变，就是要管理者做到根据变化及时地做出应对的对策。如果企业遇到的只是小问题，只进行一些局部的调整就可以解决问题；如果问题十分严重，管理者就必须立即停止计划的执行，将损失减到最小。

意外的出现肯定是有原因的。有些是因为管理者的主观原因，比如缺乏对目标应有的重视，计划之前缺少足够的市场调研，知识水平和管理经验不足，都会出现在面对变化时慌了阵脚的情况。还有就是客观方面，比如管理者制订计划的执行方式不能很好地适应市场的瞬息万变，或者市场的发展超出了管理者的预想等。

究其原因，无论是哪个方面的原因，作为企业的管理者都应该在管理企业中不断思考，制订出更好的计划。总结成功的经验。管理者制订计划也需要听听他人的意见，集众人智慧，在面对意外的时候及时的召开解决会议，找出问题出现的原因，从根本上解决问题。还需要根据新的情况，新的要求，不断地修正和完善计划。企业要长久地经营下去，就得有应对意外的解决办法，同时，管理者在应对问题时的态度也可以让员工对企业更有信心。最好的办法，就是不断完善计划，根据市场的需求不断地调整。

在危机中竞争

在企业里，没有竞争，就没有发展。一个有活力的企业，处处都会有竞争。竞争力不但可以让管理者对员工有一个客观的了解，还可以帮助员工进行定位，让员工在企业中充分发挥自己的才能。同样地，竞争力还决定着企业的命运。更好地激发员工的竞争力，让员工更好地工作，也是企业管理的关键之处。一家成功的公司，会给员工一种危机感，让员工感受到压力，激发员工的竞争力，让员工更有动力地参加工作。

残酷的竞争机制，可以加强员工的危机感，同时，又可以刺激员工去竞争，得到想要的东西。只有在不断地竞争中，才会激发员工的潜能。一些员工安于现状，只会做数据表格，有点儿混日子，不去积极地解决问题。这个时候，管理者就要用绩效考核来激发员工向上的动力，让员工明白，不是一个人会在这个岗位上永久地待下去，只有不断的进取，才可以不被淘汰。

这种竞争就像鲇鱼效应一样，作为激励团队的一种有效的手段。为什么两个人跑步会比一个人跑步更轻松？因为在跑步中，两个人的胜负欲会被激发出来，为了证明自己，不让自己的面子、自尊受损，会更加努力跑步，释放自己的潜能。所有人都有懒惰的一面，要战胜懒惰，只有竞争，竞争带来的积极性会让他们战胜自己的惰性，为了自己而努力，从而为企业做出贡献，使企业更好地发展。

日本的公司在危机感的灌输方面是非常强大的。因为日本人每天都活在危机感中，感觉随时都会失业，所以他们每天都非常努力地工作，害怕因为一件事做得不够完美，就会被开除。在日本，失业的人是很难再找到一份新工作的，只要失业了，想找到新的工作，要花费很长的时间。

日本的松下公司，他们在每个季度都会召开一次讨论会，以便所有的部门经理能够很好地了解运营的成果。在开会之前，公司的负责人会将各个部门完成的任务，从高到低划为 1、2、3、4 四个等级。在讨论会上，业绩高的第 1 等级的部门会有首先报告的机会，以此类推。这样的等级在无形中形成了竞争的心理。于是，每个部门都不愿落后，想要获得首先报告的机会，便会努力地工作，这也让松下公司的业绩突飞猛进。

企业要获得更好的效益，就需要竞争，没有竞争，就不会有任何的发展。所以，管理者一定要在企业中制定出竞争的机制，让员工看到，不断竞争带来的优势。这样，既可以激发员工工作的动力，还可以让员工为公司更好地创造效益，帮助企业更好地运营。竞争的心理任何人都有，管理者要充分利用这种心理，让员工不断发挥自己的潜能，还有利于员工自我的完善，提高企业的整体水平。

企业的管理者想要给员工危机感，还可以不时地提醒员工，企业可能会倒闭，部门也可能会解散。让员工有危机感，只有这样，才可以激发他们的才能，让员工努力为公司做贡献。员工有适当的危机感，在工作中也会有动力。当员工不停地战胜挑战时，员工的自信心就会加强，更加积极地参与到工作中去，为企业做出更大的贡献。

在 20 世纪 60 年代末，"加农"进军计算机市场。它研制的键盘式计算器十分成功。但可惜好景不长。"加农"在与"卡西欧"的竞争中连连失利，甚至到了快要倒闭的时候。

面对当时的局势，董事会中有人提出：让全体职工都知道企业现在的危机，让他们了解企业危险的境地，让他们有危机感。"加农"决定尝试一下。让公司的全体员工都知道了企业的危机。所有的员工顿时紧张了起来。小组活动的能力加强了，新的建议和方案也是层出不穷，大家都想着要挽救"加农"。管理者将员工的建议和方案总结归纳，充分地调动员工的积极性与创造性，最终，"加农"顺利度过了危机，还走向了世界。

培养员工的危机意识，是现在企业中，所有管理者的一项特别重要的任务。企业员工也许不能做到最好，但是，他们一定要有动力，能很努力地朝着很好的方向前进，而不是在企业中懈怠和混日子。只有员工有了危机意识，才会更加努力地工作，充分发挥自己的才能，帮助企业更好地发展。管理者还要让员工有这种意识：如果今天不努力工作，明天就要努力找工作，而且还非常有可能会找不到工作。让员工在工作中充满危机感，让压力转化为动力，能够促使员工积极主动地工作，发挥自己的才能，改进自己的工作态度。另一方面，管理者还要将员工的前途与企业的前途结合在一起，利益捆绑，共同进退，建立起牢固的团队协作精神。

国内一些优秀的企业家，同样重视危机意识。阿里巴巴的马云说："我总是让员工和自己充满危机感。如果不想死于安乐，就要一直让自己处在冬天。"这也是阿里巴巴如此迅速成长的原因。管理者可以采取一些途径让员工有危机意识，比如让员工清楚工作和生活中都有危机，一定要学会转危为安；还要让员工辩证地看待危机，适时地将危机的压力转为动力，让员工知道学习才是解决危机的最好办法；最后，提高员工危机处理的能力，提高员工的综合素质，培养他们的敬业精神。

通过对员工进行危机意识的灌输和危机处理的培训，强化员工的素质，让员工能够在危机中更好地竞争，更好地发挥自己的才能，为企业的发展做出贡献。只有这样，企业才能受益，更好地达到绩效目标，实现企业的长久发展。

多给自己的大脑填点儿智慧

为了在行业里站稳脚跟，为了不被同行落下，不被市场淘汰，每一个企业都在努力进行创新。有的在技术上创新，有的在制度上创新，也有的在智力上进行创新。但是智力创新该怎样进行呢？或者说智力创新都有哪些方法呢？

就企业经营来说，最首要的问题是寻求和培养人才。

不论是哪个企业都一定是在拥有了高能力的人才之后才会向前发展的，哪怕这个企业具有很悠久的历史，如果没有能将历史继续传承下去的人，那它迟早也会逐渐走向没落。企业的组织和管理固然重要，但想要发挥作用还得靠人来掌握，不论企业的组织有多么完善，技术有多么先进，如果缺乏那个最为关键的掌控人，这些所有的完善和先进之处也就发挥不出它应有的效果，因此，也就无法完成企业的使命。可以说，企业能否在自身发展势头良好的前提下为社会做出贡献，关键在于有没有能自如操控企业的人。

松下电器集团刚刚起步，规模还比较小的时候，董事长松下幸之助就经常对员工们说："如果有一天有人问你'你们公司是做什么的？'的话，那就请你们这样回答他，'我们松下电器是专门培养人才的。虽然我们公司是做电器制造的，但在产品制造出来以前首先要做的就是培养出我们需要的人才。"生产出优质的产品是每个企业的使命和责任，为此必须要培养出相应的人才，只有有了人才，优质的产品才会被生产出来。

那么，人才该怎样正确地培养呢？回答这个问题就需要对症下药具体分析了，但至关重要的仍然是要具有一个最基本的观点，也就是说企业最应该具备的正确的经营理念和企业的使命感。

作为企业的掌舵人，要经常将这些经营理念和企业自身的使命感灌输、渗透给所有员工。假如经营理念只是一些被写在纸上的文章，那它是没有什么实际价值可言的，也可说是一文不值的，只有融入每个员工的心里、体内，它才会变成员工的血肉，才能将作用最大限度地发挥出来。因此，必须要抓住所有或大或小的机会将企业的经营理念和使命感一次次地传输给员工。

当然，灌输并不等同于企业领导者单纯地将企业理念和使命感讲解给员工听，而是要在实际的工作过程中，说该说的话，纠正该纠正的事情，将理念与使命感一点一滴地渗透到员工的思想中去。应该说的一定要说，应该申斥的一定要申斥，这并不是根据个人自身的感情，根据自己的想法来做的，而是将自己放在使命感的高度上进行提醒和申斥，因为这种严格意义上的管理，对被申斥人个人觉悟以及成长都能起到很好的推动作用。如果该说的话不说，该申斥的不申斥的话，这样，虽然部下很满意，企业的领导者或者上级同样也是极为也是安逸的，但是，我们必须要意识到，类似于这种"苟且偷生"的行为是一定不会培养出优秀的人才的。

除此之外，还要敢于将工作大胆地分派给员工，让这些担任了工作的员工能够在其责任与权限的范围之内能够自主开展工作。所谓培养人才，其实归根结底就是培养出懂得经营擅长经营的人，培养出能够运用自身的经营意识去把任何一件看起来微不足道的小事做的完美无瑕的人。培养这类型的人才，不能对所有的事情都不停地下命令，这样培养出来的只是一些无论什么事都惟命是从，从不自己动脑筋想解决办法的人。

由于敢将工作大胆地分派下去，所以为了将这项工作做好，员工自己就会积极开动脑筋想最好的办法，将自己身上所拥有的所有能力都最大限度地发挥出来，相应的，他自己也会随之慢慢成长起来。松下电器集团的事业部，在某种角度和意义上来说，便是将这些做法做了进一步的改善然后再将它们制度化。事业部不单单是一种经营模式，它所负责的每一项工作中都蕴含这种思想，并且将这种思想成功地灌输到所有的工作当中去。

当然，管理者在大范围内将工作分派出去，是要建立在能够将企业的基本方针牢牢掌握的前提下的。否则，将工作分派下去之后，员工们如果各行其是，那么最初的集体就会演变成一盘无法聚拢起来的散沙。说到底，最根本的就是要在方针政策的基础上给予一定的权限。因此，企业的基本思想与经营理念仍然起着很重要的作用，占有很重要的位置。可以说，只有根据企业的经营理念去从事那些自主性比较强的工作，才能将优秀的人才培养出来。

　　所谓智力创新，归根结底也是对于新型人才的培养，人才就好比整个企业的大脑，要注意时常往大脑里灌输一些新鲜血液，让大脑灵活并且装满对企业有利的点子，企业才能不断地变换战术，才能始终保持活力，保持竞争力，这样的企业才会一直处于向前发展的状态。

PART

第五章

5

赢得人心需要信任和宽容

一个优秀的管理者一定要拥有良好的心态。宽容与信任都是良好的体现。管理者心态平和，宽容大度，控制情绪的发生，都是管理中需要做到的。管理者还要懂得分享，怀有一颗感恩的心。这样，在做决策的时候，管理者才会得到员工的支持，员工也会忠诚的为你工作。待人真诚，宽容信任都可以为管理者树立良好的形象。

放下管理者的架子

许多企业的管理者都有这样的想法："我个人就代表了企业"。然而这种想法是权力妄想者的表现。同时，也是一种错误的想法。管理者的架子太高了。有些管理者还会认为员工给我干活儿，就应该任我差遣。殊不知，正是因为企业中有了员工，企业才可以称之为企业。一旦企业失去了人心，那么，企业离倒闭也就不远了。

罗德里克·克雷默认为："这种现象是一种'天才变傻综合征'，一个才华横溢、工作勤奋、处事精明的人在得到迅速升迁后，出现大量令人瞠目的失误判断或鲁莽行为。"也就是说：人在升迁以后，变得有架子了，甚至有些傲慢了。这也是员工一提起有些上司、管理者就感觉他们"架子大"、"官气十足"的原因。管理者要有管理者应该具有的"架子"。但是如果管理者时刻都端着架子，员工只会远离你，使你渐渐地失去人心，不得员工的信任。企业运转也会受到阻碍。

刘备想要给关羽和张飞报仇，动用百万军队来讨伐东吴，孙权向东吴的君主建议，让陆逊作为军队的主将，统率军队进行战争。消息传开后，刘备问手下的人，陆逊是谁？马良说："是东吴的一位非常年轻有为书生，破荆州就是他的计谋"。刘备听后大怒，想着一定要擒杀陆逊给关羽和张飞报仇。马良劝谏刘备说："陆逊的才华可以媲美周瑜，不能轻敌啊"。刘备却不屑地说："朕用兵老矣，岂不如一黄口孺子耶！"最后的结果是，刘备在战争中吃了败仗。刘备忘记了在用兵打仗之时，最重要的是把握战机，善用谋略，与年龄是没有关系的。而刘备的"朕用兵老矣"，则是自认为战争经验丰富，这也是刘备不切实际的狂言，所以他吃了败仗。"岂不如一黄口孺子耶！"是他嘲讽陆逊，认为陆逊是个乳臭未干的书生，从而看不起陆逊，这也是刘备轻敌的思想，使得刘备未战就已经先败。

　　这个教训告诉人们：管理者在面对问题，思考问题的时候，不要把自己的身份摆进去，觉得自己是管理者，忽视了问题的本身。按管理者自己的职务看问题，就会少了一些对问题的客观性判断，增加一些盲目性，致使考虑问题不周全，处理问题也会有所偏差，脱离实际。所以，管理者在看待问题的时候一定要客观，全面。不能因为自己的职务就忽视了问题的性质。这样的结果只能是失败。有些管理者不注重这些，将自己的架子端得很高，给员工一种距离感，这样也不利于企业的发展。员工心中只会有对管理者的怨念，因而工作效率也会下降。

　　为什么有些管理者喜欢摆架子呢？意大利的政治学家马基雅维利很好地解释了这一点：君主必须具备狐狸和狮子的优势。既能识别陷阱，又有震慑人的威力。一旦君主被认为变化无常，优柔寡断的话，就会不被重视。所以，君主努力地表现出伟大、严肃、庄重、坚忍的样子。马基雅维利还提到：君主还会通过各种手段，来获得别人的尊重。这就是管理者爱摆架子的原因。有些管理者一旦升职，就会得意洋洋，忘乎所以，情不自禁地想要向别人显示高出一等的样子来。管理者有一点儿架子是应该的，但是过于把架子，就是不应该的了。

　　管理者可以通过自身行为来管理或者影响公司里的员工。可以通过自己的一些行为来传播企业文化，让员工对企业有一个更好的认知。作为管理者，可以通过自身的行动来传播某种价值观和各种期望，让员工真正了解你的想法。而不是每天都非常地威严，时刻有着"我是管理者"的样子。这样的话，员工不仅不能很好地了解公司，了解公司的运转，还会诱发员工的抵触心理，导致工作效率下降，也不利于企业的运转经营。

　　作为一个管理者，也要严格地遵守公司的规章制定，不能凌驾于制度之上。如果管理者自觉地遵守公司的规章制度，员工也就不会轻易地违反。如果管理者不遵守的话，员工也会效仿管理者的做法。管理者不能因为规章制度是我定的，就选择不遵守。这样下来，公司的制度就会变成形同虚设，企业运转也会面临危机。

作为管理者要言行一致，这样才能得到员工的尊敬与信赖。很多时候，管理者的言行严重影响到管理的成效。做对了就要奖赏，做错了就要惩罚。当然，管理者自己的行为也要符合自己的话语。不然，员工也会效仿。

管理者想要树立威信，就要依靠自身的真才实学、高超的业务水平和工作能力了。与企业员工建立密切感情关系的管理者，在企业中的威信更大。那些依靠资历、官职大小、一直摆出一副官样的管理者，威信反而更小。管理者的过分突出自我，忽视他人的存在，脱离群众基础，是不符合现代管理者的做法的。管理者的威信并不是靠架子来支撑的，深得员工欢心的管理者才是真正具有威信的管理者。

所以，作为一名现代企业的管理者，还是少摆架子的好。管理者可以适当地与员工进行沟通交流，让员工知道你没有管理者的架子，了解员工的想法，融入基层，拥有群众基础，才是现代管理者应该做的事情。一旦员工的心中出现管理者时刻端着架子的形象，管理者就很难再挽回了。管理者想要真正做到放下架子还是有点儿困难的，这就需要管理者在日常的与员工的交流中慢慢放下。

信任是空气中的氧气

俗话说"用人不疑，疑人不用"。这句话告诉我们，信任在用人中的重要性。企业的经营同样需要信任。管理者取得合作伙伴的信任是信任，取得员工的信任，信任员工同样是信任。所以，管理者在管理企业的时候，要相信自己的员工。真正做到用人不疑，疑人不用才行。管理者以诚待人，企业员工自然会回报同等的信任。这样也可以有利于建立起良好的领导和员工的关系。任何企业都应该遵循用人不疑的方略。企业中良好的信任环境，是企业成功的基础。

战国时期的魏文侯就做到了用人不疑。战国初年的时候，魏文侯要征讨中山国，于是派将军乐羊领兵出征。而将军乐羊的儿子乐舒却在中山国当官。两军对峙，中山国想利用乐舒迫使乐羊退兵。乐羊为了争取中山国的民心，围而不攻。战争情形传回魏国后，有些人指责乐羊，认为他是因为自己的儿子才不攻城，将国家的利益弃之不顾，魏文侯也收到了不少告状书。然而，魏文侯的做法却让人不敢相信。他一方面派人去慰劳部队，一方面为乐羊修建住宅。后来中山国走投无路，只能将乐舒杀了。

乐羊得知乐舒被杀后，指挥军队攻城，一举攻破了中山国，中山国的国君也自杀身亡。乐羊率领军队胜利凯旋，魏文侯为乐羊举行庆功宴。宴会散席之后，魏文侯将乐羊留下，并给他一个密封的箱子。箱子里全部都是揭发他围城不攻的告状书。乐羊看完后，感动得流下眼泪，他深知，如果不是魏文侯的信任，中山国不但不能攻破，自己可能也会丧命。以后，乐羊更加地效忠于魏文侯。正是因为魏文侯一直坚守用人不疑的原则，才会在他当政期间，出现君与臣、臣与臣之间互相信任，贤才广集的局面。贤才广集，也让魏国日益地强盛，成为当时非常有名望的诸侯国。

魏文侯做到了信任自己的臣子，才会出现贤才广集的局面。企业的管理者也要做到信任自己的员工，这样才会有利于企业的发展。社会生活中，任何人都希望受到他人尊重。管理者对员工的信任，正是给予员工所需要被信任的一种满足。现代企业管理的核心就是尊重员工的人格，满足员工的需要，给予员工应有的信任，尊重员工。其实，关键就一个词：信任。信任能够帮助管理者减少与员工之间的隔阂，增强企业的凝聚力。麦戈雷戈曾经说过："相互信任是有效的组织关系中的基本要求。"所以，信任是企业能够更好发展的基础。企业中出现的不和因素，大多是因为管理者与员工之间互相信任的程度不够。只有做到管理者和员工互相信任，才可以帮助企业创造更好的未来。管理者对员工的信任，本身就是对员工的一种激励。这种激励一般能够得到员工主动积极工作的回报。管理者只有信任员工，给员工信心，才会得到良好的回报。

管理者与员工之间的相互信任是企业团结、成功的基本保证。一些缺乏相互信任的企业人心不齐，企业的员工毫无斗志，企业追求的目标自然就难以实现。信任也要注意两点：多疑和轻信。管理者既然信任自己的员工，就不能有多疑的想法，一旦员工发现，管理者只是表面上的信任，管理者就会失去员工的信任，信任的关系也会出现裂痕。另外，轻信他人也是不可取的。管理者信任员工，但前提是，管理者清楚地知道，这个员工值得信任，盲目的信任也是企业管理中的绊脚石。人际交往中，要注意两个原则：一是前提原则。在没有清楚这个人是否值得信任之前，一切的交往都以信任为前提，对他予以信任，也要看这个人的行为等；二是检验原则。在日常交往中，通过这个人的言谈举止判断他是否真正值得信任。检验是非常重要的，所以，管理者一定要清楚地知道，自己的员工是否值得信任。

管理者做到信任员工，就要记住：多疑不可取，轻信也不足取的原则。管理者在企业管理中要做到坦率磊落。社会在不断地变化和发展之中，越来越多的知识和价值观也在发生改变，但是，人们内心深处的观念还是相对比较稳定的。因此人际交往中，只要彼此真诚对待，做到思想上的沟通，就可以做到相互信任。管理者如果多疑，不能真诚地和员工沟通相处，那么，员工也是不愿意付出自己真心的。管理者想要戒掉多疑的毛病，首先自己要坦率真诚，还要能辩证地看待问题，思路清晰。事情的发展是错综复杂的，管理者要用辩证唯物的方法分析问题和处理问题，保持清醒的头脑，这样做可以减少猜疑。最后，管理者要保持主见，不被流言迷惑。管理者没有自己的主见，听信流言就会导致猜疑的产生。所以，管理者要有自己的主见。

管理者之所以轻信，是因为他们没有了解真实的情况，就被社会流言和公众舆论等虚假的信息左右。为了避免管理者陷入轻信的境界，可以通过以下三点来改善：第一，认真分析。管理者有自己的想法，并根据自己的想法来分析问题，不贸然地接受外界的流言。"听到风声便是雨"的做法，是最不可取的。第二，调查研究，事实验证。管理者要知道实践是检验真理的标准。

如果不做任何的调查，轻信流言，就会陷入陷阱之中。第三，发现破绽，去伪存真。谎言毕竟是谎言，总会有破绽的，管理者只要冷静地思考，认真地分析，就不难发现谎言的破绽和漏洞。

成功的管理者都是善于知人用人的，并且善于构建和统率一支凝聚力、战斗力强大的团队。所以，管理者应该像魏文侯那样，做到用人不疑，在企业中创造出一个良好的信任环境，为企业的成功奠定基础。

宽容的力量不可小觑

子曰："己所不欲，勿施于人。"这句话的意思是自己不想要的东西，切勿强加给别人。孔子在这里想要强调的是，人应该宽以待人。自己不想的事情，不要强加别人，因为别人或许也是不愿意的。《论语》中还有一句话："夫子之道，忠恕而已矣。"这句话认为宽容是处理人际交往的重要原则。孔子的话在现今社会中也是非常有道理的。人际交往中，不能宽容他人的人，自然也不会得到别人的宽容。企业的经营同样需要宽容。如果管理者对员工斤斤计较，不能宽容员工的一点儿小错误，那么，管理者在员工心中的形象就是得理不饶人的。宽容也是可以帮助企业长久发展的良药。

宽容是中华民族的传统美德。古人认为，为人处事、为官等都需要宽容。可以说宽容作为一种哲学思想渗透到各个领域中去了。人际交往更应该坚持这种原则，宽容可以体现出尊重和平等的概念。宽容别人的人，会得到更多人的赞赏和认可，更加有利于人际交往。同样的，企业管理中同样需要宽容。管理者做到宽容别人，尤其是对员工的宽容，对员工来说更是一种有效的激励，也会获得员工的信赖和忠诚。

战国时期，楚国平定一次叛乱后，楚庄王非常高兴，决定设宴款待群臣，后宫的嫔妃也出席助兴。酒宴上群臣尽兴，楚王命人点上蜡烛继续酒宴，还叫许姬轮流向群臣们敬酒。这时一阵疾风把所有的蜡烛都吹灭了，一位官员趁机拉住许姬的手，许姬扯断衣袖挣脱开，并将那人帽子上的缨带扯了下来。许姬向楚庄王告状，并让楚庄王点亮蜡烛找出无礼之人。

楚庄王听后，不但没有点燃蜡烛，反而说："寡人今日设宴，诸位大臣务必尽欢而散。为了更加尽兴饮酒，现请诸位都去掉帽缨。"听到楚庄王这样的话，于是所有的大臣都把自己的帽缨摘掉了，蜡烛点燃后，也就无法找出对许姬动手动脚的人了。

席散后，许姬责怪楚庄王。楚庄王说："此次君臣宴饮，旨在狂欢尽兴，融洽君臣关系。酒后失态乃人之常情，若要究其责任，加以责罚，岂不大煞风景？"几年后，晋军伐楚。一名战将在所到之处都拼力死战，将敌军打败。战后楚庄王决定对他论功行赏，才知这个名叫唐狡的年轻人正是几年前在宴会上对许姬无礼的人，今日的行为就是为了报答几年前楚庄王的不究之恩。

楚庄王在处理无礼之人的事情上，体现出了一位王者宽广的胸怀。正是因为他宽广的胸襟，他的臣子才能真诚地为他效力，在战场上拼命，冲锋陷阵。古代的一位封建君主尚能做到宽容大度，现代企业的管理者更应该去包容员工，宽容员工。在企业的管理中，领导与员工之间发生摩擦和冲突是难免的，下级冒犯上级的情况也会发生。这时，管理者应该发挥博大的胸怀，用豁达的态度处理事情，不能耿耿于怀，蓄意报复。企业的经营需要宽容，管理者宽容员工，员工事后也会知道自己的错误，明白管理者的宽容，理解管理者，这样才会有一个和谐的工作环境，管理者才会赢得员工的信赖与忠诚，员工也会更好地工作，使企业获得更好的收益。

在企业管理中，管理者为了追究一个错误，又犯另一个错误，这就是犯两个错误了，得不偿失。对于管理者而言，能够容许员工犯错误的心态是非常重要的。员工在工作中肯定会犯这样或那样的错误，如果管理者对每个错误都斤斤计较，记在心里，那么，管理者就会给人小气刻薄的印象，员工的自信心也会减少，工作的效率下降，错误也会越来越多。允许员工犯错误，宽容员工的错误，这不仅是管理者处理好与员工的关系不可或缺的品质，还可以为企业带来许多的好处。

管理者宽容员工的错误，有利于激发员工的主观能动性，使员工在工作中更加有动力，积极主动地工作。作为企业的管理者，必须具备豁达的心态和包容的胸襟，而后才能事业有成。宽容大度是现代企业管理者必须具备的品质之一，管理中做到宽容，也是一个优秀的管理者需要做到的。如果管理者在事情的处理中显得小肚鸡肠，是不可能成为优秀管理者的，也不会获得员工的信任和忠诚。

俗话说"宰相肚里能撑船"，管理者作为一个企业的领导人，同样需要这种高尚的品质，做到"宰相肚里能撑船"也是对管理者具备宽容品质的要求。一个人不管多么聪明，都有缺点。员工以积极、认真、负责的态度去工作，出现一丝差错也是难免的。管理者也应该用宽容之心去处理员工的差错，不能严厉地批评员工，要和员工一起分析问题，找出不足之处，总结教训，避免类似问题再次发生。只有这样做，管理者才会得到员工的认可和忠诚，而员工在今后的工作中也会变得更加小心谨慎，避免同样的问题发生，工作也会更加有动力，更愿意同管理者交流沟通，企业才可以长久持续地发展下去。

管理者可以在企业中营造出和谐的工作环境。犯错的员工可以得到管理者的谅解，工作环境更加地宽松安定。管理者爱惜人才，懂得宽容大度是用才的突出表现。还可以和员工一起学习进步，学人之长，补己之短。管理者的宽容，员工都会记在心里。宽容是企业的润滑剂，减少人与人之间的摩擦。管理者真正做到宽容是很容易的，在日常生活中多多包容员工，多和员工相处，交流，知道员工的问题，就可以在员工出现问题的时候很好地解决，让员工更好地工作了。

严于律己，宽以待人

宽以待人是道德修养高尚的一种体现，宽以待人在为人处世中被誉为一种美德。管理者在企业管理中同样要做到宽以待人。宽以待人，是企业的经营之道之一，但是，企业管理者同样要做到严于律己。对自己的要求严格一些，会更好地帮助企业的发展。对自身的要求高了，就会使企业的目标变高，对身边的人宽容了，就会得到信赖，更好地帮助企业的发展。想要做到严己宽人，管理者就要做到有很好的心态和高尚的精神层次才可以。管理者只有做到这一点，路才会越走越顺。

在历史上，有很多名言佳句都是赞美宽以待人的高尚道德行为的。《庄子·庚桑楚》中讲："不能容人者无亲，无亲者尽人。"意思是说不能够宽容别人的人就没有亲近的人。没有亲近的人就只能被人独立，自己孤独地活着。唐代文学家韩愈在《原毁》中讲："古之君子，其责己也重以周，其待人也轻以约。重以周，故不怠；轻以约，故人乐为善。"意思是，一个真正的君子，对自己的要求是非常严格和周全的，对待他人是宽容简约的，对自己要求严格，所以才能不懈怠，对他人要求宽容，所以才能与人和善地相处。这几句话，就把严以律己，宽以待人的道理讲得非常明白了。清代学者薛碹说："惟宽可以容人，惟厚可以载物。"意思是只有宽容才能与人更好地相处，只有具备厚德的品质才能承担大任。一个人的宽容不是软弱，而是高尚品德的表现。管理者做到宽人律己，才能够帮助企业长久地发展。

宽以待人，不仅是检验一个人道德高尚与否的尺度，还是判断一个人能否处理好人际关系、做好工作、保证家庭和睦的关键。宽以待人需要做到体谅别人，理解他人，这样就会被认为是和善、道德高尚的人；如果一个人总是苛求于人，恶语相向，就会在人们的心中留下不好的印象。管理者同样要注意到这些问题。管理者对于员工应该宽容，对自己应该严格一些，做到严以律己，对自己严格要求，才能使企业的目标长远，实现目标，得到效益。

战国时期，秦国非常强大，并仗着自己的强盛不断发兵攻打其他的国家，占领了不少的地方。其他的六个国家都非常地害怕，想要对付秦国。当时有一个叫苏秦的人，提出"合纵"抗秦的想法，意思是六个国家联合起来共同对抗秦国。苏秦的想法被六个国家采纳，最终共同对付秦国。

苏秦是洛阳人。他非常有抱负，曾经求见周国天子，却没有被重视，一气之下，变卖了家产去别的国家另谋出路。但是他在别的国家好几年，也没能做成官。后来钱用光了，破烂不堪，只得回家。家里人看到他落魄的模样，不但没有鼓励他，反而对他不理不睬，甚至辱骂。苏秦受到很大的刺激，决心一定要争一口气。自此以后，他发愤读书，每天都钻研兵法到深夜。有时候他读书读到半夜，又累又困的，苏秦就用锥子扎自己的大腿，把头发用带子系起来拴到房梁上。这两种让他变得清醒的办法就是后人常说的"头悬梁和锥刺股"。这种艰苦的学习精神，为苏秦提出"合纵"抗秦的想法奠定了基础。

苏秦对自己的严格要求才会让他提出了"合纵"抗秦的有利想法。企业管理者同样只有严格要求自己才能得到意想不到的收获。管理者对自己严格要求，对他人的宽容都是可以为自己赢得形象加分。管理者的严格要求，可以帮助企业树立更加长远的目标，而长远的目标，也会增强员工的工作动力和激情。严格地要求自己，制定长远的目标，让企业不断地追求更高的目标，是为了给企业发展增添动力。管理者对自己的严格要求，也是更好地帮助企业发展。

管理者的宽容是尊重员工的一种体现，同时，宽容也可以为企业生存带来更好的效益。宽容是一种修养，是海纳百川的胸怀，君子为人处世兼容并包，都会为自己加分。锱铢必较的人，只会失去更多。宽容能帮助管理者赢得朋友和信任，凝聚力量，成就事业。作为管理者，要以平等宽容的态度待人。只有眼界足够开阔，胸怀足够广阔的人，才能容得下他人，团结各方面的人才，最终干大事成大业。

管理者在宽容他人的同时，也要严格要求自己。只有对自己要求严格的人，才会获得他人的赞许。管理者在企业经营中，还要知道兼听则明的道理，对于员工的意见和建议要能够很好地处理。对直言进谏的员工要宽厚，有容人之量。面对员工的冒犯，管理者要保持冷静，避免针尖对麦芒。

管理者不仅要宽容比自己能力强的人，还要宽容有缺点的人。管理者处于管理的岗位，要克服嫉妒的心理，允许别人比自己聪明，更要充分发挥比自己聪明员工的作用，让他们施展自己的才能。相信"人外有人，天外有天"。管理者应该具有"三顾茅庐"的精神，做到礼贤下士，选贤任能，充分发挥每个人的长处。这样，管理者既可提高自身修养，还能集众人智慧将企业做到更好。"金无足赤，人无完人。"管理者要能够容忍别人的缺点，该宽容的时候要宽容。管理者要取人之长，避其之短。这样，才能把每位员工的积极性充分调动起来，才可以更好的工作。

当然，管理者宽以待人并不是没有原则地一味宽容。宽容要有原则，谅解也要掌握尺度。宽容不是示弱，而是为了更好的发展。管理者对人宽容，自然会赢得别人的信任；对自己的严格要求，也会得到他人的赏识，为企业的发展开辟出一条更好的道路。

怀有一颗感恩的心

李嘉诚说："一个大企业就像一个大家庭，每一个员工都是家庭的一分子。就凭他们对整个家庭的巨大贡献，他们也应该取其所得，反过来说，是员工养活了整个公司，公司应该多谢他们才对。"员工是企业的顶梁柱，员工为你工作不是理所应当的，管理者要对员工有一颗感恩的心。多多感谢员工，可以帮助企业走得更长远一些。

李嘉诚治理企业的思想，不仅有儒家的仁义思想，同时又融合了西方民主、自由的思想。他对员工的宽厚仁爱，赢得了员工的爱戴，使员工从上到下都齐心协力，为企业的发展而努力。李嘉诚是这样说的，也是这样做的。李嘉诚一直身体力行。没有群众基础的企业是不成功的，正如没有军队的司令是打不了天下的。员工如果不能全心全意地投入工作，公司如何经营？企业想要员工全心全意地工作，管理者就要做到关心员工的利益。

日本一些企业，在员工进入公司的第一天，通常要员工做"埋骨公司"

之类的宣誓。李嘉诚从不这样做。虽然公司中也有跳槽的，但是，公司的行政人员却十分地稳定，跳槽率极低。李嘉诚说："要吸引及留住好的员工，就要给他们好的待遇和前途，及有受重视的感觉。当然，还要有良好的监督和制衡制度，这是一定要有的，不管怎么样，都要有个制度，不能山高皇帝远，否则，一个好人也会变坏。"李嘉诚的话很有道理。如果企业都像一些日本公司那样，要员工"生在公司，死在公司"的话，那么，员工的工作热情就会大大降低，跳槽率也会非常的高。只有真正得到员工的心，才可以让员工更好地工作。

管理者不能一味地指使员工，让员工在企业中感受到关心，得到尊重，都会让员工的工作动力大增。当然，管理者最重要的还是要对员工有一颗感恩的心。要知道，外界有更好的发展，要留住员工，就得宽厚地对待员工。让员工真正感受到你的关怀才行。

李嘉诚对公司里的员工是既宽容，又严厉。有员工回忆说："如果哪个员工做了错事，李先生肯定会批评的。他要是真的急起来、恼起来，半夜三更打电话到员工家，员工被骂个狗血淋头的也有。"虽然李嘉诚会有这样的严厉，但是公司里的员工没有不爱戴他的。一般而言，李嘉诚的责骂，是因为他重视这个员工，看好这个员工，所以他才会这样严厉。当李嘉诚发现骂错了时，也会出面道歉，说明道理。员工在了解李嘉诚的方式之后，也会接受他的责备，经过李嘉诚的"锤打"之后，员工通常会被升职加薪，得到进步。李嘉诚虽然很严厉，但是大多时候，他对员工都是非常宽厚的，能够与员工很好地相处，员工也非常喜爱李嘉诚这个领导人。

李嘉诚在地产与股市方面越做越大，但是对于长江实业微薄小利的塑胶花也仍在维持生产。而这个时候，塑胶花根本是无钱可赚的。这是因为李嘉诚念旧，对那些和他一起打天下的老员工感恩。公司员工说："长江大厦租出后，塑胶花厂停工了。不过，老员工也被安排在大厦里干一些祥光的事情。对老员工，他是很念旧的。"有人感概员工对于李嘉诚的忠诚，李嘉诚说："一间企业就像一个家庭，员工是企业的功臣，理应得到这样的待遇。现在他们老了，作为晚一辈，就该承担起照顾他们的义务。"

周千和和盛颂声是李嘉诚在创业艰难的时候最重要的员工伙伴。他们兢兢业业，立下了汗马功劳。可以说，他们是和李嘉诚一样，对长江厂有功劳的人。他们两人在李嘉城最艰难的时候帮助他，也帮助他更好的创建长江厂。后来，周千和回忆道："那时，大家的薪酬都不高，条件也非常艰苦。李先生跟我们一样埋头拼命做，大家都没什么话说的。当时李先生宁可自己少得利，也要照顾大家的利益。"

李嘉诚说："长江工业能扩展到今天的规模，归功于属下的鼎力支持。"这也体现出李嘉诚对员工的感恩的心。盛颂声和周千和都是能够和李嘉诚同甘共苦的人。因此，李嘉诚非常地信任他们。创业艰难是非常正常的，如果没有共同的信念，又怎能患难与共。企业发展良好之后，李嘉诚相继提拔盛颂声为董事副总经理，周千和为董事副总经理。

李嘉诚这样做并不是收买人心，而是对员工怀有一颗感恩的心，对那些为自己打拼的员工怀有感恩的心。李嘉诚的做法是知恩图报的表现，对他有帮助的人，他永远都不会忘记。这也是他的企业能够长久发展的原因。

有些企业的管理者忽视员工，目光短浅，在得到效益之后，就将员工舍弃。殊不知这样的做法也是在给自己设下困难。只有真正做到对员工感恩，员工才会为企业的发展去打拼。管理者对自己的员工好一点儿，员工肯定也会尽心尽力地工作。管理者只有关心员工，为员工着想，才能保持利益的一致。善于和员工分享利益，还有利于加强员工的凝聚力。

作为企业的管理者，不仅要善于发现人才、挖掘人才，还需要有能力留住人才。员工想要的，是老板的真诚和关爱，尤其是为公司打拼的老员工，更加需要管理者对他们多多照顾。在利益问题上，管理者还要善于为他人谋福利，为员工着想，这也是一种经商智慧。有些管理者目光短浅，只顾眼前利益，做生意时只想自己独大。结果往往是得小利，失去长远的大利，"捡了芝麻丢了西瓜"。对员工有一颗感恩的心，让员工能够更好的为企业发展做贡献，管理者还要不断的探索和研究。

关心员工，才会得到忠诚

企业中，如果没有人就意味着停止。一个企业的运行，有很多的因素，其中，员工是必不可少的因素之一。企业想要更加长久的发展，离开了员工的支持，肯定不会成功。有些企业将客户放在首位，忽视了员工自身的感受。这也是错误的。只有企业的管理者做到关心员工，从员工那里获得忠诚，企业的运转才会变得更加有效率，才能够更加长久地发展下去。有些管理者认为自己是领导人，自命清高，目中无人，自然更不会关心员工。这些管理者的形象在员工心中也是大打折扣的，企业的发展也不顺畅。做到关心员工并没有那么的难。

每个企业的经营都有自己的优先次序，有些公司将领导人放在首位，有些企业将顾客放在首位。只有将员工放在首位的企业，才能得到更好地效益。管理者看重员工的重要性，充分发挥员工身上的潜能，才能为企业的发展谋求创新。员工的想法与管理者的想法是不同的，考虑问题的角度不同，想法不同，出发点不同，都会得到不同的创新方法。

在日本，一些一线企业家在公司中有这样的优先次序：员工、协作商、客户、社会、股东。这些企业家将员工放在了首位，将股东放在最后的位置。日本经营者稻盛和夫就非常认可这种排序方式。稻盛和夫的企业几十年如一日地把员工放在首位。但是，一开始的时候他并没有这样做。

那是在稻盛和夫创业的第二年，有几个员工来找到他说，要么保证他们的工资待遇，要么他们就辞职。公司当时还处于初期阶段，还没有什么收益，公司的资金也都是借来的。就连他的老家也需要他寄钱养活。经过和员工谈判，好说歹说才把这些员工留下了。事后，稻盛和夫一直在思考，是他自己的原因，还是员工太不体谅人了？他苦恼了几个星期，终于想通了：员工将自己的一生交给了公司，创办事业更重要的就是公司可以保障员工的生活。稻盛和夫决定为员工谋幸福。从此，稻盛和夫在追求企业效益的时候，还不断地追求员工的幸福，京瓷公司的经营理念也改为为人类和社会的进步与发展做贡献。京瓷公司明确了它的经营理念和存在的意义，员工也把公司当作了自己的家，当作公司的主人，把自己当作一个管理者那样努力的工作。所以，京瓷公司才会取得巨大的成就。

每一个为员工着想的管理者，都会得到员工的忠诚。关心员工的管理者，才可以帮助企业更好的发展下去。员工都是有自己的思想的，谁对他好，谁真正地关心他，员工都是知道的。想要员工不离开公司，为公司的发展做出贡献，就需要管理者不断地关心员工，不断地鼓励员工，让员工感受到温暖。这样，员工才会心甘情愿的工作，并为企业的发展做出贡献。

西南航空公司总裁赫伯·凯莱赫曾经说过："以爱为凝聚力的公司比靠畏惧维系的公司要稳固得多。"企业的管理同样需要人心。企业的制度不会帮管理者解决所有的问题，解决问题最终还是要靠员工。管理者亲身融入员工之间，关心员工，关爱员工，才能更好地凝聚员工的向心力，建立和谐的工作氛围，才能让员工对工作、对公司忠诚。正如美国的管理学家托马斯·彼得斯曾经说的那样："你怎么能一边歧视和贬低员工，一边又期待他们去关心质量和不断提高产品的品质！"管理者不能一边苛待员工，同时又希望员工为企业创造价值，这是根本不可能的事情。管理者只有真正关心员工，员工才会对企业忠诚，为企业创造利益。

管理者想通过关心员工换取忠诚，首先就要做到尊重员工，员工不仅仅是完成任务、执行指令的机器、工具，最重要的是员工是人，是有血有肉的人。

富润集团是一家上市企业，赵林中在公司里设有"特困职工基金会"，募集的基金足有上百万。一次，一位员工得了重病，医疗费用高达10万元，赵林中连夜召开会议，为员工筹集费用，最后善款有30万元，让这位员工及时得到了救治。还有一次，富润兼并一家纺织厂后，得知有一位年迈的退休工人，一个人住在小山村里，年老多病并且无儿无女，需要长期吃药。富润集团经常派人上门慰问老人，还为他报销医药费，为他的晚年生活着想。这让老人感到了关怀。赵林中为此说："员工把自己最好的青春年华献给了企业，企业不应该抛弃他们。企业不能依靠裁员来增加效益。增加效益的途径有很多，但不能在员工身上'开刀'。对待他们，一定要充满感情，不能让一个员工因为企业兼并的原因而离开。"

每个公司里都会有需要帮助的员工。管理者作为员工的"父母官"，有责任去关心员工，帮助员工解决问题，这还可以调动员工工作的积极性。管理者关心员工，给员工帮助，不仅会让员工感激不尽，还会使员工更加努力的为企业效力，稳定企业的人心，他们也会得到员工的爱戴与信任。管理者想要拉近与员工之间的距离，就要真正地关心员工的前途和未来，不仅是薪水和福利，还要给员工提供学习机会和发展机会，让员工更好地完善自己，发展自己。

一个成功的企业管理者，要舍得花费金钱和时间培训员工，帮助员工增长才干，让他们更好地掌握工作技能。这样，不但可以让员工振奋精神，提升团队的竞争力和知识储备能力，还能让公司将来的发展有源源不断的力量。现代社会中，任何一个企业想要更长远的发展，企业的管理者首先要做的就是关心自己的员工，员工才是推动企业长久发展的推动力。

员工中才有"宝藏"

美国人克里斯·安德森提出了一个著名的长尾理论，他认为：许多的小市场可以汇聚成为一个大市场。小市场汇聚而产生的能量也是相当巨大的。在工作中也是如此，那些看似普通的员工，同样可以完成重要的工作。

但是在这些普通的员工中，肯定会有一些绩效差、落后的员工。管理者就会头疼，该拿这些人怎么办。开除这些员工几乎是很多管理者的选择，但是，旧的去，新的来，还是会出现落后的员工，再开除，再招聘，周而复始，落后的员工还是会有，企业的效益还是没有得到很好地改善。管理者忘记了一句话：只有落后的制度、落后的管理，没有落后的员工。给员工一个机会，他会给管理者一个完全不同的面貌。员工的落后，是因为管理者没有让员工发挥出自己的特长，一旦员工将自己的特长发挥得好，企业的效益也会得到改善。所以，开除落后的员工是最错误的办法。

很多管理者会根据员工的表现，给他贴上标签，一些不好的标签会影响管理者对待员工的态度。贴标签可以，但要就事论事。管理者可以在给员工贴标签的时候，了解员工在哪些工作上是具备优势的，应付哪些工作是吃力的。这样，管理者就可以有针对性地分配工作，并针对员工的弱点为他们提供学习机会，改善弱点，从而使企业的效益得到最大化。

管理学家彼得·德鲁克说："用人不在于如何减少人的短处，而在于如何发挥人的长处。"作为管理者，要善于将员工身上的短处改进，发现员工身上的长处，发现员工的进步，并使其长处得到很好地发挥。只有企业中的员工将自己的长处充分地发挥出来，才可以更好地帮助企业的发展，为企业谋求福利。

一家电子公司准备大规模进行扩张，由于人力资源部人手不够，营销经理被安排去面试新员工。

经理面试了一个姓孙的年轻人。看过他的简历以后，给经理的感觉只有两个字——平庸。也许是因为他之前的工作不顺利，导致他显得非常不自信，给人的整体感觉是很萎靡不振的，不像现在的年轻人那样自信到"爆表"。但是，在他简历中，经理发现了与别人不一样的信息——他高考居然复读了四年，而复读这四年正是他不断遭受嘲笑，使他精神变得萎靡的重要原因之一。但经理却认为，一个能坚持复读参加高考四年的人，肯定有着超人的毅力。

于是，经理对这个年轻人说："你一定能成功！你复读了四年，终于考上了理想的院校，这说明你非常有毅力，非常执着，凭这种精神，做什么都能成功。"年轻人为之一振，精神也没有那么萎靡了，眼中出现奋斗的火花。经理将最难伺候、难以攻下的客户交给他。他也没有辜负经理的希望。只用了半年的时间，就将这些客户搞定了，还签订了几个非常有价值的新客户。同时，也证明了经理的正确性。其实，他的成功很简单，就是不停地与客户沟通，给客户打电话。很多的客户都是被诚意和坚持打动的。

年轻人给人的第一印象是萎靡不振，或许很多管理者一看到这样的年轻人就会直接在心中否定了。这是因为这些管理者只是看到了他们的表面状态，他们的短处，并没去深挖他的长处所在。管理者凭借自己的第一印象给人下定义是最不可取的。只有客观地看待员工，才能发现员工身上的优势，让员工发挥身上的优势，为企业的发展创造价值。如果管理者只看到员工身上的短处，看不到长处，那么，管理者也会失去员工的忠诚，企业的发展也会受到阻碍。

在企业中，总会出现这样的现象：两个员工发生摩擦，其中一个管理者比较满意和喜欢的，虽然工作成绩并不好，而另一个平时让管理者非常头痛。很多的管理者会理所当然的判断是后者不好。没有真正客观地看待问题，而是凭借自己的主观意识看待问题，这样做会让员工在心底里不服气，导致员工心中的怨念很重，员工不能很好地工作，选择跳槽。在企业的发展过程中，管理者要做到客观地看待问题，即使是非常重视的人才，也要在了解事情的原委之后再作出判断。

如果管理者只看到某个员工身上的缺点，而不知道去发掘他的优点，那么，员工在管理者的心中就是短处更长，长处更短。尽管提倡用人所长，但是对于有些管理者要真正地做到还是非常困难的。这样发展，永远改变不了员工在管理者心中的形象，只会越来越糟，甚至还有可能加深问题的严重性。

管理者想要将企业长久地发展下去，不仅要了解员工的长处，更要去挖掘员工的潜能。将员工的潜能发掘出来，让其潜能得到最大限度的发挥，让员工更好地为企业做出贡献，这就需要管理者的观察力了。比如有些员工善于化解问题，有些员工容易被人信任，有些员工善于活跃氛围，这些都是员工的优点。一旦管理者发现优点，就要充分利用，根本没有必要让员工去改正缺点或者发掘潜能。

杰克·韦尔奇说过："要相信员工的潜能绝对超乎你的想象，只要你肯挖掘，你就会得到一笔惊人的财富。"员工中藏有宝藏，管理者只要耐心地发掘，肯定会发现的。员工的潜能就是最大的宝藏。让员工不断地尝试一些新的事情，才能发掘员工的潜能，了解员工的优势所在，让员工扬长避短地工作。当然，员工的短处也可以得到改善，让短处转变为长处。帮助员工完善自己，充分发挥自己的优势和潜能，更好的投入工作中，这样，才可以让企业的效益最大。

分享的多，得到的更多

如果企业的管理者只是将目光停留在眼前的利润或整体的收益上，那么，企业只能是昙花一现，不会长久地发展下去。管理者只有与员工分享利益，得到员工的支持，才是一个企业实现长久发展的保证。如果管理者忽视员工，不想与员工分享利益，企图占利润的全部或者80%以上，那么，短期内也许企业是盈利的，但是时间长了，员工就会流失，企业的发展会受到阻碍，经营开始不顺畅，企业可能还会破产。

对现代企业来说，最重要的就是人才。各方面的人才，是企业发展的动力。只有团队中的每位员工都认真工作，不断地发挥自己的才能，这样公司才会在激烈的市场竞争中占有优势，得到长期发展。也就是说，人才是企业发展的核心。一名优秀的企业管理者，他们应注重企业的长远发展，而不是只关注眼前的光景。优秀的企业管理者，会更加注重人才，爱惜人才，懂得利用人才为企业增值。

管理者将人才看作是公司最重要的财富。所以，优秀的管理者懂得与员工分享利益，让员工有主人翁的意识，调动员工的积极性，为公司更好地创造财富。这种做法是聪明的。有一些管理者苛扣员工的利益，每天想的都是怎么在员工的身上省钱，这样是非常错误的，虽然能够节约不少钱，但是不利于长久的发展，企业的员工也会相继跳槽，去寻求更好的发展。

当员工的利益得不到保证，不能从公司的发展中受益的时候，员工工作的积极性就会大幅下降，工作效率也会随之下降。这样的企业，人才的流失率是非常高的，聚拢优秀人才的能力也会非常低，公司的目标也不会实现。所以，企业只有与员工更好地分享利益，员工才可以为企业创造更好的效益。管理者能够与员工分享利益，得到员工的信赖，员工才会更加努力地工作，为企业的长久发展做出贡献，管理者得到的回报其实是更多的。

美国的汽车大王亨利·福特就非常重视与员工的利益。1908 年，福特汽车公司制造的 T 型汽车广受美国人的喜爱，同时，福特汽车也成为真正属于普通人的汽车。

在 1909 到 1914 年间，福特汽车的销售形势始终旺盛。然而，福特公司并没有涨价，趁机大赚一笔，而是信守着"薄利多销总比少卖多赚好得多"的理念，不能让消费者失望，对福特汽车失去信心。福特公司在向消费者让利的同时，也和自己公司的员工分享着企业的利益，亨利·福特还提出，将员工的工资增加一倍。而且还规定：凡是年满 22 岁的工人都可以在公司中享受利润中的一份，如果工人需要抚养家属，即使没有年满 22 岁也可以享受这个待遇。福特公司对员工的薪酬方面的优待是在其他公司没有的，同时也开创了世界工业史上的先河：在工人报酬方面的革命。

福特公司的员工正是受到这样的激励，不仅提高了工作效率，还推动了企业的发展，助福特公司走向了世界。员工愿意为企业效力，是因为企业可以给员工提供很好的福利待遇，让员工更有动力。员工工作就是为了更好的薪资，更好的生活，管理者如果不能和员工分享利益，而让员工所得到的利益非常的薄弱，那会影响员工工作的积极性和主动性，久而久之，员工看不到光明的未来，自然会选择离开企业，这对于企业的长久发展也是不利的。

星巴克在近三年间，将近一千家店铺相继倒闭。创始人霍华德·舒尔茨在2007年重新接管公司，经过舒尔茨的尽力抢救，星巴克的股份开始回升。舒尔茨说："我一直相信只有员工的利益得到切实保障，股东的长期利益才能够得到保障。"为了解决员工的问题，星巴克出台了奖励计划。在奖励计划实施后，更多的员工有资格获得分红，同时奖励员工的期限也会缩短。星巴克在2011年的奖励计划中，免费为几千名英国员工提供公司的股份。员工得到公司的利益，自然会努力地工作，使星巴克的业绩不断地上升。

企业盈利是因为员工辛勤的努力，如果员工在努力之后得不到回报，那么，所有的人都不会认真工作，整天在公司中混日子，工作的积极性和主动性大大下滑，企业的业绩也不会理想。只有企业在盈利的时候，善于和员工分享利益，让员工的利益得到保障，员工才会更加努力地工作，为企业创造更好的成绩。双赢的局面才是最好的，员工得到利益，对企业更加忠诚，管理者分享的多，收获的会更多。

沃尔玛成功的经验就是："和你的员工们共同分享利益"。公司盈利之后，也应该让员工从中获得利益，而不是只是企业的股东腰缠万贯，企业不管员工。公司是大家的，既然是大家的，利益就应该分享。独享利益，公司也跟着衰败；共享利益才能更好地创造财富，公司才会逐渐强大。然而现在，许多公司的管理者不考虑长远的利益，把企业当做是自家的产业，盈利之后只会将利益放进自己的钱包里，对于员工的努力视而不见，不给员工利润，甚至连信任员工都做不到，这样的企业即使一时盈利了，时间长了，企业也只能走下坡路，管理者也会失去人才，企业面临倒闭的危险。

所以，企业的管理者要看重员工的利益，及时与员工分享利益，通过利益分享，管理者才能更好拥有人才留住人才，让员工继续为企业效力。善于与人分享的企业管理者，并没有失去什么，反而得到更多。当管理者慷慨地与员工分享利益的时候，一定会得到更多的回报。所以聪明的管理者，他们目光远大，擅与员工分享利益，让员工感到尊重，员工更加努力地工作，为企业创造更多的财富。

PART
第六章

6

卓越的管理者是团队领袖

管理者与员工在本质上并无太大的差别。但是管理者有员工不具备的能力，那就是凝聚众人、让整个团队走向高峰，最后成就一番事业。有的人空有一身抱负，却难成大器。根本原因是他们的团队领袖没有当好。一个人的组织能力、性格、经验等都是其他人没有的。所以，团队领袖是一个团队的灵魂，只有团队领袖的作用发挥了，企业才可以变得更好。

聆听下属的声音

有调查发现，在沟通中，占比例最大的是倾听。人们在倾听上花费的时间，超出其他任何一种沟通行为，也就是说倾听是最重要的沟通行为。企业的经营同样需要倾听。管理者在管理企业的时候，要倾听员工的声音，了解员工的变化和需求。只有具有群众基础的管理者才是合格的管理者。如果管理者不能很好地了解员工，对于员工就只是领导和指挥的话，员工就会对管理者失去信心，从而使管理者失去群众基础，企业的经营运转也会出现危机。

想要沟通，就先要倾听。在员工的心中有着非常重要的等级观念。员工认为，管理者是上级，员工是下级，管理者高、员工低。所以，员工在这种心理的作用下，会不敢和管理者沟通。有些管理者，认为管理别人的主要工作，有时会给人一种居高临下的感觉，而下属员工，见到管理者的时候总是在心里有些害怕的。尽管管理者和员工都有倾诉的欲望，但也是由于这种身份上的不同，造就了的心理上位差，使得作为下属的员工不敢沟通，管理者也不和员工沟通。导致企业上下之间完全没有彼此沟通的机会。员工有意见不敢提，有问题不敢问，这种情况就要求管理者采取方法，打消员工的顾虑，拉近管理者和员工之间的距离。

管理者倾听员工的声音，有利于了解和掌握企业发展中的更多信息。在和员工进行沟通的时候，管理者可以不时地和员工进行互动，表示对员工说话内容的关注，这样可以鼓励员工充分、完整地表达自己的观点和想法。管理者通过倾听，能够了解员工的性格、态度和想法，在以后的工作中，管理者就能有针对性地对员工进行培养和接触。

一些研究表明：人们更加喜欢善于倾听的人，而不是善于说话的人。被誉为世界上最伟大的推销员乔·吉拉德，就曾经有一个因为不注意倾听顾客，丧失一个客户的经历。

在一次推销中，乔·吉拉德与客户洽谈得非常顺利。可是就在快要签约成交的时候，顾客却突然反悔，最后没有推销成功。晚上，乔·吉拉德就按照顾客留下的地址向其求教。客户见乔·吉拉德非常真诚，实话实说道："本来我已经决定买你的车了，可就在我准备签约的时候。我提到我的独生子即将上大学，而且还提到他的运动成绩和他将来的抱负，我以他为荣，可是你不仅没有作何反应，反而盯着与你正在闲聊的同事。我一恼就改变了主意！"

顾客的回答提醒了乔·吉拉德，让他认识到了倾听的重要性。后来，乔·吉拉德说："世界上有两种力量非常伟大，其一是倾听，其二是微笑。你倾听对方越久，对方就越愿意接近你……上帝为什么给了我们两只耳朵一张嘴呢？我想，就是要让我们多听少说吧！"在后来的推销过程中，乔·吉拉德非常注重倾听客户，了解客户。企业的管理者同样需要倾听员工，了解员工，从而使企业发展得更加顺利。

有些管理者没有给员工留下好的印象，不是因为他们表达得不够，而是因为他们不注重倾听。人们都喜欢发表自己的意见，所以管理者可以抓住这个机会，让员工可以将自己的想法表达出来，让员工认为你是一个平易近人的领导，值得信赖的人。这样，员工就会非常努力地工作，企业也会得到很好的效益。如果给员工一个机会，他们还可以帮助企业进行创新。所以，管理者倾听到的员工的想法，也是帮助企业成功的办法。

有一期节目，美国著名的主持人林克莱特对一位小朋友提了这样的一个问题："你长大了想做什么？"小朋友回答说："我要当飞机的驾驶员！"林克莱特接着又给小朋友出了一道有难度的题："如果有一天你驾驶的飞机飞到太平洋上空，所有的引擎都熄火了，你会怎么办？"小朋友想了想说："我先告诉飞机上所有的人让他们绑好安全带，然后我系上降落伞先跳下去。"在场的观众很多笑得不行，只有林克莱特继续注视着孩子。这时候，孩子哭着说："我要去拿燃料，我还要回来！还要回来！"

当所有的观众因为小孩子的话发笑的时候，林克莱特并没有笑，而是等待着孩子接下来的回答。可见，倾听是非常重要的。管理者想要做到有效地倾听，就要掌握倾听的方法，有效地克服沟通的障碍，这样倾听就会成为拉近管理者与员工关系的润滑剂。管理者要达到这种效果，就必须提高自己的倾听层次，放下偏见。只有管理者真正地做到了倾听员工的声音，才能和员工建立起良好的人际关系，获得员工的认同和信赖。

偏见是倾听的最大障碍。如果管理者想要和员工之间的关系更加融洽，首先就要放下自己的偏见。如果管理者对某个员工预先设定了一个框子，那么，不管这位员工说什么，管理者都不会用心倾听。所以，管理者首先放下心中的偏见才能更好地倾听员工的想法。当员工的想法中具有可实行的建议或者想法的时候，管理者要及时让这个可实行性的想法变为现实，同时，不要忘记提到是谁的想法。这样可以得到员工的信赖，还能够鼓励员工更好地与管理者进行沟通。

因为立场和出发点的不同，可能会让彼此的观点自然有所差别，所以有些人很难接受别人的观点。如果是意见相同，方向相同，自然会心满意足；如果对方的观点与自己不同，就会产生抵触情绪，在别人还没表达完自己的观点的时候，就会插嘴发表自己的意见，进行辩解甚至反击。在这种情况下，你要静下心来，不要急于下结论，尤其是否定性的结论。等到对方意见发表完之后，你再经过反复的思考，得出最终的结论。

用寻常话语和员工交流

下午 3 点到 3 点半，正是企业的黄金时间，是员工争分夺秒地工作、电话铃声与键盘的敲击声此起彼伏的时候，有的员工甚至应该是忙得连倒杯水的时间都没有，这才是企业的正常情况才对。然而，在这个时间段的外企，居然还有人完全不在工作的状态，不仅没有努力工作，还三三两两地端着咖啡或红茶，有的面前还摆着西点和水果，正在一起说笑聊天，或者在翻看杂志。这是欧美外企给予员工的特殊福利——下午茶。

下午茶，是公司给予员工的一段额外的、可以自由休息的时间。在下午茶的时间里，员工们可以让自己紧绷神经线放松一下。有研究表明，下午茶有利于增强人的记忆力和应变能力，有喝下午茶习惯的人，会比没有这个习惯的人的记忆力和应变能力高出 15% ~ 20%。企业为员工提供下午茶，不仅可以体现出企业对员工的关怀，还有利于在企业中构建一种非正式沟通的环境，让员工们在精神紧绷之后畅谈一下。

很多企业的管理者想要征集员工的意见，方法就只是开会，没有其他的方式渠道来征求意见，同时，开会的时候，管理者也不能很好地知道员工心中的想法，最终得到的意见和建议都不是非常好的。即使管理者让员工畅所欲言，也不能挖出员工心里的想法。管理者用这种过于正式的方式沟通，会让员工在心中有所所虑，其好多内心的想法根本不可能说出来，而且，管理者对想要研究的问题根本谈不透，如果得不到很好的建议，管理者内心沮丧，还会给员工带来无形的压力。

杰克·韦尔奇有"世界第一 CEO"之称，他的管理方法就非常具有特色，还非常的有成效。其中，"便条式的沟通"是经典之一。

韦尔奇在担任 GE 执行总裁的几十年里，每天必做的事情就是亲自给各级员工甚至员工的家属写便条。便条的内容也非常的简单，征求一下员工的意见，关心员工的生活，业务发展的情况等，语气非常的亲切，从不例外。员工们也非常珍视韦尔奇的便条。不仅如此，韦尔奇还会在每个星期中，突然地造访某些工厂和办公室，与员工共进午餐。韦尔奇通过这种非正式的方式，让员工感受到他的存在，也可以让员工更加自由地说出自己心中的想法，获得对公司发展有帮助的信息。

韦尔奇曾经说过："我们已经通过学习明白了沟通的本质。真正的沟通是一种态度，一种环境。它是所有流程的相互作用。它需要无数的直接沟通。它需要更多地倾听而不是侃侃而谈。它是一种持续的互动过程，目的在于创造共识。"在韦尔奇看来，沟通需要真诚，韦尔奇用便条与员工进行沟通，将管理者与员工的关系上升到人与人之间的沟通，让员工可以直接随意地与之对话。这种非正式的话语比起那些正式沟通的效果更加明显，更能达到发展公司的目的，还可以获得员工的信赖和忠诚，让企业可以发展得更好。

非正式的沟通可以取得很好的效果，让员工时刻感受到管理者的存在，使员工认为管理者富有人情味，关心员工，了解员工，尊重员工。所以非正式的沟通才会畅通无阻，也正是因为非正式沟通之后做到了互相理解，才能使企业中管理者和员工紧密地合作，为企业的发展创造一个良好的工作环境。

随着社会的发展，非正式沟通被企业的管理者广泛地认可，其沟通的形式越来越丰富。很多公司纷纷采用了具有自身特色的沟通方式。比如，英特尔公司的网络开放式沟通，员工可以和管理者进行网络面谈，并且谈话的内容可以由员工来决定；摩托罗拉的沟通方式是通过总裁和各级经理的"每周一信"和员工进行沟通，讨论公司的事宜等，征求员工的意见和建议；三菱重工从上到下的企业员工，举行"周六例会"，以聚会为由沟通。

非正式沟通备受企业管理者青睐的原因，就在于它将管理者和员工放到了对等的位置的上，通过放松的心情和自由的环境，平等地进行沟通，在这种环境和氛围下，员工能够放松自己，敞开心扉，向管理者吐露心声，说出内心的想法，提出中肯的意见和建议。

管理者可以自由选择非正式沟通的渠道，比如和员工在一起闲聊，吃饭的时候和员工进行交谈等。非正式沟通便于更好地沟通，而且沟通的内容很广泛，方式也非常灵活，不需要管理者和员工刻意去准备什么，而且非常及时，当问题发生以后，管理者立即就可以和员工进行简短的沟通，很快地解决问题。当员工察觉到管理者可能要进行交谈的时候，心中难免会有一些防御心理，所以，管理者首先要做的就是打消员工的戒备心理，让员工能够更好地说出想法。

非正式沟通可以通过聊天的方式来进行。聊天不会让员工感到紧张和严肃，有利于让其更好地说出心声。管理者对员工的信任和坦诚是聊天的前提。

所以在聊天的时候，管理者不要糊弄，那样的沟通只是一个形式，根本不会有任何的效果。聊天的目的就是为了更好地收集对企业发展有帮助的信息，所以管理者要坦诚，不能隐瞒，更不能利用聊天来骗取员工的信任，一旦被员工发现，企业的运行就会出现困难。在与员工聊天的时候不要说一些不利于企业发展的话。这样会产生一些负面情绪，影响员工的工作。所以，作为管理者，要通过聊天传播积极向上的信息，掌握好分寸。管理者向员工传达的正能量，员工也会转化为自己的正能量，积极向上地投入工作中，为企业的发展带来更多的效益。

了解每个人的需求

在企业的经营发展过程中，有一个至关重要的因素，那就是激励。企业的激励制度，可以让员工更好地工作，更好地发挥自己的才能。一个人去做一件事，往往是因为有所需求。所以，管理者想要更好地发展企业，让企业实现目标，就要了解并满足员工的需求。管理者想要员工实现什么样的目标，就需要满足员工的需求。

世界著名的沃尔玛公司十分关心自己的员工。公司的领导几乎都有"我们关心我们的员工"字样的纽扣。他们注重员工的意见，不断地和员工沟通，了解员工的需求。萨姆·沃尔顿曾经对干部们说："关键在于深入商店，听一听各个合伙人讲的是什么？那些最妙的主意都是店员和伙计们想出来的。"

萨姆·沃尔顿认为，在企业里，管理者用恐吓和训斥的方法领导员工，这是非常错误的。这样的管理者是不称职的。如果企业只能通过训斥或恐吓来经营，那么更多的员工会感到紧张、不安，害怕自己因为犯了错误就被责骂，同时，有问题也不敢提出来，即使是对企业发展有帮助的意见和建议。这样下去，企业只会越变越糟，工作的积极性和主动性都会下降。

自此之后，萨姆·沃尔顿就会经常到公司的各个商店里，关心员工，询问基层的员工的需求，通过与员工的聊天，了解他们的需要，并及时地满足员工。沃尔玛公司的一位职员回忆说："我们盼望董事长来商店参观时的感觉，就像等待一位伟大的运动员、电影明星或政府首脑一样。但他一走进商店，我们原先那种敬畏的心情立即就被一种亲密感所取代。他以自己的平易近人将笼罩在他身上的那种传奇和神秘色彩一扫而光。参观结束后，商店里的每一个人都清楚，他对我们所作的贡献怀有感激之情，不管它多么微不足道。每个员工似乎都感到了自身的重要性。这几乎就像老朋友来看你一样。"所以，沃尔玛才会有今天如此显赫的成就。

沃尔顿认为，在沃尔玛公司，管理者必须真正地尊敬和对待员工，了解员工的需求，必须尊重和赞赏他们，对他们表现出关心。这样才能帮助你成长，也可以更好地帮助企业的发展。管理者想要实现企业的目标，和员工的沟通就必不可少。只有真诚地关心员工，让员工感受到关怀，被尊重，才能转化员工在工作中的动力。当然，满足员工的需求是更大的动力。企业管理者要长久发展，渴望取得成功，都需要员工的帮助。

管理者真诚地和员工进行沟通，了解员工的需求，企业能够及时地满足员工的需求，对员工来说都是一种关心。管理者和员工沟通的同时，详细地了解员工的需求，对症下药，制定出合理的激励机制，让员工更有动力工作。沟通的同时，管理者还可以获得有利于企业发展的意见和建议，可以帮助企业更好地发展下去。员工的需求是不同的，但是，无外乎是升职加薪，管理者想要员工能够更有动力地工作，激励的机制一定是最好的办法。员工有了动力，更好地投入工作中去，充分发挥自身的优势，创造出更大的价值，为企业实现目标。

每个人的性格都是不同的，有的人喜静，有的人喜闹。所以，当员工渴望升职的时候，管理者就要根据员工自身的性格特点来分配工作，只有对员工安排的职位是与他的性格相匹配的，才能让他感到满意，在工作的时候，就会更加有动力，积极性和创造性也会增强，对于工作的一些意见和建议都会及时地反映，更好地帮助企业成长发展。

管理者还要根据员工的优势，为每位员工设定一个目标。清晰的目标会让员工的动力大增，而员工的动力是企业效益的保证。目标越清晰，动力越大。当员工完成目标，成功的时候，管理者适时地奖励员工，也会增加员工的自信心。当员工完成了目标，最需要的就是奖励，管理者一定要满足他这个需求。在今后的工作中，员工为了受到奖励，就会更加努力地完成任务。这种强化的办法，在团队中也是非常有效果的。

管理者要针对不同员工的不同需求，给予不同的奖励。在团队中，有的员工想要升职加薪，但有的员工是希望有更多休假的机会，管理者需要有针对性地满足他们。所以，管理者可以针对员工的差异，对他们进行不同的奖励。

员工的需求是员工工作的动力。当员工有工作动力的时候，工作效率就会变得高，因为有想要得到的，所以会努力付出。员工为企业拼搏，企业应该满足员工的需求。当员工的需求得到满足，工作就会有动力。这是一个良性循环，可以帮助企业更好地发展。管理者想要企业有一个更好地发展，就要借助员工的力量，而想要借助员工的力量，就要让员工不断地完成目标，不断地创造效益。做到上述目的，就要激励员工，用完善的激励机制，让员工知道，付出才会有回报，实现效益的增长。

当然，员工的需求并不意味着全部满足。一旦，当员工的需求管理者无法满足的时候，员工就会失去积极性，工作效率也会降低。管理者满足员工的需求，同时管理者也要让员工明白，需求合理才可以，无理的需求是不能被满足的。满足员工的需求，还应该慢慢来。对员工实现一点儿小的成就，管理者可以表扬一下，让员工明白，实现大的成就才可以有更好的回报。如果员工养成一旦完成一个目标，无论大小，都渴望回报的话，那么，员工就会产生一些急功近利的心理，不利于员工的发展，对企业的发展也是有危害的。

处理好与员工间的人际关系

在现代企业中，员工要有高效的工作能力，是普遍的要求。员工还需要具有处理人际关系的能力。一个人更够很好地处理人际之间的关系，更加有利于这个人的成功。所以，作为企业的管理者，协调好员工之间的人际关系是非常重要的。良好的人际关系可以帮助企业更好地营造工作环境，加强员工之间的合作能力，让员工的工作效率不断提高，团队合作能力增强，帮助企业更好地发展。

企业的管理者想要更好地发展企业，就要在企业内部处理好员工间的人际关系，和谐融洽的工作环境是员工更加努力工作的基础。美国总统罗斯福说过："成功的第一要素就是懂得如何搞好人际关系。"所以，管理者想要自身的成功，企业的成功，都需要搞好人际关系。有调查表明，公司解雇的员工大部分都是不能与员工搞好关系的人。企业的发展，必须要求所有的员工团结一致，如果在企业的发展过程中有不融洽的因素存在，就会影响团队整体的发展，企业制定的目标也很难实现，公司长久的发展也会受到阻碍。

美国著名的福特汽车公司在新泽西的一家分工厂，就因为管理混乱差点儿倒闭。后来，总公司派去一位很有才能的人去解决问题。到任后的第三天，他就很快发现：所有的员工都忙着工作，彼此交流的机会微乎其微，而且机器的轰鸣声和各种噪音也非常的大，工厂凄凉的景象使员工工作的热情减少。他们彼此不仅不沟通，还不断地出现混乱，使员工之间口角不断。

管理者发现问题所在之后，就在餐厅中架起了烤肉架，免费为员工烤肉。员工吃午餐的时候，讨论的都是有关厂子未来的发展问题，员工之间的交流多了，大家纷纷献计献策，并且将工作中遇到的问题拿出来讨论，寻求解决的途径。管理者的做法果真起了作用，即使机器的噪声还是不止，但是，员工之间能够用心地交流了，企业也开始盈利了。

成功需要的因素有很多，人际关系也是其中之一。管理者想要企业更好地发展，解决员工之间的人际关系问题尤为重要。和谐的工作环境可以让员工更加积极地工作。所以，管理者想要成功，就得灵活地处理人际关系。当企业的管理者认识到人际关系重要性的时候，企业才会取得成功。企业中如果员工之间的人际关系不好，工作的环境就会变得压抑，员工即使有再好的想法也不愿表达，工作的积极性和创造性都会下降，企业的损失也会非常明显。久而久之，员工不愿意工作，企业的效益就会大幅度地下滑，濒临破产，这也是管理者不希望看到的一幕。所以，管理者一定要重视员工之间的交流。

曾任美国某铁路公司总裁的史密斯说："铁路的95％是人，5％是铁。"美国成功学大师卡耐基说："专业知识在一个人成功中的作用只占30％，而其余的70％则取决于人际关系。"所以，无论做什么事情，人的重要性都是最大的。把人际关系处理好了，就等于在通往成功的路上走了70％。美国石油大王洛克菲勒曾经这样说："我愿意付出比得到其他任何本领更大的代价来获取与人相处的本领。"可见，在任何环境中，人际关系都是非常重要的。所以，管理者一定要处理好企业中员工间的人际关系，让企业可以更好地发展。

所以说，良好的人际关系是企业成功的因素之一。在企业中，如果有员工发生不愉快，管理者要客观地看待问题，解决问题，让员工感到公平，这样，管理者才会得到员工的信赖，员工在工作中也会更加努力，充分地发挥自己的才能，为企业创造更好的价值。

一个优秀的企业管理者，要善于协调好企业内部的人际关系。人际关系处理不好，导致员工之间不协调，企业内部的运营环境也不正常。这些都是制约成功的因素，尤其影响到企业的长久发展。管理者处理好员工之间的人际关系，创造出一个和谐环境，员工都是心齐，充分地调动员工的积极性和创造性，是企业管理者应该经常思考和解决的一个问题。

协调好企业内部的人际关系，有以下的几个方面好处：

1. 创造和谐的工作环境

对于一个企业的管理者而言，协调好员工之间人际关系的意义在于在企业中创造一个和谐的人际环境，让员工感情融洽，配合默契，团队合作更有效果，促使员工为企业的利益和荣誉，更加努力地工作，可以产生强大的凝聚力和向心力，调动员工的积极性，能够有效地克服企业发展道路上的困难和障碍。和谐的人际工作环境可以为实现企业目标奠定基础。

2. 让团队发挥整体功能

企业想要达到利益的最大化，就要保证企业员工和谐相处。每个成功的团队，所有人都是齐心协力的，朝着一个共同的目标努力的。所以，管理者想要让团队能够发挥整体功能，就要协调好员工之间的人际关系。只有人与人之间的关系相处得好，整体的效应才能得到最大程度的发挥。管理者可以在企业中建立小的团队，这个团队的成员团结、协作、互助，在公司中树立榜样，让员工明白，只有合作才能取得更好地发展。只有这样，企业才能不断取得成效，经济效益也会不断提高。

良好的人际关系在企业的发展过程中也是一种无形资产。虽然它看不见，摸不到，但是它所创造的财富却是有目共睹的。所以说，一个优秀企业的管理者，不但要有聪明的头脑，还要能够解决内部的人际关系，让员工有一个良好的工作环境，提高团队的整体能力，帮助企业实现目标，实现企业的长久发展。当员工们都团结一致，具有强大的凝聚力和向心力的时候，企业的成功也就指日可待了。

找到最适合的搭档

企业的目标就是企业发展的方向，但是团队的合作才是成功的关键。在团队中，管理者不仅要制定正确的发展方向，把握机会，还要打造出合适的搭档，让团队合作为企业的成功做保障。每个人都有自己的长处和优势，但也肯定有短处，如何让搭档优势互补，取长补短，让企业具有整体优势，实现企业目标，打造出这样的搭档才能有利于企业的发展。

唐太宗时期，著名的"贞观之治"可谓创建了一个辉煌的时代。"贞观之治"的辉煌，与唐太宗的善用人才，打造合适的搭档是分不开的。唐太宗发现，房玄龄在安邦治国的问题上，能够提出许多独到的见解和具体的解决办法来。但是，房玄龄却不善于整理自己的想法，也不能很好地定夺。杜如晦，虽然不善于思考，但却善于对意见进行周密地分析和总结，决断精准。于是，唐太宗把他们二人搭配起来合作，组成合力，辅佐朝政，最终取得了"贞观之治"成功。

优秀的管理者善于发现身边员工的优势，也清楚地知道其劣势所在，并能够将员工进行优劣互补地搭配，让员工可以更好地创造效益。在企业中，员工的长处就是优势所在，管理者要让员工充分地发挥自己的才能，而不是只看员工的短处，抓着不放。管理者想要获得企业的成功，就要在企业中建立合适搭档，让搭档的作用发挥到最大，帮助企业实现效益的最大化。

1999 年，李静遇到了戴军。

那个时候的戴军穷困潦倒，发过唱片，但是过期了，他在家待着，心里充斥着郁闷。而当时的李静，比戴军还惨，为了做节目，把自己所有的积蓄都拿了出来，还向身边的亲戚朋友借钱，虽然节目的反响不错，但她却被骗了，随着节目的录播，她的负债也逐渐增加，甚至连房子也抵押出去了。

生活不是电影，李静和戴军唯一有的就是话筒。在那段艰难的日子里，李静喝醉过，哭过，病过。但是戴军，一直在她的身边，不离不弃，他们相互搀扶，相互打气，没有不愉快的时候。李静和戴军的默契，是随着时间形成的。他们在一起共事这么多年，默契是自己培养出来的，到后来，他们会在节目中不约而同地说出一句一样的话。

李静说："我和戴军不是合作伙伴，是搭档、朋友以及亲人，他是我女儿木耳的舅舅。在《超级访问》的内部网站中，有一张木耳与戴军的合影，一大一小，一男一女，不约而同地都把拳头伸进嘴里，当然是大拳头塞大嘴，小拳头塞小嘴，都瞪着天真的眼睛。一家人就是这样的，再不需要其他的证据。"搭档二十几年，两个人的情谊和默契早已不是别人一朝一夕就能够相比的。

有人问过戴军："如果有来生，你希望和李静是什么样的关系？"戴军沉默了片刻，很严肃地说了 4 个字："还是搭档"。

李静和戴军之间的默契，是二人在同样的境遇时，惺惺相惜，在一起走过艰难的日子中形成的。他们二人也是最佳的搭档。李静大大咧咧，戴军反而比较细腻，所以才会让两人的合作默契无比，一起走了这么长的时间。默契的搭档，优劣互补的搭档，可以让企业的效益更好，李静和戴军就是很好的例子。他们的节目之所以这么受欢迎，这么红火，都是因为他们二人的默契，才创造出这么高效的价值。

在企业中，不仅要有员工个体的优势，更需要有最佳搭档优势。没有缺点，什么都优秀的人在现实生活中是很少的，大部分人有自己的优势和劣势，这就需要管理者发现员工的优势，打造最佳的搭档，成为优秀的团队。最佳的搭档互补的方式有很多，但是在企业中，管理者找到以下的几个，就能够打造出最佳的搭档。

1. 知识互补

不同知识层次的人考虑问题的方式和思想方法是不同的，将他们组在一起，可以互为补充，更好地思考问题，更全面地思考问题，取长补短，获得最佳的方案。知识上的互补，可以让员工在考虑问题的时候听一下他人的意见，知道自己考虑的欠缺方面，从而全面地分析问题，可以更好地解决问题。

2. 能力互补

对员工个体的优劣，管理者可以在能力类型、大小等方面实现员工的互补，那么整体的能力实力就会相对稳定，不会有太大的差异，形成优势，这种能力结构就比较合理。管理者了解员工擅长的，各自的能力在哪里，让员工在不足的方面得到补充，也可以促进员工的自身完善，帮助企业提高整体的水平。

3. 性格互补

每个人都有自己的性格，而且性格差异是很大的。每个人在气质和性格上都有不同。有的人脾气急，有的人脾气缓。这时候，管理者就要将这两个人组合在一起，脾气急的人做事考虑不全面，脾气慢的人缺少决断力，所以，将他们两个人组合在一起，可以更好地、更全面地考虑问题。每个人不同的性格特点往往可以与他人做到互补，从而使企业中形成一个整体良好的人际关系，搭档的作用也会很好地发挥出来。

4. 年龄互补

"家有一老，如有一宝"。这句话应用在企业发展中也是不为过的。老年人有老年人的优势，他们经验丰富，经历的事情多，能够很好地看到问题的本质，对于问题的分析也比其他人全面；青年人有青年人的优势，年轻人接触新鲜事物的机会多，接受能力也强，敢于冒险，去发现新的事情。不同年龄段的互补，可帮助企业实现人力资源的合理搭配，使企业的长久发展焕发活力。

当然，搭档的互补并不仅仅是这些，管理者还要根据企业自身的实际情况，具体问题具体分析，打造出最适合企业发展的搭档。

给员工说话的机会

企业管理中，并不是管理者一个人说了算的。有时候，管理者也要给员工说话的机会，让员工表达自己的想法，员工的想法，在很大程度上有利于企业的发展。在企业中最忌讳的是管理者一人独大。听不进他人的意见，认为自己是绝对正确的。

　　企业想要得到更好地发展，一定要重视员工的话语权。员工对于公司的发展和公司的产品有着与管理者不同的意见和思考方式。给员工说话的机会，从员工中获得方法，让员工的作用得到充分的发挥，有利于帮助产品和服务质量不断改进。

　　世界巨头沃尔玛，不仅在世界的实力是非常强大的，中国区的发展也是蒸蒸日上。有记者采访到沃尔玛中国区的总裁高福澜，他说沃尔玛在中国发展如此迅速的原因就是因为我们重视员工的机会，让员工把自己的话说出来，为企业的发展做贡献。

　　沃尔玛来到中国已经长达 16 年之久，这个世界零售业的巨头在中国的发展也是有目共睹的。高福澜说从我上任以来，已经走访了 150 多家的沃尔玛，在商场里我可以尽情地和员工进行交流，沟通，每周还会有例行的会议，让我了解公司的业务情况，但是，高福澜说他更喜欢在商场里了解公司的业务。

　　沃尔玛在中国有 380 多家商场，高福澜巡视的原因就是希望可以在现场聆听员工的想法。聆听对沃尔玛来讲是非常重要的。聆听员工的声音，聆听顾客声音，给员工说话的机会，让员工勇敢地表达自己的想法，这都是沃尔玛成功的原因。

　　沃尔玛能够发展成为现今世界上的巨头，并且处于领先的地位，与沃尔玛聆听员工，让员工说出自己的想法是分不开的。企业想要得到长久更好的发展，忽视员工的声音是绝对不行的。企业中，管理者的想法有的时候可能会有些片面，不周全。这个时候，员工就会从不同的角度考虑问题，使问题思考得更加全面一些。

　　海尔的管理者说过这样一句话："要让时针走得准，必须控制好秒针的运行。"在企业中，企业就好比时针，员工就是秒针。企业想要走得非常精准，实现目标，就要让员工在工作中实现目标，只有员工实现目标了，企业的目标才会实现。因此，海尔给每位员工都发了"建议卡"，员工在工作中有什么想法，有任何的建议，都可以提出来，帮助企业更好地完善。对于员工提出的合理化的建议，海尔公司会立即地采纳并且实行，对建议的提出者给予一定的奖励。对于一些不适用的建议也会给予员工回应，让员工知道自己的想法已经被考虑过，但是有一些欠缺，需要完善。这样会给员工被尊重的感觉，让员工更加勇敢地说出自己的内心的想法，可以帮助企业更好地发展。

在员工中也存在有利于企业发展的想法，所以企业的管理者让员工把自己心中的想法勇敢地表达出来，对员工提出的意见和建议及时地给予回馈，有利的想法及时地采纳，需要完善的也要告诉员工。这样，员工才会源源不断地提出新的想法，企业的发展才会充满生机。

研华科技成立于台湾，自何春盛担任研华科技中国区的总经理以来，企业的业绩保持高速增长的趋势。研华科技取得这样的成就，何春盛认为，这与让员工把自己的想法说出来是分不开的。

在研华科技中，每个人都是平等的。何春盛说，当员工进入一家新公司的时候，看到遥远的组织结构图，不知道什么时候才能到最顶端，他的积极性就已经被打击了。但是每个公司中又离不开这样的组织结构。所以在公司中营造出一种平等的气氛，会让员工淡化组织结构意识，虽然在公司中有上下级，但还会让大家觉得亲切。而这种平等的气氛，有利于员工把自己的想法表达出来。

所以，何春盛在公司里并没有自己单独的办公室，而是和员工在一起办公。何春盛说："当一个管理者把自己关在一个房间的时候，就代表着他和员工之间划出了一个有形的距离。"这种与员工一起办公的情形，会给员工更加平等的感觉，员工对于企业的发展也会提出更好的想法。

企业的管理者要鼓励员工把话讲出来。员工对企业的疑问不满，或者一些意见等，应该让员工讲出来，说出来才不会出现不好的事情。解决问题的最好办法就是鼓励员工把话讲出来。如果企业的管理者连员工想什么都不清楚，解决问题就更加没有针对性。企业的发展也会出现越来越多的矛盾，对企业的发展也是有影响的。因此，让员工勇敢地说出自己的想法，对企业的发展是有益的。企业发展过程中，如果员工的意见或者建议不能被采纳，企业就会遇到很多的问题，问题不能很好地解决，就会影响企业的发展。这样的恶性循环，是不利于企业发展的。只有管理者让员工把自己的想法说出来，帮助企业解决发展过程中遇到的问题，企业能够及时地改正错误，这样，企业的发展才会长久。

企业想要长久地发展，就离不开员工的想法。有一些管理者对员工的想法总是不以为然，忽视员工的想法，殊不知，这样做也是忽视企业未来的发展。企业一旦不重视员工的想法，员工就会觉得自己不被尊重，在工作中也会有消极的情绪，慢慢地就会开始抵制工作，工作不再有热情，时间长了，所有的员工都会选择离开公司，去寻求更好的发展了。管理者在企业的发展中，一定要重视员工的意见，给员工说话的机会，无数优秀企业成功的例子证明：只有给员工说话的机会，企业的发展才会更好，更长久。

能力高于学历

在现代企业的招聘中，有些人有能力，但是学历不高；有些人学历高，但是能力稍差。管理者在面对这种情况的时候，也会头疼。但是，学历真的比能力还重要吗？企业的发展，需要的是有能力的人，即使有的人有再高的学历，没有能力，也只会空想。大多数的企业招聘，都是为了能够把工作做好，而不是为了这个人的学历如何的高。所以，企业的发展也会稳步上升。

贸易公司的李总最近非常高兴，因为他招到一个满意的助理。

这位助理大学尚未毕业，前来面试的时候，李总见她虽然话不多，但是为人诚恳，就与她签了约，三个月的试用期。结果一个月还未到，李总就提前让她转正了。这位员工能够提前转正，是因为有三件事情非常突显她的能力。

第一件事是李总让她订机票，在打了很多的电话后，她向李总汇报说：

公司原来合作的订票公司价格不是最便宜的，她找到几家更为便宜的订票公司，然后她把寻找的结果给李总看。结果的表格非常清晰，起飞时间、航空公司、在哪个机场起飞等都列在内，一目了然。这是李总以前的助理没有做到的事情。第二件事是让她代收供货商送来的样品。她也列了一个详细的货品清单，还让供货商签了字。第三件事是接到了一个催款的电话，助理当着李总的面说：李总出去开会了，等他回来我替您转告。

虽然这位助理仅仅是一位专科生，但李总对于她的工作能力非常欣赏，决定观察她一年，并且培养她做副总经理，帮助企业的发展。一家咨询公司管理者说："公司看重的是员工的思维和分析能力、想象能力等。至于学历的高低，专业的不同，那只是一些理论知识而已，花点儿时间就可以学会的，但公司需要的那些能力，却不是花时间就可以学到的。"

在现代企业中，不是所有的招聘者都会重视员工的能力。一些招聘者先选择学历再选择能力也是存在的。但是，学历真的比能力更重要吗？答案是不是的。员工的能力也要比学历更重要。一些人往往只会死读书，对于书本以外的知识不能很好地应对，也就是没有对突发事情的应对办法。有能力的人在面对一些突发状况的时候，不会慌了手脚，能够以从容的心态面对问题，更好地解决问题。招聘者选择学历的人，往往是认为，这些有高学历的人是优秀的一批人。中国的教育制度已经选拔出了优秀的人，企业又何必费尽力气去寻找有能力没学历的人。正是因为这样的想法，一些有能力的人才得不到很好地施展才华的机会，就这样被掩埋了，这对企业的发展也是不利的。

学历其实是一个"敲门砖"，门敲开了，学历的作用也就没有了。进了门的人都在同一条起跑线上，工作就需要靠自己的能力了。既然都在同一条起跑线上，员工各自的能力就是最好的武器了。学历高的人未必有很好的能力，所以他们在面对一些问题的时候，就会显得茫然，不知所措。有能力的人，一般都能很好地应对，尽快地找出解决的办法，让自己的工作更好地进行下去。

毋庸置疑的是，无论是什么性质的企业，在竞争的环境下，只要是人才，有能力，也就不在乎学历了。一些企业现在的择人标准是，只要有能力，能够为企业的发展做出贡献，带来财富，你就可以胜任。企业员工只要能够为企业做出贡献，帮助企业发展，企业自然会聘用。能力真的比学历重要，管理者也要重视到这一点，才能够让企业更好地发展。

苹果公司的创始人乔布斯在斯坦福大学的毕业典礼上说："我从来没大学毕业。这次才是我几十年来离大学毕业最接近的一次。我看不出念书有多大价值。当时这个决定看来相当荒唐；可是现在看来，那是我这辈子做过的最好的决定。"微软公司的创办人比尔·盖茨在哈佛大学的毕业典礼上说："有一句话我等了30年，现在终于可以说了：老爸，我总是跟你说，我会回来拿到我的学位的！"乔布斯从来没有上过大学，但是他成功地将苹果推向世界；比尔·盖茨大学没有读完就辍学了，但是他的微软系统几乎是世界上所有电脑都在使用的系统，而且，哈佛是享誉全世界的学府，哈佛的证书被全世界认可，但比尔·盖茨还是辍学了。能力真的比学历重要。正是因为乔布斯和比尔·盖茨拥有能力，才会让世界更多的人知道他们，他们也才能研制出先进的科技。

比尔·盖茨幽默而自豪地说："哈佛校刊称我是哈佛史上最成功的辍学生。在所有的失败者中，我做得最好。"不仅如此，比尔·盖茨还告诉大家，最近他让微软CEO鲍尔默也从哈佛退学了。戴尔电脑创办人戴尔也是个"不成器的学生"。每天迷恋装电脑，面对老爸的呵斥，戴尔说："将来有一天，我的公司要和IBM一样有名。"父亲对他非常失望，拂袖而去，儿子后来也拂袖离开学校。如今的戴尔电脑已经是世界第一大电脑公司。

这些人的成功，与自身的能力是分不开的。但有人会说，这些例子都是国外的，在中国，他们可能没有这样的成就。但是，最重要的是承认，在中国也存在没有学历但有能力的人。能力是一个人与生俱来的，它与学历不同，有能力的员工可以更好地帮助企业的发展，管理者一定要重视身边有能力的员工，让他们的才能帮助公司发展。

是领袖，更是榜样

子曰："其身正，不令而行；其身不正，虽令不从。"这句话的意思是：管理者只要自身修正，不用命令，员工也会行动起来；如果自身不修正，即使有命令，员工也会不服从。企业的管理者只有做到自身修正，企业内部的机制才会有条不紊。只有以理服人，员工才会对管理者的管理心服口服。然而，有很多的管理者不修正自身，只是靠规章制度约束员工，要求员工去遵守，自己却不遵守这些制度，结果往往是最坏的。

企业中，如果管理者者能够率先做出示范，以身作则，努力工作，严格地遵守规章制度，那么，这种精神也会感染给企业里的员工，在企业中形成一种积极的态度、良好的工作氛围，不仅可以帮助员工更好地工作，也可以让员工对企业的一些问题提出意见，帮助企业更好地发展。管理者不仅仅是员工的领导，更应该是员工的榜样，为员工树立良好的榜样力量，让员工更有激情地工作，更有动力地工作。

电视剧《亮剑》的主人公李云龙每次打仗的时候他都冲在最前面，他说："如果我不带头冲锋在前，那么，战士们怎么会毫不犹豫地奋勇作战呢？"李云龙这种以身作则的激情影响着每一个战士，让他们在打仗的时候都有动力。优秀管理者想要加强员工的自我管理，首先就要做好管理者的自我管理，成为下属的榜样。优秀的管理者不是命令员工去做什么，而是没有命令，员工就会去做什么。当管理者成为员工的榜样时，员工就会从管理者那里得到很大的动力，能够更加努力、积极地工作。

成功的企业肯定是拥有一个优秀的组织。在组织中，管理者善于调动员工的潜能，帮助企业实现效益。但是，更重要的是，组织的管理者者能够做到以身作则，成为员工的榜样，为员工更好地工作做出榜样。榜样的力量是不可小觑的。一旦员工的心中有了目标，有了动力，工作就会完全投入，企业的目标也会实现，能够帮助企业长久地发展下去。

日本企业家土光敏夫说："领导以身作则不仅能为企业带来巨大的经济效益，还是企业培养敬业精神的有效手段。"东芝电器在世界上也是屈指可数的著名企业之一。但是，东芝企业也曾出现过重大的失误，面临倒闭的困境。

东芝濒临破产，企业把希望都寄托在土光敏夫的身上。土光敏夫担任了东芝企业的董事长，帮助东芝企业起死回生。当时有员工向他反映，有一笔生意，由于买方的经理经常外出，一直都无法谈成。土光敏夫听到后，决定亲自去试试。

第二天，土光敏夫来到那位经理的办公室。果然没能见到那位经理。但他并没有走，而是坐在那里等经理回来。过了好久，那位经理才回到办公室，看到土光敏夫后他很抱歉地说："对不起，董事长先生，让您久等了！"土光敏夫不仅没有不耐烦，反而面带微笑地说："经理你工作繁忙，说明贵企业生意兴隆，我理应等候。"那位经理看到东芝企业的董事长亲自上门洽谈，觉得非常的有诚意，于是很快地谈成了交易，并决定今后长期合作。

土光敏夫在工作中非常严格地管理自己，每天都是第一个到公司，从来没有请过假，也从来没有迟到过。他以身作则的精神深深地感染着东芝的员工，员工们也像土光敏夫一样严格地要求自己。领导的以身作则会对员工产生巨大的激励，领导的以身作则永远是激励员工的最佳方法。管理者以身作则，给员工树立榜样，员工也会像榜样那样，更加努力地工作，这也是东芝成功的重要原因。

管理者做出积极正确的示范，员工的工作积极性就会被极大地调动起来，有利于激发员工努力工作的态度；相反，如果管理者不率先做出示范，只是一味地督促员工，让员工工作，自己轻松，势必会降低员工工作的热情，对管理者也会产生抵触的情绪，对企业未来的发展也会失去信心，企业也会面临困境。管理者可以拿出自己的激情，以身作则，一心一意地投入工作中，为员工树立榜样。只有管理者努力地工作，带头遵守规章制度，为员工做好榜样，那么，员工也会像管理者那样努力工作。

　　企业中，管理者要做的事情有很多，但是，充分地调动员工工作的积极性是非常重要的。如果调动，就需要管理者自身了。管理者在企业中以身作则，为员工树立榜样，让员工知道，不仅只有员工在努力工作，为企业发展做贡献，管理者同样也在努力的工作，为企业的发展打拼。这样，员工的心中就会有工作的动力，也能够更好地为企业的发展献计献策。管理者将自己的热情传递给员工，也是一种激励员工的方法。

　　管理者在企业中身先士卒，为员工做出榜样，员工就会跟着管理者的脚步去实行。榜样的力量是无穷的。对于一个令人信服的企业管理者，身体力行比什么都重要。但是，有的管理者往往是相反的。一些管理者告诉员工不能迟到，自己却在十点还没有到公司，还有一些管理者批评员工上班时间网购浪费时间，自己却在下午的时候上网淘宝。这样的管理者往往是不得人心的。

　　作为企业的管理者，不仅要能激发员工与你一起工作，取得目标，实现效益。还要能为员工树立榜样，让员工跟着自己的步伐走，让员工知道，管理者和员工一起努力，一起在遵守规章制度，没有特例。员工对于管理者的行为赞同，也会让自己去像管理者一样做，企业的发展也会更加长久，目标也会逐一地实现，企业取得的效益也就越来越好，企业的发展也会越来越顺畅。

领导者要有特别的能力

　　作为企业这艘大船的关键掌舵人，领导者一定要具备一些别人没有的"超能力"，这样才能保证企业的正常运转，才能在企业遇上麻烦的时候力挽狂澜，才能让企业安全快速地跑在行业的最前面。那么，领导者都需要哪些"超能力"呢？

（1）团队设计能力

一根筷子容易被折断，一捆筷子却有很强的对抗能力；一个人只有一种想法，一群人就会有几十种想法，只有拧成一股绳才会发挥出最强大的力量。作为领导者一定要具备组织与设计团队的能力，根据想要达到的目标效果来挑选团队成员，在综合考虑之后按照成员的能力与目标的匹配度进行组合，将团队的能力发挥到最大化。

（2）合理构建人力资源

领导者并不是按员工数量的多少来对他们做出规划的，而是按照员工的自身素质来进行规划。每个人都需要也都希望自己有一个可以充分施展才华的舞台，也都希望自己能快一点儿找到那个适合自己的位置。这时候，领导者就必须要建立一个非常合理的结构，能保证让每一名员工都能在适合自己的岗位上最大限度地施展才华发挥作用，让每一个人都能为企业尽一份自己的力量。这个合理的结构即员工自身能力与岗位之间的合理配置，将这一点调整好整个团队整个企业的成员之间就能相互配合，发挥出最佳的整体效果。

（3）明确阶段目标的能力

企业发展过程中在每一个阶段都有不同的阶段性目标。如果没有这个明确的目标，员工们就很容易陷入迷茫，不清楚自己下一步该做什么，该如何做。同时，企业的管理层也就没有能衡量工作是否取得成效的标准，所以这个时候领导者所要做的就是针对不同阶段企业的实际情况，同时结合当时的行业情况综合考虑之后制定出一个或几个目标。这个目标可能是概念性比较强的，也有可能是比较抽象的，但都是对企业发展起到积极推动作用的。

（4）激发员工奋斗士气的能力

要想使团队为实现同一个目标而奋斗，领导者就要拥有能够激发员工奋斗士气的能力。高昂的士气是实现团队目标的一个必不可少的重要条件，同时也是群体能力的一种体现。想要将员工们的士气激发出来，领导者首先要慷慨激昂地做一番"演讲"调动起员工们的积极性，然后还要对员工进行毫无保留地夸赞。不要小看夸赞，在正确的时机下夸赞员工往往会起到意想不到的效果。另外，领导也要以身作则，为他们树立榜样在心理上激励他们。士气激发出来了，做事情便会有势如破竹的冲劲儿，这样的话企业怎能不生龙活虎呢？

（5）及时发现和处理矛盾的能力

员工之间免不了会因为一些事情而产生矛盾，作为企业的领导者就相当于大家庭里的家长，要想使家庭和谐就一定要重视这些看起来并不怎么严重的矛盾，要明白"千里之堤毁于蚁穴"的道理，所以作为领导者就必须要拥有一双慧眼，能够及时地发现矛盾，并在第一时间解决。

在发现矛盾之后首先要考虑的问题是：自己应该在什么时候介入纷争中去。判定的标准就是，会不会给公司带来不好的影响。如果感觉到这个问题很有可能会给公司带来负面影响的话，就需要立刻介入了。同时介入的方式也特别重要，如果只站在领导的角度去判断谁对谁错，然后告诉双方应该怎样解决的话是不能从根本上将问题解决的。最好的办法应该是，先与双方就这件事进行交谈，耐心的听双方表达各自的观点和立场，然后再尝试帮助他们将矛盾的起源进行细致的分析，再对解决的办法进行探讨并且确定出最合适的一种，最后大家一起坐下来把事情聊开，将心结都打开。如果能让员工之间和睦相处，那对于企业的发展来说领导者是功德无量的。

（6）做正确的事的能力

克林顿与布什做完政权交接之后，克林顿意味深长的对布什说："记住，在政权交接之后，你只需要做你认为是对的事情。"这句话很精确地表达了管理和领导之间不同的特点。领导需要做正确的事，而管理是要把事情做正确。作为领导，要在员工们认识一些客观规律之前提前将这些客观规律把握好，判断出对错与否然后再指导手下做正确的事。

"没有金刚钻别揽瓷器活"，领导并不是容易当的，他需要拥有一般人没有的"超能力"，才能将企业支撑起来，才能领导这个庞大的队伍向更好的未来发展。

要有果断的判断力

一位华裔企业家曾说："做事之前深思熟虑固然能降低做错事的概率，但在思前想后的同时也错过了那些能引领你取得成功的机会。"所以作为一名肩负企业发展重任的领导者，一定要具备果断的判断力，看准时机下手"快、准、狠"这样才能抓住机会取得成功。

如果企业的领导者已经习惯了做事之前思前想后的话，那他便会经常陷入一种极为尴尬的处境，想往前走但想了想还是决定后退，刚要后退又有前进的念头冒出来，内心所经历的矛盾与冲突便会逐渐通过外在的行为表现出来，并最终对管理工作产生消极的影响。

除此之外，这种犹豫心理也会对领导者的情绪产生负面作用，很容易使人变得焦躁不安、患得患失、手足无措，在商战里也会处于被动位置，最后导致失败。

作为领导者应当明白：在企业里实施某个决策肯定都会有成功和失败两种可能，但不能因为害怕失败而放弃那 50% 获得成功的机会。一旦有了决定就要坚决地贯彻实行，该出手时绝不犹豫。

一名领导者不仅要果断地做出正确的决策，在决策实行过程中若是发现了弊端，也应该果断地采取措施进行弥补并加以纠正，不能眼睁睁看着错误变得越来越大。虽然做到这一点有一些难度，但这也是领导者必须要具备的，因此果断又变得难能可贵。

那么，这种果断的判断力都能起到哪些效果呢？

（1）能提高领导者在员工心中的信任度

当企业领导者在各种情况下都能迅速做出最正确、最可行的决策时，他在员工心中的信任度就会大大提升，同时他也会成为员工心中的强心剂。

为了能够又快又正确地做出决策，领导者要提前做好准备工作，广泛收集相关材料并进行细致深刻的分析，综合考虑之后制定一个相应的决策，并且要对它的实施和将要起到的作用有充分的信心。在向员工宣布这个决策的时候，要表现出只会成功不会失败的肯定态度和气势。

（2）能得到员工的支持和拥护

领导者在最糟糕的情况下也能通过严密的逻辑推理做出果断又正确的决策的话，员工就会被他超高的判断力与果断的决策能力所折服，他们会在心里认可他，敬佩他。如此一来领导者便会获得一大批的支持者和跟随者，大家都拧成一股绳，企业的力量也会成倍的增长，可以一举多得。

（3）能成为员工学习的榜样

作为一名领导者应该为企业、为员工树立起榜样，表现出果断的姿态。如果他能恰当地把握自己的行为并对自己的决策有信心的话，那他手下的员工也会受他的影响而逐渐有能力把控自己的行为，对自己有很强的信心。这样一来，他便成了员工们学习的榜样和奋斗的目标。不要小看榜样的力量，当整个企业都弥漫着学习和力争上游的积极氛围时，员工就会爆发出巨大的能量。

（4）能让领导者自己变得更有自信

自信对每一个人来说都是至关重要的，对于掌管企业的领导者来说更有分量。如果连领导者都没有足够自信的话，与之相应的他所领导的企业也不会有什么大的发展。果断的判断力正好是一个能提高自信的好方法，在指定的决策取得成功之后领导者会发现自己是可以将事情处理好的，这样日积月累下来，他的自信会逐渐增强，也会变得更有领导气魄。

由此可见，拥有果断的判断力对企业领导者和整个企业来说都是有百利而无一害的。所以，作为领导者一定要改变以前做事犹豫的习惯，将自己打造成一个雷厉风行，果断做出判断的优秀领导人物，以便能带领企业一路披荆斩棘，向前发展。

PART

第七章

7

管理者要懂得的说话技巧

说话是一种方式，更是一种学问。人人都喜欢听赞美的话，但现实往往不被接受。说话，是每个人都会的。但是，如何说话就是一门学问了。演讲最能体现一个管理者的说话水平。懂得沟通，与人交谈中的幽默感也是不可或缺的一部分。有智慧的管理者懂得用幽默的语言说话。把握说话的方式与分寸，自然可以为你的人际关系搭好桥梁。

先倾听，后说话

古希腊时期，埃莱阿的芝诺说过这样一句话："我们生就一条舌头和两只耳朵，以便我们听得多些，说得少些。"人都要多听少说，作为管理者也要如此。在企业的管理中，如果管理者说得多，那么，员工就会有一种被领导的意识，不能主动积极地工作，也不会发表自己的意见。只有管理者倾听之后再说话，才可以更好地帮助企业发展。

作为管理者，必须要学会倾听员工说话。在英文中，hear 和 listen 两个词都解释为"听"，但前者是"听到"，后者是"倾听"。管理者能够很好的倾听员工的想法，了解员工的需求和变化，对企业的长久发展都是有利的。倾听能够帮助管理者更好地经营企业，更好地发展企业。

在《伊索寓言》中有这样一个故事：一年冬天，房顶上有一只山羊，正在吃人们早就为它准备好的稻草。这时，一只饥饿的狼跑到村庄里来觅食。山羊得意地嘲笑狼没有粮食。那只狼抬起头看着屋顶上的山羊，不屑地说道："吃你的稻草吧！你胆子大是因为站在屋顶上，才可以嘲笑我，不信你下来试试，让我们在一条起跑线上比比看，你就会明白谁才是强者。不要忘了，是屋顶让你变得高大，而不是你自己。"

在企业经营中，管理者站得比员工高，知道的比员工多，也比员工早，这是管理者所处位置的原因。时间长了，有的管理者就会认为他是这个企业里的绝对的领导者，最聪明的人。一想到自己的聪明，就会飘飘然起来，完全听不进别人的意见和建议，好像只有自己是正确的，别人说的都是不对的，于是，管理者经常在员工面前摆架子，要求员工无条件地尊重他。如有不尊敬的人，就公报私仇。管理者一旦这样，完全做不到倾听员工，就会失去员工的信任和忠诚，即使表面上员工再怎么尊敬你，私下里你可能什么都不是。

管理者想要很好地经营企业，就要做到倾听员工，先倾听，再说话。从倾听中得到一些有用的信息，帮助企业更好地发展。一个管理者的位置高，有时不是因为自己而来的，所以，不能轻易地看轻别人。

管理者要耐心地倾听员工的讲话，无论说话的内容对错，是否符合自己的理念，只要管理者做到耐心地倾听，这就是一种能力，可以帮助管理者更好地获得员工的信赖。管理者首先做到了倾听，说话才会更有分量。

《伊索寓言》中还有这样一个故事：有位科学家凭借自己的科学技术做坏事，让许多无辜的人受到伤害，甚至死亡。地狱之神为了惩罚这位科学家，决定提前将他的灵魂收回。科学家听说死神正在找他，为了避免被死神找到，拿走灵魂，科学家利用克隆技术克隆出 14 个"自己"，由于他科技高超，复制得一模一样，让死神难以辨别出哪个是真的。死神犯了难，不知该收走谁的灵魂。就在这时，死神想到凡是当领导的，对于他人的不同意见一般听不进去。于是，死神就盯着 15 位科学家的脚说："先生，你确实是个天才，能够克隆出这么逼真的复制品。但是，很遗憾，我发现了你的一个小破绽。"话刚说完，所有克隆的科学家都低头看自己的脚下，只有那个真的科学家辩解道："不可能，我的技术是完美无缺的，不可能有失误。"就在这时，死神抓住那位没有低头的科学家说："我要找的就是你。"于是，死神将那个说话人的灵魂带走了。

如果企业的管理者只能听得进奉承的话，不能听到与自己意见不同的话，更听不进批评建议的话，便是一个致命的弱点。作为企业的管理者，要善于倾听不同的声音，能够接受意见和批评。善于倾听不仅体现一个管理者的胸怀，还体现一个管理者的能力。

管理者在与员工交流的时候，有的管理者认为自己在听员工讲话，但情况可能是一边听，一边忙着其他的事情。这让下属觉得管理者并没有把心思放在自己所说的事情上面，对自己不够尊重，不够重视。所以，管理者想要做到很好的倾听，可以从以下几个方面培养：

（1）用心倾听

管理者也许真的在听员工说的话，但行为模式表现出来并不是在认真听的样子。这时，管理者需要放下手上的工作，将身体转向员工，可以时不时的发出"嗯"的声音，复述一下员工说的话。"嗯"这个字恰巧表示了管理者在用心倾听员工的话语。

（2）先听再说

当员工在工作中出现问题的时候，很多的管理者会把员工找来，把自己的想法传达给员工，并且告诉员工他应该如何解决这个问题。在这种情况下，大部分的员工认为自己会被警告或者批评，从而树立起防御心，对管理者提出的要求也会产生敌意。这样的话，管理者可以以聊天的方式开头，关心员工的工作是否顺利，是否遇到困难等。然后再把想说的话委婉地表达出来，从先说再听转为先听再说。这样可以让员工先对自己的工作有一个分析，还可以给管理者想说的话做一个很好的铺垫，有一个比较自然的谈话气氛。

（3）一锤定音

管理者要善于倾听。而听的目的就是为了解情况，提出好的建议。所以，管理者在员工犹豫不决的时候要果断地下结论，做决策，在一些重大的问题上，管理者要有一锤定音的魄力。多听可以帮助管理者获得更多的信息，而信息的获得，能帮助管理者更好地做出决策。

管理者在企业中可以说是有权威、有地位的人，即使权位再高，也不能忘记倾听员工的心声，做到先倾听，再说话。从倾听中获得信息，了解公司内部的一些信息，可以更好地帮助管理者了解公司，了解员工，让企业有一个更好的发展。

演说为基本

二战以后，"三大威胁力量"被认为是舌头、原子弹和金钱。随着社会的发展，舌头与美元、电脑被认为是"三大战略武器"。无论在何时，口才都是最重要的武器和力量。现代企业中，管理者同样需要口才、演说的能力。好的口才也是一个企业管理者不可或缺的因素之一。

　　管理好一个企业需要管理者的能力，管理是一门技术，那么，演说就是一门艺术。语言可以帮助管理者更好地与员工交流，更好地了解员工的想法。优秀的企业管理者也应该是一个演说家，具备很好的演说能力。管理者的演说能力应该是最基本的。当然，管理者的演说不必像政治家一样，高谈阔论，可以把演说当成一种管理手段。在企业中，管理者随时都在演说着，说服别人接受你的观点，让员工了解自己的工作，与员工进行沟通交流等，无一不在体现管理者的演说。所以，演说是最基本的，演说也是管理者的一项工作。

　　演说的基本含义是表达自己的观点，不必在公共场合，这就是与演讲不同的地方。企业运行中，任何地方都可以用到演说。管理者良好的演说能力，不仅能够提高企业、员工的工作效率，还可以体现出管理者的优秀水平。管理者在工作中如果能够很好地发挥演说的作用，可以帮助企业更好地发展，同时，也会给自己增添色彩。

　　一家大型公司准备召开一个经销商的会议，于是让经理去租用一个旅馆的礼堂。可是，就在召开会议的前一天，旅馆方突然提出，租金要多付两倍。

　　经理找旅馆的负责人商量，但是对方坚决不肯让步。经理说："当我得知租金需要多付两倍的时候，确实有点儿震惊。不过，这不怪您，若是换成我的话，可能也会这样做。不过呢，请允许我给您计算一下，多付租金对您是有利还是不利。我先说有利的一面吧。确实，多付两倍租金，绝对是一笔不小的数目，让您大赚一笔。再说到不利，您增加租金，反而会降低收入。因为实际上等于您高额的租金把我赶走了，我只好再去找别的地方了。还有，我们的会议参加者来自全国各地，这些人都有一定的社会地位。他们来您这里开会，就相当于您不花钱在打广告。通过我们的会议，您不用花一分钱就能被他人熟知。这难道不合算么？所以，还是请您仔细考虑后再来答复我吧。"

　　最后，旅馆经理考虑之后，决定租金的价格不变。

在很多时候，演说就是管理者通过口才去说服对方，而演说是管理者在管理企业中常见的事情，这也是管理者的工作。管理者用真诚的态度表达观点，能够很好地发展管理者与员工之间的关系，不仅能够说服员工，提高员工工作的积极性；还可以激发员工的工作热情，提升管理者的形象，增加亲和力，赢得员工的信赖。

管理者想要有效地管理企业，演说就是一种很好的手段。如果管理者需要在短时间内向员工传达大量的信息，召开会议，当众演说就成了最好的工具。通过演说，管理者可以把信息很好地传达给员工，让员工们对即将推行的政策、计划等有一个很好的了解，也可以让员工有一个对管理者完整的印象，在员工心中有一个形象。演说的目的是解决问题。管理者在工作中的演说，不仅是解决问题，还可以给员工亲近、平等的印象，获得员工的信赖，让员工更好地提出自己的意见和建议。

相反地，如果管理者在企业中不是通过演说的方式和员工交谈，而仅仅是打电话，发邮件、传文件的方式，那么，管理者与员工之间就会有一种屏障，员工也会认为管理者非常难接近，会在心中自然地竖起防护伞，这种方式在很大程度上阻挡了管理者与员工之间的联系，时间久了，就会变得互不理解，对于事情也会有隔阂，影响企业的发展和企业内部的人际关系。管理者一直的高高在上，让所有的员工都不敢靠近，员工对于企业发展的意见也就不会提出，对企业的发展也是一种损失。所以，管理者在工作中仅仅打电话和发邮件是不够的，还需要与员工面对面地沟通交流。

管理者拥有强大的自信心，是成功的关键。作为企业的管理者，演说，尤其是当众演说，在很大程度上能够树立管理者的自信心。在演说的时候，特别是第一次当众演说，心中肯定会紧张，甚至胆怯。这是一种正常对周围的场地和不熟悉的人所产生的自我保护的表现。等到习惯演说的场面后，紧张和胆怯也会烟消云散，管理者甚至会喜欢上演说的氛围。如果管理者真的到了喜欢上演说的那一天，那么，管理者成为一名优秀的管理者、成功的管理者就指日可待了。

　　管理者想要在员工中获得支持，得到员工的信赖，与管理者的日常演说是分不开的。管理者日常的演说，可以帮助员工更好地了解企业，帮助员工更好地了解自己的工作、任务和目标，让员工更好地投入工作中去。同时，管理者还会给员工一种平等近人的感觉，让员工感觉到自己被尊重，在工作中也会提出自己的想法和意见，帮助企业更好地发展，为企业的目标而努力工作。

　　管理者的演说还可以帮助管理者更好地与人相处。在演说过程中，管理者了解到员工的感情和态度，对工作的想法和建议，同样，也可以帮助员工更好地完善自己，更好地了解自己。演说可以建立起一座良好沟通的桥梁，缩短管理者与员工之间的心理距离和感情上的差距，能够更好地与人相处，自然也就能够更好的加强自我管理。

幽默感必不可少

　　一项调查结果显示：善于使用幽默感的管理者最终能够很好地调动员工的工作积极性，让员工更加喜爱工作，更加努力地工作。在企业中，管理者需要具备幽默的一面。幽默的管理者可以打破尴尬的局面，用幽默感化解尴尬，让员工在窘迫的时候，不会觉得尴尬、沮丧。所以，管理者想要更好地发展企业，就离不开幽默感。

　　世界上一些著名的公司，上至总裁，下到部门经理，都已经在日常的管理活动中运用幽默的方式了。世界最大的零售企业沃尔玛，它的创始人山姆·沃尔顿曾经向员工们提出：如果员工们可以实现一个创纪录的利润，他将在华尔街穿着草裙跳舞。结果，员工们没有让他失望，真的创造了一个创纪录的利润。山姆也是言出必行，真的穿着草裙在美国的金融中心当众跳舞。

　　幽默的管理者更容易获得员工的喜爱。正如拿破仑·希尔说的那样："如果你是个幽默的人，那么，你就会轻而易举地去影响你周围的人，让他们永远喜欢你；如果你是个悲愤的人，即使身边充满了欢乐的海洋，你也会看不到的。"管理企业的时候，管理者如果时刻都是充满斗志的，员工自然也会精力充沛；如果管理者只会抱怨企业的发展，员工也会对企业的发展丧失信心。所以，管理者在企业管理中，可以运用幽默，为自己增添人格魅力，获得员工的喜爱。只有管理者拥有员工的喜爱与信赖，管理者在管理活动中才会更加顺畅，企业的发展也会越来越好。

幽默感可以体现出个人的涵养，任何人都喜欢和幽默的人相处。在西方，如果一个人没有幽默感，就等同于这个人没有魅力。幽默感是一种润滑剂，管理者通过幽默的方式和员工进行沟通，让员工能够尽情地说出自己的想法。有了幽默感，紧张的气氛就会顿时消失，尴尬的气氛也会得到缓和。所以，管理者一定要具备幽默感。

某公司的一位员工因为过失被经理开除了。有一天，这个被开除的员工和原来的经理在一个酒会上遇到了。而此时，这名被开除的员工已经是另一家公司的高级主管了。

经理很有礼貌地问候说："你好，很高兴在这里见到你。"

没想到那个被开除员工趾高气昂地回答说"很遗憾，我一点儿都不觉得高兴。"

经理非但没有生气，反而笑着说："那你可以学学我呀！说谎嘛！"

经理在面对之前开除的员工不给面子的时候，没有生气，而是用幽默的方式回敬了对方的无理，还告诉那位被开除的员工自己刚才说的话只是一个谎言，幽默地化解了尴尬。管理者在面对尴尬的时候，用幽默感化解尴尬，也可以体现出管理者说话的造诣。正如幽默大师卓别林曾经说的那样："幽默"是智慧的最高表现，具有幽默感的人最富有个人魅力，他不仅能与别人愉快相处，更重要的是拥有一个快乐的人生。管理者用幽默感化解尴尬，也可以体现出管理者的智慧。

管理者在管理企业的时候，需要用幽默的方式获得员工认同，让员工的想法与管理者保持一致，齐心协力地做好工作。在员工看来，严肃古板的管理者不能很好地与员工打成一片，员工也不能很好地表达自己内心的想法。而幽默随和的管理者更容易和员工们打成一片，更加乐意倾听员工的想法，为企业的发展获得计策。"幽默"可以消除员工的戒备心理。它能让员工感觉到自在舒服，减少对管理者的紧张因素。管理者在工作中运用幽默，表明管理者并不那么看重自己，太把自己当回事，这也是管理者谦虚的表现。

卡普尔在担任美国电话公共部门的最高行政主管的时候，有一次主持股东大会，随着会议的开展，与会人员的情绪都变得非常激昂，会议中的气氛也非常紧张，大家纷纷对卡普尔提出不满。

其中，有一个女股东不断质问在慈善方面的捐赠是多少。"部门在去年一年中用于慈善方面有多少钱？"她问道。卡普尔说有几百万元，她说："我想我快要晕倒了。"卡普尔面不改色地说："真那样倒是好些。"

于是，会场中出现了很多的笑声，包括那个女股东在内，紧张、尴尬的会议气氛轻松了下来，能够更好地继续开会了。卡普尔将女股东看起来有些敌意的质问，用幽默的方式化解了，不仅这样，还消除了员工焦虑的心情，让员工在会议中放松了下来。

美国心理学家赫德·特鲁在《幽默就是力量》一书中写道：幽默感是一种艺术，是运用你的幽默感来改善你与别人的关系，并增进你对自己真诚的评价的一种艺术。管理者可以运用幽默感改善与身边人的关系，与员工更加亲近，获得员工的信赖和支持。面带微笑的管理者容易让人接近，整天愁眉苦脸的管理者必定让人生厌，员工也不愿意亲近。管理者不必非常的健谈，但应该具有幽默感，对工作上的事情非常的严肃，但是对于一些工作中的小事情，完全可以用幽默的态度来对待。

管理者想要具有幽默感，也可以通过后天的练习培养出来。美国的前总统里根以前并不是一个具有幽默感的人，在竞选总统的时候，他每天背诵一篇幽默故事，才让自己变得幽默起来的。

管理者想变得幽默，就要注意积累身边幽默的素材，让自己变得丰富起来。

同时，管理者还需要让自己变得心胸开阔，懂得自嘲的人才是最具有幽默感的人，那些唯我独尊的人是不会有幽默感的。但是，"幽默"也要顾及听者的心情和尊严。一点儿不小心，就会冒犯他人。所以，幽默感也是需要节制的。

有技巧的表扬，让员工更有动力

美国著名女企业家玛丽·凯玛说："世界上有两件东西比金钱更为人们所需——认可与赞美。"任何人都喜欢听好听的话，赞美的话。员工也是一样。当员工得到管理者赞赏的时候，心情也会非常愉悦，工作也会变得更有动力。如果管理者用表扬的方法来管理员工，员工的工作效率就会增加一倍以上。企业员工得到管理者的认可和赞美，会让员工更加有动力投入工作中。员工的工作成绩，就是企业实现目标的保证。

韩国一家大型公司有一个清洁工，本来是默默无闻的一个人，应该是一个最容易被人忽视，最被人看不起的一个角色。但就是这样一个被忽视的人，却在一天晚上，公司保险箱险遭被窃时，与小偷进行了生死搏斗。

事后，有人问他的为什么这么做？他说：每当公司的总经理从他身旁经过的时候，总会不时地赞美他"你扫的地真干净"。这就是原因。就是总经理这么一句简单的表扬，让这个清洁人员受到了感动，并且用自己的生命捍卫公司的财产。

表扬就是有这种力量，能够让员工更有工作的动力。能够提高一个人的自信心，激发一个人的上进心。员工在得到管理者的表扬时，会改变对工作的态度，因为管理者的表扬，就是给员工锻炼和证明自己能力的机会。所以，管理者可以经常赞美公司里的员工，让员工更好地工作，更有效率地工作。

有一天，美国管理学家彼德到邮局去寄包裹，因为邮寄的人很多，工作人员都非常的忙，而且所有人的脸上都有些不耐烦。透过玻璃窗，彼德看到有一位小伙子正面无表情地工作着。彼德认为，真诚地赞美他，或许就可以让他的心情好起来，使他能够愉快地工作。当小伙子为彼德办理邮寄业务的时候，彼德笑着对小伙子说："你的头发真漂亮，真希望我的头发也能像你的头发一样漂亮！"小伙子抬起头，有些惊讶，但随即便露出了笑容。"谢谢你的夸奖！"小伙子高兴地说。正是因为彼得这句赞美的话，让小伙子的心情明显变好许多，工作也变得更加地卖力了。

金钱虽然能够调动员工的积极性，但表扬能更好地调动员工工作的积极性，弥补金钱的不足。管理者一句表扬的话，可以激发员工对于工作的热情，可以促进工作的顺利完成，保证工作的质量。如果管理者总是用尖酸的语言挖苦员工，员工的自尊和心灵都会受到伤害，最直接的表现就是工作效率低下，做事阳奉阴违，最终选择离开公司，这不利于公司的发展。管理者想要员工充分地发挥自己的才能，就要及时表扬员工，让员工建立自信心，得到尊重，员工的心情就会非常的好，也能很好地投入工作中去。管理者的表扬对员工来说就是一种肯定，对于工作能力的肯定，让员工更有自信地工作，工作效率也会大幅上升。

美国作家马克·吐温说过："一句好听的赞辞能使我不吃不喝活上三个月。"虽然这句话听起来有些夸张，但也很好地说明了表扬的魅力。管理者在企业中表扬员工，可以让员工更有工作的动力，让员工很好地投入工作中去。但是，表扬也需要有一个度，如果管理者随意表扬员工，不仅不能让员工很好地投入工作中去，反而会适得其反，让员工飘飘然，变得骄傲起来。所以，管理者的表扬一定要严谨，否则就会误导别人。

也就是说，管理者一定要注意表扬的方法。只有正确的表扬方式，才能起到激励员工的作用。管理者可以对员工进行面对面的表扬。在公司中见到员工的时候，当着员工的面，表扬他工作取得的成绩和进步；或者，管理者可以在日常例会的时候，进行表扬。管理者也可以对员工进行间接的表扬，如果员工不在场，那么，管理者可以在员工的背后进行表扬。这种背后表扬的方式更能感召员工，因为这种表扬，一旦传到员工的耳朵中，能够让员工感受到管理者是真的在表扬他，而不是敷衍他，这更加能激发员工的工作热情，让员工更好地工作，充分发挥自己的才能，创造更大的效益。

对员工正确的行为要及时赞美和鼓励。有些管理者认为，这是员工应该做的，当员工取得成绩的时候，没有及时的鼓励。久而久之，在企业中就会形成一种消极的文化，所有的员工都不愿意去做有益的事情，因为即使做了，也不会得到表扬和鼓励。企业需要的是积极向上的文化，管理者要及时对员工做出鼓励和表扬，让员工知道管理者关心员工。表扬是有时效性的，管理者发现员工取得成功的时候，要立即给予表扬，这种表扬往往能够促使员工再接再厉，为员工树立信心，还能为公司其他的员工树立榜样。管理者如果总是错过最佳的表扬时机，就没有任何作用了。

成功学大师卡耐基说过："要想尝试改变一个人，何不将责备用赞美来替代？即使下属进步只有很小的一点儿，也应获得我们的赞美。只有这样，才能不断地鼓励别人改进自己，使自己进步"管理者想要员工取得成就，帮助企业发展，就要及时表扬员工。对不同的员工，管理者应该采取不同的表扬方式。管理者如果能经常地赞美员工，得到员工的尊重与信赖，就会得到意想不到的回报。员工感到自己得到领导的肯定和重视以后，会更加努力地投入工作中的。相对于物质奖励来说，管理者赞美和鼓励是不需要任何的代价和本钱的，而且非常容易使员工的荣誉感和成就感得到满足。管理者对员工的一句赞美，可以调动员工工作的积极性，让员工和管理者之间变得更加和谐融洽。

批评需委婉

作为企业的管理者来说，如果员工在工作中出现失误，或者犯了错误，管理者应该理智地对待员工所犯的错误，而不是顿时火冒三丈，大骂员工。

一个优秀的企业管理者，是不会动辄就责骂员工的。当有些管理者责骂员工的时候，殊不知管理者的责骂已经伤了和气，让员工本来就自责的心变得更加伤心，时间长了，员工工作的积极性就会下降，工作效率逐渐变低，没有士气。相反的，如果管理者用委婉的话语来安慰员工，给员工纠错，效果则是截然不同的。

鲍勃·胡佛是一个试飞驾驶员。有一次，他在空中试飞结束后，准备从圣地亚哥飞回洛杉矶，但是，这时飞机有两个引擎同时出现了故障。幸亏他有经验，反应够快，控制得好，飞机才得以安全降落。虽然没有人员伤亡，但是飞机已经面目全非。他认为故障的缘由可能是出在飞机的喷射机用油上。果不其然。

安全落地后，胡佛见到了负责保养飞机的机械工。那名机械工看到面目全非的飞机的时候早已痛苦不堪，等着胡佛的批评。然而，胡佛并没有责骂保养的机械工人，而是伸出手臂，拍了拍机械工人的肩膀说："为了证明你不会再犯错，你明天要帮我修护我的F-51飞机。"机械工人听了胡佛的话感到非常吃惊，不敢相信胡佛没有批评他，反而还安慰他，让他去维护胡佛的飞机。

当飞机面目全非的时候，工人就已经知道自己的错误了，胡佛的做法已经能够让这个机械工人将这次事故记住终身了。再多的批评只会让工人在今后的工作中变得小心翼翼，生怕出错，这样才是最容易出错的。管理者在批评员工错误的时候，不能直截了当地责骂员工。错误的发生，员工心中就已经责备不已了，如果管理者还要一通大骂，员工本就伤心的心灵就会雪上加霜，不但不利于员工今后的工作，还会让员工产生逆反心理，不利于企业长久的发展。

张涛在一次发传真的时候，一时疏忽，将传真单发错了，导致客户埋怨不已，决定不再与公司合作。事后，经理将张涛痛骂一番，并且将张涛辞退。其实，错误已经犯下，管理者再怎么痛骂员工也不能回到错误发生之前。管理者的责备和抱怨只会让员工更加自责。经理的做法是最错误的，因为一点儿错误就将员工辞退，以后的工作中，所有的员工都会非常地小心翼翼，生怕自己出错，受到责骂，往往越是小心，错误就越多。正确的做法应该是像胡佛一样，而不是随意地责骂员工。

在工作中，员工肯定会犯一些错误，也可能会给企业带来一些影响。作为企业的管理者，当然要对员工的疏忽进行批评和指正。但是，在批评员工的时候，管理者应该掌握一些方法与技巧，做到既让员工知道错误，批评了员工，还可以让员工在今后的工作之中变得更加细心。但是，现实生活中，有很多管理者却做不到这一点，即使员工犯了一个非常小的错误，管理者就会当着所有员工的面，大声地责骂犯了错误的员工。这是最典型的例子。众所周知，这种做法是最错误的，效果往往也会适得其反。受批评的员工不仅听不进管理者的批评，还会因当众被责骂而感到自尊心受挫，在这种屈辱感的作用下，内心也会怨念越深，员工是不可能进行反思的。以后可能还会犯同样的错误，得不偿失。

管理者批评的目的就是帮助员工改变不好的。而当着众人的面被批评的时候，批评的目的不但没有达到，反而会让员工产生其他的情绪。当众受到批评，员工会认为管理者是故意让自己难堪，还会伤到员工的自尊心。所以，当员工犯了错误，管理者要对其进行批评的时候，必须要注意当时的场合和氛围，既要保证不伤和气，又要给员工留面子的情况下，对员工进行批评，批评的言辞也要委婉一些。这是管理者在批评员工的时候应该采用的批评原则和方法。

有些管理者认为，批评有些时候需要做到"杀一儆百"才有效果，当着所有员工的面去批评，这样就会让其他员工从中受到教育，避免发生类似的事情。其实，这种想法是完全行不通的。当众批评，有些员工会对被批评的人品头论足，有些员工同情被批评的员工，有些员工认为与自己无关，漠不关心。这样不仅没有达到想要的结果，反而会在员工心中留下一个尖酸刻薄的管理者的形象。所以，当员工中有普遍存在的问题时，管理者可以明确地向员工提出来，让员工注意这个问题，不必指名道姓的批评，这样才会有效果。

　　有些管理者在批评员工的时候，总是唠唠叨叨，喋喋不休的，看见员工就批评一次，让员工心生烦闷。管理者要注意，批评要言简意赅，点到为止，而不是每天都批评，让员工觉得自己一无是处。还有的管理者喜欢用领导、长辈的口气来教训员工，殊不知，员工最反感的就是这种口气。管理者一味地教育员工，只会让员工感到反感，不仅没有达到改正错误的目的，还会增加员工的心理负担。管理者应该与员工交谈，让他们认识到自己的错误，改正错误，才是最好的。批评的时候，也要给员工反思自省的机会，而不是管理者将所有的话都说了。

　　管理者在企业中，难免会批评员工。但是，批评的方式、时间、语气，都要经过认真思考，争取达到批评的目的。在批评员工的时候，管理者也要替员工考虑，要给员工留面子，让员工真正地认识到错误，改正错误，才是批评的最佳效果。否则，批评只会适得其反，不仅没有达到效果，还会让员工心生怨恨，不能很好地工作。

谈判要巧妙

　　中国第一谈判专家高锋说："谈判的最好结果是双方均是赢家。"双方谈判，谈到一个什么地步可以决定最终是否可以签约了呢？应该是彼此都认为对方已经不可能再让步的时候，继续努力地想让对方让步也无济于事，已经具备足够的信息了，就到了最后决定的时刻了。

　　贫穷的费南多在周五的傍晚抵达一座小城镇。他没钱吃饭，更别提住旅馆了。他只好到犹太教会找当天的执事，请执事帮他找到一个能安息一日的家庭。

　　执事打开记事簿核查了后，说："今天，经过本镇的穷人特别的多，每家都安排了客人，只有开珠宝店的西梅顿家例外。但是，他一向不收留客人。"

"他会接纳我的。"费南多自信地说道。于是，他来到西梅顿家门前，敲门。等西梅顿一开门，费南多将西梅顿神秘地拉到一旁，从口袋里取出一个砖头大小的小包，小声的问："砖头大小的黄金能卖多少钱呢？"

西梅顿的眼睛为之一亮，可是这时已经不能再谈生意了。但西梅顿又舍不得让这比大交易落入别人的手中，连忙要费南多到他家住宿，一切事宜到明天日落后再商谈。

于是，费南多受到盛情的款待。到了可以做生意的时候，西梅顿催促费尔南多把金子拿出来看看。

"我哪有什么金子？"费南多说，"我只不过想知道一下，砖头大小的黄金值多少钱而已。"

西梅顿家本是不收留客人的，但是，费南多用自己的智慧，让西梅顿收留了自己，并且得到盛情的款待，这就是谈判的妙处。在谈判中，费南多得到了自己想要的，但是他的做法有些不够光明磊落，管理者在谈判中不能这样，应该坦率，如果对方发现自己被骗，一定会终止与你合作的。谈判是需要技巧的，而不是刻意地隐瞒，为了自己获利，而不顾对方的利益。只有谈判双方坦率，真诚地谈判，才会让合作非常好地进行下去，从而获得更加长远的合作。

有位经理在2005年的时候，和李嘉诚旗下的公司进行谈判。谈判的对手是位德国人。曾经在500强的企业担任亚洲地区的CEO，后来加入李氏旗下公司的。虽然在中国人的公司工作，却有着身为白种人的傲慢。一次约好时间谈判，飞机却晚点，不能如期地进行约定的谈判。而且，这位德国高官在谈判后还有其他的约会。是取消谈判，还是另外再约时间，经理选择了等。

在谈判开始的时候，德国人为他的迟到表示了抱歉，但却没有什么诚意，经理的团队成员早已经被气得不行了。为了等这个谈判，团队的员工几乎都放下了今天全部的工作。面对德国人这样的态度，大家生气也是应该的。

德国人用地道的中国话说："不好意思！"经理却没有任何的表态。德国人看着经理，觉得他应该对于道歉有所表示。经理突然说："我今天等你，我把它看作是我们之间谈判的一部分，是我做出的重大让步！我相信你会在我们的合作中，在其他你坚持的地方，也会相应地做出让我感到高兴的让步！"也正是因为经理的这句话，让经理与德国人成了好朋友，谈判也非常顺利地进行，两个公司的合作也越来越紧密。

在谈判中，双方肯定会做出让步。经理在谈判中做出的让步，是等待。等待的宝贵时间，是最大的让步。所以，经理已经没有什么可以在继续退让的了，最终也可以让谈判很好地进行。要想取得谈判的成功，肯定会做出让步，但是，一味地让步未必就可以促成合作。在让步的时候，要有自己的原则和底线，让对方知道，底线是什么，更有利于谈判的顺利进行。

在谈判中，最核心的和最难的就是让步。不懂得让步的人是不会谈判成功的。所以不懂得让步的人在谈判中，一般都不会有很好的谈判结果，也很难长久的合作下去。要记住，所有的谈判都要做出相应的让步，不让步，就不会成功。

那么，应该如何进行谈判呢？我们要做到以下几个方面：

1. 确定谈判的态度

在谈判中，一定要确定自己的态度。面对不同的谈判，用不同的谈判态度。管理者可以根据谈判的对象和谈判结果的重要程度来决定谈判时的态度。如果此次的谈判非常重要，那就抱着让步的心态去谈判，在企业没有太大损失的前提下，可以满足对方的要求，这有利于以后的长期合作。非常重要的谈判，最好的结果是双赢。所以，管理者一定要抱着友好合作的心态进行谈判，争取让双方都能够获益。

2. 充分了解谈判对手

"知己知彼，百战不殆"。在谈判中也是一样。了解得越多，在谈判中越能把握主动权。了解对手，不仅要了解对方的底线，目的，还要了解对方公司的经营情况，是否出现困难等。这样便可以避免很多矛盾的产生，有利于谈判的顺利进行。

3. 准备多套谈判方案

谈判之前，管理者一定准备多种谈判方案，应对突发状况。不同的方案有不同的效益。只有最好的方案，才会获得谈判的成功。有时，谈判的结果不是最初的方案，而是经过双方协商后的结果。所以，管理者在谈判的时候，为了避免被对方带入误区，最好的办法就是多准备几套方案，即使不用，也要做到心中有数。

4. 设定谈判的底线

谈判过程中，肯定会发生让步的情况。管理者在谈判的时候，一定要设好自己的底线，一旦超过底线，就要考虑，谈判是否要继续进行。提前设好底线，可以在很大的程度上，避免被对方带入误区。

谈判并不是仅仅需要这几方面，还需要良好的环境，说话的技巧等。但是，管理者想要取得成功，一定要学会谈判，在谈判中掌握技巧，帮助企业获得成功。

说服下属体现学问

在网上有这样一个段子，一个员工想请一天假，结果老板这样说：一年365 天，有 52 个星期。你每周休息 2 天，一共 104 天，还剩下 261 天在工作。可是，你每天只工作 8 个小时，有 16 小时不在工作，这就去掉 174 天，还剩下 87 天。每天上班，至少花 30 分钟上网，一共加起来是 23 天，剩下 64 天。每天午饭 1 个小时，又用掉 46 天，还剩 18 天。通常你每年请 2 天的病假，这样，你工作的时间只有 16 天。每年有 5 个节假日，公司休息不上班，你只工作 11 天。公司每年还给你 10 天的带薪假，算下来你就工作 1 天，你确定你要请这一天的假？！最后员工只好继续工作。

如果管理者用这种方式说服下属的话，那么，所有的员工应该都会"当场吐血吧"。管理者在企业的领导中，应该以理服人。在企业中，管理者说服下属，让员工心甘情愿地为你工作，更加需要说服的技巧。

说服下属也是一门学问，管理者想在工作中掌握沟通的主动权，就需要这种才能。想要员工心悦诚服地接受领导，管理者就要具备强大的说服能力。在企业中，管理者不管是向上反映，还是向下沟通，工作的对象都是人。所以，为了更好地开展工作，让工作更加顺利地进行，很多的工作都需要通过说服别人来实现。

公司一个新来的员工独自坐在餐厅的角落里，喝着闷酒。

公司的经理看到了，走上前去，问他："你是不是有什么难解的问题，不妨说出来，说不定我可以给你帮帮忙！"

员工看了一眼，冷冰冰地说道："我的问题太多了，没有人能帮我的忙。"

老板掏出名片，让那个员工第二天去他的办公室一趟。

员工依约前往。这位老板却开车把员工带到了荒郊野地。员工很好奇老板想要做什么。两个人下了车，又走了一段路，老板指着前面的坟场对他说："你看看吧，只有躺在这里的人才是没有问题的。"

员工恍然大悟。

老板随即说道："请记住这样一句话：只要有问题，就有存活的希望。只要敢于正视问题，解决问题，就可以前进。"

员工本来是情绪低落的，但是，经理用事实很好的说服了员工，让员工不再情绪低沉，面对问题，也会勇敢的解决。管理者能够很好地说服员工，可以体现出管理者的说话水平。在企业中，很多问题需要管理者说服员工，才能实现。想要员工接受自己的观点和想法，就要拿出成果给员工看，让员工有信心。管理者很好的和员工进行沟通，就会获得员工的信赖，可以帮助企业更好的发展。

说服是一种沟通技巧，更是一门管理技巧。说服的目的在于让下属明白某些道理，获得员工的支持，或者帮助员工解决问题，让员工增加自信心，更加信赖管理者和公司。在企业中，说服是必不可少沟通技巧。

那么，管理者应如何提高自己的说服力，从而使企业内部达成一致的意见，并赢得员工的信任呢？可以从以下的几个方面进行。

1. 产生好感

管理者想要影响身边的员工，首先就要跟员工交朋友，了解员工的想法。所有人都喜欢欣赏自己的人，管理者可以利用自己与员工的一些相似之处，和他建立起良好的关系。赞美也是必不可少的。管理者经常赞美员工，能够让员工更好地、更有动力地投入工作中，同时，也能消除员工对管理者的敌意，修补关系，让员工心甘情愿地为你做事。管理者只有赢得员工的信赖，员工才会心甘情愿地工作，为企业的发展效力。

2. 表率作用

如果管理者对待员工非常的信任，那么，员工也会回报给管理者同样的信任。用同样的方式给予回报，无论是信任，还是合作等。所以，管理者希望在员工的身上看到好的行为，自己首先要做出表率，感染身边的员工。只有管理者率先展现出自己所期望的，就能引导员工做出同样的行为。

3. 言行一致

管理者想要更好地说服员工，首先自己的行为与言行必须是一致的。只有管理者的言行一致，才可以让员工在工作中更加有动力。管理者的言出必行，也会影响身边的员工。想让员工更好地取得成效，管理者可以奖励员工，但是，前提是当员工取得成绩的时候，管理者真的要做到奖励员工。

4. 拥有权威

对于专家的意见，大部分的人选择听从。所以，管理者想要成功地影响下属，说服下属，首先就要把专长展现出来，获得员工们的认可。树立起作为管理者的权威，更加有利于企业的管理。

一家公司的经理对员工最近的表现非常郁闷：公司经常会聘请一些有经验的培训师对员工进行培训，可培训一结束，所有人都还是原来的模样。不管培训师说什么，员工都无动于衷，依旧是原来的样子。

后来，经理又请了一个特别知名的培训师。培训师在讲课之前先对员工做了个摸底，发现员工们对于培训的内容都非常了解，但对于培训师的了解非常少。于是他在培训师第一堂课，没有进行培训，而是拿来了自己的文凭和证书，挂在了墙上，并讲起自己的工作经历。经过几周的培训，员工的工作效率提高了很多，而且一直呈直线上升的趋势。

　　管理者想要企业内部变得更加融洽，就要解决员工的问题，说服员工接受意见。在说服员工的过程中，管理者可以和员工建立起很好的朋友关系，但是，管理者还不能失去威严。管理者说服员工接受自己的意见，可以体现出管理者说话的水平，还可以拉近和员工之间的距离，可以更好的帮助企业发展，增加企业内部的凝聚力和向心力，帮助企业长久的发展下去。

PART

第八章

8

好人缘带来好效益

现实生活中，好的人际关系也可以为企业的发展带来效益。良好的人缘说明这个人懂得如何与人相处。同时，好人缘说明这个人在生活中是一个值得信赖的人。好好地利用人际关系，懂得如何与不同的人相处，也是企业经营者需要学习的。

人缘好胜过学习好

希尔顿酒店集团的创始人希尔顿说："经营企业其实就是经营关系。"

"学问好不如人缘好"这句话我们已经耳熟能详了。学习好很重要，但是人缘好同样重要。尤其是在企业中，管理者想要企业长久地发展下去，一定要有好的人际关系。只有人际关系好了，企业在发展的路上才会越走越远。

人际关系是资源，更是一种无形的资产。无论是企业还是个人都应该建立起良好的人际关系，不要等到有需求的时候再去联系。良好的人际关系能够帮助企业超越他人，帮助企业更好地发展下去。

有一个人牵引着一头骆驼和一匹马在沙漠中行走。马的身上驮满了货物。炎炎烈日，驮着沉重货物的马，累得不行，于是向骆驼发出请求，希望只驮了一点儿货物的骆驼可以帮助它。马说："帮我驮一点儿东西吧。太沉了。我真的快坚持不住了。对你来说，多驮一点儿不算什么；可对我来说，却可以减轻很多负担。"

骆驼不高兴地回答："凭什么让我帮你驮东西，我本来很轻松的，为什么要自找麻烦。"

没过不久，因为负担太重，太累了，马就累死了，于是主人将马身上的所有货物全部都放在骆驼的背上了，骆驼背上的货物一下子就多了，也更重了。骆驼十分地后悔，但是没有办法，马已经死了。后来，主人还坐到了骆驼的身上，骆驼更加懊悔了。

如果马还在的话，就可以帮助骆驼分担一些货物。但是，当马需要帮助的时候，骆驼并没有去帮助马，到最后，马被累死，所有的货物都到了骆驼的身上，甚至主人还坐在它的身上。很多时候，如果不去帮助别人，只想着自己，不去管别人的死活，最后，可能会让自己也处于那样的境地中。帮人就是帮自己，这句话一点儿也不错。

好多人就是这样，在别人有困难时，你没有去帮助他，到自己需要帮助的时候，也未必会得到别人的帮助。只有别人有困难的时候，你尽力去帮助他渡过难关，当你有事相求的时候，别人才会全力帮你。好人缘就是在别人需要的时候，及时地伸出双手。而不是见死不救，如果有一天，风水轮回，自己有困难了，别人也不会帮你的。为人处世，讲究礼尚往来。只要你尽力帮助别人了，当有朝一日你有事相求的时候，他也会尽力帮助你。

《致我们终将逝去的青春》是赵薇导演的处女电影。这部电影大获成功，是对赵薇导演的一种肯定。在《致我们终将逝去的青春》的电影中，不仅有年轻的韩庚、赵又廷等人，还可以看到有大牌的客串，比如：韩红、杨澜，其中，还有王菲为电影演唱了主题曲。这些都是这部电影成功的因素。韩红等人的客串，也足以说明出赵薇的好人缘。

当为《致我们终将逝去的青春》宣传的时候，黄晓明突然拄着拐杖出现在节目中，并且送上特别定制的蛋糕，还扔掉双拐，给赵薇一个"公主抱"。事后，黄晓明的腿伤也有些加重。其实，赵薇并不知道黄晓明的到来，当主持人问黄晓明，为什么带着伤还要来为赵薇站台的时候，黄晓明说："友情不是拿出来炫耀的，该出手时就出手。16年，只要她需要，我一定会支持她，帮助她，永远都会是。"这也是赵薇最珍贵的友情。

杨澜从没有演过戏，即使之前有人找她拍戏，她也是拒绝的。当赵薇找杨澜的时候，她还在犹豫，但是，最终还是决定出演，并且自己带着化妆师等进的剧组。如果不是有赵薇的好人缘，也不会有那么多的大牌来客串电影。

本杰明·富兰克林说："成功的第一要素是懂得如何搞好人际关系"。管理者想要获得成功，就要有良好的人际关系。如果企业想要更加顺利地发展下去，就需要各个方面的人际关系。那么，管理者如何才能拥有良好的人际关系呢？

第一，管理者要有容人之量。在人际交往中，发生矛盾是在所难免的，如果就这样心存芥蒂，产生隔阂，那么，在以后的交往中也不能真诚地对待，不能坦诚相待，也就不会得到真心的朋友。所以，在人际交往中，管理者要有容人之量，"冤家宜解不宜结"，做到"相逢一笑泯恩仇"，为自己、为企业的发展，创建一个良好的人际关系。

第二，厚道做人。在处理人际关系时，管理者不能待人苛刻，小心眼。别人成功的时候，不能眼红、嫉妒，也不能说一些尖酸的话；别人出现问题的时候，更不能幸灾乐祸，落井下石。厚道做人，自然会赢得好的人缘。

第三，为人处世要有人情味。要关心人，尊重人，尤其是员工，让员工知道自己被关心，被尊重，自然可以更好的工作。

第四，要以诚待人。诚实是一种美德，所以做人要坦诚，不能在人际交往中有隐瞒、欺骗的行为，光明磊落，襟怀坦荡，这样才会有好人缘。

第五，要想人缘好，还要靠近"好人缘"。在选择朋友，建立人际关系的时候，管理者还需要选择好人缘的人。这些好人缘的人自然拥有更多的好人缘。"近朱者赤，近墨者黑"，只有亲近好人缘的人，你的人缘才会变好。

想要获得好的人缘，只靠这几方面是不够的。管理者的好人缘可以在企业有困难的时候，度过危机。人缘好的人，拥有大量的人力资源，有需要的时候，自然会有更多的人出面帮你。所以，管理者想要在危难的时候获得帮助，也要及时地帮助身边有需要的人，"滴水之恩，当涌泉相报。"这句话一点儿也不过时。好的人缘也需要管理者自己去经营，建立起自己的人脉网，自己的人缘变好了，才会有朋友在危机的时候帮助你。

多与同行交流

徐州小飞书店的总经理王小飞说："这个年代是个共享的年代，自己自由地共享着别人的成果，也想多与同行交流，以促进自己。"

同一个项目，不同的人会有不同的想法和思路，所以，管理者要多和同行交流，了解同行的想法，丰富自己的思路，最终达到企业蓬勃发展的目的。有些管理者不喜欢与同行交流经验，认为自己的宝贵经验凭什么要告诉别人。这是错误的想法。管理者看待问题的时候，也会有偏差，有不全的一面，只有多与同行交流，丰富自己的思路，才能在今后遇到问题的时候，全面、客观地思考问题，正确将问题妥善地解决，这才是交流的目的。

想要更好的发展公司，就要学会交朋友，多与同行进行交流，可以帮助管理者获取更多有用的信息。如果管理者始终抱着闭关锁国的想法，不去了解外界的发展，只会低头蛮干，那么，管理者的视野必定会受到限制，思路也无法打开，企业的发展也是有局限的。

杨春湖客运站经过多年的经营，水平不断提高，管理机制也比较完善，在同行业中，航海客运站不断进取，取得了不小的成绩。在行业中，航海客运站算得上是佼佼者，成为同行学习、取经的榜样。

杨春湖客运站为了更好的发展，加强与航海客运站的交流，开拓工作的思路，提高管理的水平，管理者决定到航海客运站参观学习，进行交流。

杨春湖客运站的工作人员参观了航海客运站站内的礼仪服务台、售票厅、候车厅等，还学习了航海客运站的管理办法，并且按照业务的不同，进行有针对性的参观、交流学习。在一整天的交流学习中，杨春湖客运站和航海客运站的员工很好地沟通，更加了解了经营的方式方法，有利于两个客运站的的发展。

杨春湖站参观小组此次参观交流，不仅让他们开阔了视野，拓宽了思路，看到许多有价值的、值得借鉴的地方，还从中学习到了知识，可以更好地帮助两个客运站发展，也希望今能进行更多的交流，互相促进，共同发展。此次杨春湖客运站的参观交流，不仅加深了两个客运站之间的友谊，更增强了站与站之间的联系，让两个客运站共同发展。

作为企业的管理者，只有多和同行进行交流，开拓思路，听取反馈，才能够帮助企业很好的发展下去。多与同行交流有这样三个好处：

①提供有用的、新的思路。现代的市场变化多端，不稳定因素有很多，

如果不与其他的管理者进行交流，不知道变化，就非常容易走上盲目的道路。管理者一旦不知道外界发生的事情，就会不确定发展的趋势，容易选错路。所以，多和同行进行交流，了解市场变化，是帮助企业更好发展的关键。

②获得信心。与同行进行交流的时候，肯定会有与你的想法是一样的，赞同你的工作，这样就会让你信心倍增，在工作中更有动力，更有信心。

③获得信息。与同行进行交流的时候，可以帮助管理者获得信息，了解市场的变化发展，更好地应对突如其来的变化。

萧伯纳说："如果你有一只苹果，和别人交换，你拥有的还是一只苹果；如果你有一种思想，和别人交流，你将拥有两种思想。"所以，管理者在与同行进行交流、沟通的时候，用自己的想法去换得更多的想法，不仅可以帮助管理者更好的发展企业，还可以让管理者交到更多的朋友，拥有强大的人脉资源。多与同行交流，获得有用的信息，帮助企业成长，可以让企业走得更长远一些。

随着社会的发展，市场变化也越来越快。企业一不小心，不能很好地应对市场变化，可能会被市场淘汰。想要不被淘汰，企业就要多与同行进行交流，了解同行的变化，获得有帮助的信息，可以让企业在面对变化的时候能够很好的应对。管理者要多与同行业的其他管理者进行交流沟通，了解其他企业的发展动向，获得有利于自身企业发展的信息，更好的发展自身企业。只有不断地开拓思路，不断地交流，才能在纷繁复杂的市场中有一席之地。

同行之间的交流，应该是坦诚的，没有保留的。如果管理者担心自己好的想法被别人学去后，会被超越，怕别人超过自己，于是，在交流的时候就保留了自己的想法，那么，你将永远只有自己的这一个想法。如果管理者把自己的想法拿出来和同行进行交流，在交流的过程中，管理者可以总结自己的做法和想法，看看有哪方面不足，反思是否需要改进，管理者可以从别人的学习和经验中看到自己的不足，找到自己发展的方向，甚至也可以学习到别人先进的地方。当然，通过交流，管理者也要学习创新，如果只是照搬别人的模式没有自己的特色，怎么发展也就没有自己的特色，相当于在为别人打广告。如果管理者在进行交流的时候都取长补短，不断地进行创新，那么，下一次交流的时候又会有许多新的想法。

多与同行进行沟通交流，在沟通中获得有用的信息，帮助企业发展，才是交流的目的。管理者在沟通中要将自己的经验说给其他的人听，同样，管理者也会从其他的人那里获得更多的经验，不仅可以帮助管理者在进行交流的时候，与同行建立起良好的人际关系，还可以获得宝贵的管理经验，有利于企业和管理者个人的发展。在进行交流的时候，耐心地听他人讲完也是管理者要做到的。不能因为有些经验自己有过，就不听，或许那个人的解决办法与你的是不一样的，这样，就可以获得两种解决办法了。

与同行进行交流的方式有很多，可以邀请朋友一起喝茶、吃饭；到更好的公司去参观、学习；听一些同行的演讲等，都是在学习别人成功的经验。多与同行进行交流，获得更多的信息，对企业的发展只会有利无害。

向赢家探讨经验

管理者想要企业取得成功，不仅要向同行进行交流，还要向赢家探讨经验，将经验应用到自己的企业中，为企业发展做出贡献。每一个企业的管理者都想干一番事业，都想做出一番成就。于是在很多时候，管理者都喜欢将这些重担放在自己一个人的身上，认为可以独立自主完成，不去与别人探讨经验，即使对方的企业很成功，也不愿去交流，认为自己的才是最好的。这种想法是最错误的。管理者不能盲目，要懂得与赢家探讨经验，获得有帮助的信息，帮助企业更好地发展。

1982年，美国哈雷摩托车的管理者决定对日本本田摩托车的工厂进行访问，寻求其成功的原因，但是结果令哈雷摩托车的管理者大吃一惊。当时的本田在美国重型摩托车市场的占有率高达40%，是哈雷摩托车最强劲的对手。

当时骑摩托车的人，认为本田的摩托车比哈雷摩托车价廉，还耐用好骑，所以大部分的人都选择购买本田的摩托车。

哈雷当时只是想学习本田成功的科技，但是，在本田的公厂里，哈雷的管理者却看不到电脑，工厂里也没有其他特别的作业系统，工厂里只有少量的纸上作业，除了几十名职员领导着400多名装配工人外，其他的什么也没有了。但是，这些员工对工作都显得非常的满意。

本田成功的原因，就在于它活用常识，这也是值得哈雷去学习的。几年以后，哈雷摩托重振旗鼓，在美国重型摩托车市场的占有率从23％倍增张到46％。一切都是因为哈雷摩托的改变，从好勇斗狠变成卑微可亲。一年之内，哈雷用最好的人事管理制度和品牌策略，使哈雷摩托脱胎换骨，重新获得市场的青睐。

哈雷摩托车在世界上有如此高的成就，得益于它向赢家探讨经验的做法。如果当时的哈雷没有去本田工厂交流学习，哈雷的市场地位就会越来越低，甚至会被市场淘汰。面对他人的成功，管理者要做的不是羡慕，而是应该多多和赢家进行探讨，学习成功的经验，将成功的经验更好地应用到自己的企业当中，帮助自身企业的发展，让自身企业变得强大。

在企业中，多多交流是非常有好处的。多多交流可以帮助管理者了解其他企业的变化发展，还可以帮助管理者知道外界市场的变化，以便在企业遇到问题的时候，更好地解决问题，应对变化，只有这样企业才能渡过难关。沟通交流，对于一个企业的管理者来说，也是非常重要的。在企业的发展过程中，不能只有管理者自己的想法是绝对正确的，有时候，管理者的想法也会出现漏洞，有不全面的地方。这就需要管理者多与赢家、同行进行沟通交流，获得宝贵的经营经验，更好地帮助企业的发展，实现企业的目标。

作为企业的管理者，不要以为只有自己需要向赢家请教经验，事实上，那些已经有所成就、世界知名的大企业家同样需要向他人请教经验。美国康州诸瓦克的史都李奥纳有一辆大巴士，企业就利用这辆大巴士，定期带着企业员工出去参观其他的同行业的市场去学习经验，有时甚至还会到几百英里外的市场去参观。他们把所有这种参观亲切地称作"一个点子俱乐部"。李奥纳要求每个员工至少要找到别家市场一处强大的地方，以及自己的市场需要改进的地方，而且还要提出更好的点子，帮助自身的企业追赶上别家市场。

企业只有不断地学习，才会有自身独特的优势，才可以长久地发展下去。管理者想在一个行业做出一番成就，成就一番事业，就要不断地与同行、赢家探讨成功的经验。向别人学习并不是一件多么没有面子的事情，反而会给别人留下虚心学习的印象。管理者虚心请教，学习到成功的经验，将这些经验合理地运用到自己的企业中去，帮助企业发展。管理者应该客观地对自身企业有一个评估，了解企业中的薄弱环节、需要改进的环节，在学习中，着重学习这些方面。同时，也要知道企业的目标和能力，学习先进的，将更好的应用到企业中，帮助企业实现目标。管理者只要肯定努力，就一定会取得成功；相反，如果为了所谓的面子，忽视了企业的发展，那么，企业和管理者面对的都将是失败。

子曰："三人行，必有我师。"在同行的三个人中，都有一个老师，何况是在企业经营的大市场中呢？管理者经营企业，一定要向别人请教经验。所以，无论企业的规模是大是小，管理者都需要去向别人请教。随着管理者的不断请教，公司规模的不断扩大，合作伙伴、企业的员工的数量也会慢慢的增加，企业走向更好的未来。李嘉诚所言："每一个事业的成功者，都需要独自承担属于自己的那一份苦难！"只有在赢家的经验中获得知识，度过自己的苦难，企业的成功就指日可待了。无论是哪一行业，离开了向他人学习，请教经验，这一行为最终就会什么也做不成。

向赢家学习请教经验，可以帮助自己的企业更好地度过危机。眼镜制造商"西柏视力"的也曾遇到过危机。前董事长东尼决定向赢家学习经验，改变现在的状况。他发现：耐心地向顾客解说，以顾客为导向制作出的产品更受欢迎，便对企业开始实行改革，这也使东尼的经商理念完全地改观。

管理者要记住："山外有山，人外有人。"不断地向赢家探讨经验，学习成功之道，放下所谓的面子，管理者就会发现有很多值得去学习的地方。在企业管理中也有很多的不足，学习到的经验都是宝贵的，很好地运用到自身的企业中，可以帮助企业更好地发展下去。

与顾客搞好关系

香港首富李嘉诚说："如果能赚十分利，就只取九分，让一分利给对方，使买卖双方都眉开眼笑"。李嘉诚的话，表明企业的经营者与顾客之间搞好关系的重要性，做出让顾客满意的服务。只有顾客满意了，他才会再次选择你的产品。在企业经营过程中，会遇到各种问题，管理者需要处理好各种关系。其中，处理好企业与顾客之间的关系也是非常重要的。如果企业与顾客之间的关系不融洽，关系不好，也会影响企业的发展。

那么，企业与顾客之间的关系到底是怎样的呢？很多管理者认为：顾客就是上帝，只要让顾客满意了，就可以了。这种想法具有片面性。有的时候，上帝也是会犯错误的。企业想让顾客做到真正的满意，还要对顾客负责，对自己售出的产品负责。只有让顾客感觉到，企业在产品售出后，依旧为顾客服务，顾客才会愿意去购买你的产品，继续选择你的产品。

企业的产品，首先要让顾客感到满意，提供给顾客真正需要的产品。企业的经营方向完全可以从顾客中得到，不断地拜访客户，向客户征求建议和意见等，不仅可以帮助企业获得顾客的喜爱，还可以帮助企业更好地发展。

美国的福牛和黑貂这两种品牌的汽车在美国是非常受欢迎的。因为它们在制造汽车、在汽车的设计过程中，都在不断地征询顾客的意见，然后对设计进行改进。结果可想而知，从顾客中得来的建议而制成的产品肯定会受到顾客的喜爱，新产品连续几年都取得不菲的成绩。美国的通用汽车曾连续亏损几年，新上任的管理者要求企业的经理和推销员等，所有人每天至少亲自拜访 4 家公司的客户或者非公司的客户，向客户征求意见。最后，公司根据征求到的客户的建议，对服务的措施、方式等进行改进，结果公司不仅转亏为盈，还获利很多。

企业的成功，源于不断地从顾客中获得建议。顾客的建议是顾客真正需要的产品的反馈。企业只有生产出让顾客满意的产品，得到顾客的支持，才会长久地走下去。所以，企业想要获得更长久的发展，就要不断地从顾客那获得信息，让顾客的建议帮助企业成长和发展，顾客的满意是企业更好发展的保障。

企业不仅要生产出让顾客满意的产品，还要在顾客购买产品后，让顾客感到满意，对顾客负责。企业只有对自己生产出的产品负责，对顾客负责，企业在公众的形象就会树立起来，顾客也会更加信任你的产品，因而去购买你的产品。

1886 年，强生公司由罗伯特·约翰逊创建。当时，罗伯特·约翰逊制定的目标是："减轻痛苦和疾病"，而不是获利。罗伯特·约翰逊的儿子在他的基础上提出了"开明的利己主义"这一观念，将顾客的利益、雇员和管理人员的利益、股东的利益依次顺位排下来。强生公司将顾客的利益放在第一位，这样的原则是强生公司的基本思想和信条。强生公司奉行的是对医生、护士、母亲和其他所有使用强生产品的人履行义务的原则。为了更好地服务顾客，强生公司产品的质量总能达到最高的标准。

1982 年，强生公司发生了一起顾客服用药物后致死的事情。当时，芝加哥有几人因服用强生公司的"泰诺"导致死亡。事情调查结果表明：有非强生公司的人对瓶装的"泰诺"做了手脚，在"泰诺"中加入了氰化物，导致人服用后死亡。虽然只是在芝加哥地区发生了死亡事件。但是强生公司立刻召回在美国市场上所有的"泰诺"，其中强生公司的损失高达 1 亿多美元。强生公司不仅召回药品，还积极地向公众宣传，防止中毒事件的再次发生。《华盛顿邮报》对强生公司的这场危机进行报道，报道中说："强生公司成功地向公众表明，它愿意做一切正确的事情，不管付出多大的代价。"

虽然强生公司的损失超过 1 亿美元，还要不断地向公众做宣传，但是，这种行为也将强生公司以顾客的利益为首位的经营理念充分地传向公众。并且，负责处理中毒事件的员工，以诚恳、负责的态度，使所有的美国人都感受到了强生公司的诚意。

现在的强生公司，在世界的地位已经不可动摇。这都是源于强生公司时刻为顾客着想，将顾客的利益放在首位的信条。

企业想要长久地发展下去，就要与顾客搞好关系。想要更好地与顾客搞好关系，企业就要真正地做到不断推出顾客满意的产品，对顾客认真负责，让顾客感到满意。这样，企业的发展才会长久，才可以走得更加长远一些。但是，有些管理者在面对利益的时候动摇了，生产出的产品也是偷工减料，价钱却在直线上升。不仅产品没有满足顾客的需要，在产品售出后不能对顾客负责，认为顾客买了产品后，就是顾客自己的事情了，即使有问题，也是顾客自己的问题。这样的做法只会让顾客远离你的产品，不再购买你的产品。即便获利，那也是暂时的。

在企业中，要处理的关系有很多，但是，管理者也要注意与顾客之间的关系。只有产品在市场中获得顾客的喜爱，获得顾客的信任，企业才会在市场中立于不败之地。管理者不能因为一时的小利，放掉长久的利益，这样得不偿失。企业在经营中，如果不能与顾客很好地搞好关系，失去顾客的信任，那么，企业生产出的所有产品就不能获得顾客的喜爱。只有与顾客搞好关系的企业才能够更加长久地发展下去。将顾客的利益放在首位，时刻为顾客着想，让顾客感到满意，才是企业发展、成功之道。

向不同的人学习不同的经验

心理学家大卫博士在 20 世纪 60 年代发现，人们有两种行为，即果敢型和反应型。果敢型的人更具备说服力或指导力，反应型的人善于表露自己的情感或者体会他人的情感。果敢型的人在决策时会非常的迅速,喜欢高谈阔论,爱好冒险，发表自己意见，敢于反抗，在发令的时候直截了当。反应型的人则喜欢表达自己的情怀，喜欢与人共事，更喜欢被领导。总体来看，果敢型和反应型这两种行为模式都是有利有弊的。企业中也会有不同行为模式的人，管理者可以从不同的人的身上学习不同的经验，帮助企业更好地发展。

魏徵在早年的时候，并不是投靠李世民的，而是为太子李建成做事。魏徵的才华非常地出众，因此很受太子的器重。

后来，玄武门兵变，李建成被杀死。李世民很早就知道魏徵是个人才，于是亲自召见他。李世民一见魏徵，就非常生气地说："你为什么要离间我们兄弟之间的感情？"在场的所有大臣们都感到魏徵会有杀身之祸。可是，魏徵不但没有求饶，反而从容自若地回答说："如果太子早听我的话，肯定不会落到今天这样的下场。"李世民听后，觉得魏徵这种不畏强权的精神非常好，也被他的正直所感动，非常钦佩他的人格。因此，李世民不但没有处罚魏徵，反而重用了他，让魏徵担任谏议大夫，专门向李世民提意见，以后又提拔魏徵当宰相。魏徵也大胆进谏，提出更好地发展国家的建议。在魏徵当官的几十年间，其先后向李世民进谏了二百多次。每一次，对魏徵提的意见，李世民都会尽量采纳，如此才会有唐朝的盛世。

如果李世民当时因为魏徵的冒犯，而将魏徵处死，那就不会有唐朝盛世的存在了。管理者如果不能和不同的人共事，不能容忍其他意见的存在，那么，这个企业也不会走得长远。管理者要与不同的人共事，从不同的人身上学习到不同的经验，将这些经验合理地运用到企业的发展中，帮助企业更好地发展。每个人都有各自的优点，将优点发扬，让优点帮助企业成长，才是管理者应该去做的事情。

刘邦手下群臣众多，这些人大多来自不同的社会阶层。曹参是小吏，樊哙是屠夫，夏侯婴是马车夫，周勃以编席为业，灌婴是布贩，娄敬是车夫，郦食其是穷书生，彭越、黥布是强盗，陈平原是太仆，韩信更是受尽凌辱。但也正是这些出身不好的人帮助刘邦打天下。虽然这些人各有不足，但也各有各的优势。刘邦之所以能够成就王业，就是因为他能取人之长，避其之短。

张良是韩国的贵族，生活在高层之中，擅于权谋；萧何，基层工作的经验非常丰富，非常有组织能力；韩信，懂得带兵，有带兵之勇。虽然他们三个人的出身各有不同，但也正是这样，与不同的一起共事，形成了"三杰"，帮助刘邦打天下。刘邦手下的人才还有很多，而这些人能够真正地发挥自己的长处，全部得益于刘邦取人之长，避其之短，让他们与不同的人一起共事，一起帮助刘邦打天下。

和不同的人一起共事，可以学习到不同的经验。在企业中，也是一样。管理者不仅自己需要和不同的人一起共事，还要让公司里的员工与不同的人一起共事，在工作中学习到不同的经验，将自己的优势发挥出来，弥补自己的不足。这样，有利于提升企业的整体水平，可以帮助企业更好地发展下去。

人的行为风格可分为分析型、温和型、表现型和推动型四种。每一种类型都有各自的优势和不足，只有管理者将这些人合理地安排到一起，让他们更好地工作，优势的力量则会无穷大。

分析型的人是完美主义者。这种性格的人往往会事事力求正确，擅长建立长期的流程。但他们的完美主义也会有不足，比如大量的繁文缛节，固守陈规。这些人往往不能果断地做出决策，他们会搜集很多的信息，然后权衡。他们对于决策非常苦恼，更喜欢独立行事，不愿意与别人合作。虽然他们有些孤傲，但是非常地忠诚。

温和型的人非常地适合团队工作。这种性格的人喜欢与人一起共事，尤其小团体的合作。这种人不喜欢权势，善于鼓励他人开拓思路，善于发现细小的事情。温和型的人总是默默耕耘贡献，喜欢帮助别人，但也可能因此忘记自己的工作。温和型的人一旦有明确的目标，就会坚定不移地走下去。

表现型的人爱出风头，炫耀。这种性格的人天生的是焦点。他们活力十足，总喜欢忙个不停。表现型的人也有缺点，容易冲动，常常会给自己或别人带来麻烦。他们不喜欢计划，喜欢随机地做事，并且不善于管理时间，不注重细节，但是有大局意识。

推动型的人最务实，更加注重结果。这种性格的人喜欢订立目标，然后付诸实践。这样的人非常独立，自己定的目标，不喜欢别人插手。非常善于决断。推动型的人懂得随机应变。但也会因为太好动或者行动迅速，引发一些新的问题。推动型的人非常直率。

虽然每个人都有主导的风格，但都会有一些其他风格的存在。管理者想要更好地发展企业，就需要将这四种类型的优势结合到一起，发挥最大的功效。跟不同风格的人共事虽然会产生一些不同的意见，但是只要各自互补，弥补不足，配合得当，合作的力量自然就会强而有力。管理者想要将自己的企业做大做强，就需要有人才。对于企业的发展，人才是基础。让所有的员工都发挥自己的优势，充分发挥自己的才能，才能够帮助企业更好地发展下去。每个类型都有自己的优势与缺点，做到配合得当，取长补短，发挥自己的优势，也是企业成功的关键。

考虑他人的利益

企业做生意，若只考虑自己的利益是不会成功的。李嘉诚说："人要到处去求生意就比较难，生意跑来找你，你就容易做。如何才能让生意来找你？那就要靠朋友。如何结交朋友？那就要善待他人，充分考虑到对方的利益。"善待他人，多站在对方的立场上进行思考，为他人着想，自然可以获得好的结果。

企业经营，如果一方只是考虑自己的利益，不为对方考虑，那么，合作结束之后，就不会再继续合作了。管理者在企业发展中，要充分考虑他人的利益，尽可能地使双方都满意，都获利，这样，才会有源源不断的生意。

从前，有一个盲人。他在夜间出门的时候，总是会提着一盏非常明亮的灯笼。

他的这种行为，让所有人迷惑不解。有一天，一个年轻人忍不住问道说：

"大哥，您眼睛看不见，为什么还要打灯笼呢？这个有用么？"

"有用！有用！"盲人回答说，"我是让你们看到我，以免撞到。"

虽然盲人的眼睛看不见，但是心里却非常清晰。他的灯笼不是为自己用的，而是为了让其他的行人，在漆黑的夜中看到他，避免撞到。他的这种做法也在为行人照亮道路。管理者应该同样如此。不仅要为自己的利益考虑，还要为他人的利益考虑，争取让双方都满意，考虑他人的利益，同样是在为自己的利益考虑。管理者需要一种换位思考的能力，将心比心，在与人方便的同时，也是与己方便。

李嘉诚不仅事业有成，在教育子女方面也是非常成功的。他的两个儿子都取得了非凡的成就。小儿子李泽楷曾经说过："我从家父那里学到的东西很多。最主要的是怎样做一个正直的商人。以及如何正确处理与合伙人的关系。"

做一个正直的商人，是李嘉诚最主要的原则。1943 年，李嘉诚的父亲刚刚去世，为了好好地安葬父亲，李嘉诚去买坟地。卖坟地的人是两个客家人。李嘉诚将钱交给他们，要求去看一看地。这两个客家人看李嘉诚还是个小孩子，就欺骗他，想将一块埋有他人的坟地卖给他，两个人用客家话商量如何挖开坟地的事宜。

可是，两个客家人没想到的是，李嘉诚听得懂客家话。李嘉诚十分震惊地想：世上居然有如此心黑的人，为了挣钱，连死去的人都不放过；又想到父亲一生，非常地光明磊落，如果将他安葬在这里，其也会不能安眠的。

李嘉诚知道这两个客家人绝对不会把钱退给他了，于是就告诉他们不要挖地了，他另找地方。这次买地葬父的经历让李嘉诚永远都无法忘记。这不仅给李嘉诚上了一堂关于人生和社会真实面目的教育课，这对即将创业的李嘉诚来说，提出在道义和金钱如何选择的难题。也正是因为这次的事情，让李嘉诚下定决心：在生意上不坑害人，在生活上乐于助人，做一个正直的人。事实证明，李嘉诚做到了。

不仅李嘉诚自己坚持做一个正直的人，还培养他的孩子们拥有这种美德。李嘉诚常常教育两个儿子：要考虑对方的利益，不要占任何人的便宜。所以，他的两个儿子都有今天的成就。

李嘉诚在生意中，做到了为他人考虑，为他人的利益考虑，这才会让李嘉城的事业走向成功。任何企业的管理者都应该如此。在纷繁复杂的市场中，想要立于不败之地，管理者不能只看重眼前的蝇头小利，而应将目光放长远，为对方的利益考虑，为他人的利益考虑，只有这样，才会帮助企业更加长久地发展下去。

在日常的社会生活中，人们是讲究平衡交往的。"来而不往非礼也"，"滴水之恩，当涌泉相报"。这些道理是很容易让人接受的，因为得到的好处在前，感受到的善意在先，对别人的回报也会就非常的顺畅。可是，如果所有的人都在等待别人的好处和善意，不去主动奉献，就会陷入一个僵局中，所有的人都不愿意主动表露善意，施予恩惠，这个社会中也就不会存在回报的事情了。

在社会中，管理者其实没有必要去计较被别人占的小便宜，还可以主动向别人施恩，这样不仅可以得到回报，还可以让自己获得朋友。其实，对于企业的发展，吃小亏才会有得大利的机会。事实却是，大多数的管理者只局限与自己的小利益，与别人发生利益冲突的时候，不能放弃自己的一部分利益，去成全他人，没有做到顾全大局，其最终失去的比得到的还要多。企业的管理者要懂得体恤下属，有好处要首先分给公司的员工，这样才能让员工们忠心耿耿地工作；在合作中，也要为对方的利益考虑，让自己的利益小一点儿，对方的利益大一点儿，这样才能够长久地合作下去。

管理者在合作中，可以从对方的角度出发，知道对方的利益点，这有利于管理者更好地把握主动权。丘吉尔说："我们没有永恒的朋友，也没有永恒的敌人，只有永恒的利益"。利益是永恒的，为他人的利益考虑，可以帮助自己获得更多的利益。摩根一生中，有过很多合作伙伴。也有非常多的人想与他合作。即便在这样有利的前提下，摩根还是将和每一个合作伙伴的利润分成四六分，摩根是四成，合作伙伴是六成。

有位朋友问他："既然有这么多人愿意和你合作，你拿六成也不过分！最少也要五五分成呀！"摩根回答说："我拿六成，没有多少人会和我合作；但我拿四成，几乎所有的人都抢着与我合作。单个看，我似乎吃了亏。但是，总体上看，我获得了多少个四成啊！"

雪莱说："精明的人是精细考虑他自己利益的人；智慧的人是精细考虑他人利益的人。"摩根就是一个智慧的人，他的成功就是源于充分地考虑他人的利益。

互惠互利，实现双赢

企业要想更长远地发展下去，将企业做大做强，在经营中，一定要有经销商的参与。经销商是企业更好发展的关键。所以，企业应该给经销商提供更好的机会，加深彼此之间的关系，以便今后更好地发展。

企业生产出的产品，到了经销商那里，可能不会像企业自身了解的那样全面，产品的性能等也会出现一定的缺失。如果经销商不能很好地向顾客说明，就会损失大量的客户，最终，产品可能无法销售出去。所以，管理者一定要注意对经销商的培训。给经销商提供机会，深化彼此之间的关系，让企业和经销商实现双赢。

飞利浦的成功就是源于其经销商不断提供培训。已经发展 100 多年的飞利浦照明，不仅是飞利浦的支柱产业之一，还已经在世界市场上取得了领导的地位。为了进一步扩大市场，更好地发展业务，飞利浦公司决定进行培训。不仅是培训自己的员工，还要对经销商进行。飞利浦连续几年在全国各地对经销商进行培训，都取得了很好的效果。而对经销商的培训，也是飞利浦成功的原因之一。

飞利浦对于培训的观点是：飞利浦想要更大的市场份额，不断提高的销售业绩，销售专业化、产品专业化、服务专业化已经是市场发展的潮流。

所以，为了更好地发展，飞利浦决定对经销商进行培训，来争取市场的主动权。

飞利浦工程专业照明部在中国共有 7 个销售区域，针对每个地区不同的经济水平、城市的发展情况和使用产品的习惯和消费能力不同，制订出有针对性的培训计划。其中，飞利浦特别注意对经销商的要求。每年飞利浦都会对中国的经销商进行调研，了解他们的需求，针对不同的经销商，飞利浦还会制定不同的培训技巧。比如对于产品批发类的经销商，会安排产品销售的技巧、产品的相关知识和经销商管理等方面的培训；对于照明工程的经销商，则会安排工程照明的设计和产品技术的运用等方面的培训。飞利浦在对经销商进行培训的同时，还鼓励经销商给飞利浦的培训提建议，帮助其改善。

飞利浦对于经销商的培训主要分为两大块：一个是对于新产品的介绍和应用，另一个是培训销售的技巧。新产品的介绍和应用内容包括：新产品的功能与特点，发展的趋势等，培训面向的人主要是经销商的业务骨干，当然，培训过程中还会涉及整个行业的发展趋势等。这样才能保证经销商可以准确地向顾客介绍和推销飞利浦的产品。而这些培训的内容是由飞利浦的研发部门来制定的。

销售技巧内容包括：销售前的准备、接近客户时的技巧、进入销售主题的技、展示产品和说明产品的技巧等。这一方面主要对经销商的营销人员进行培训。为了让经销商的营销人员能够更好地销售，飞利浦还会让营销人员去实践，增加实践演练的机会，使培训者丰富自己的经验，以便更好地销售出产品。

飞利浦培训的方式主要有三种，每年的培训大概有 20 场左右。培训的第一种方式是报告。飞利浦每年会组织各地的经销商到某个地方进行集中的培训，这些培训主要是学习，由专家进行对产品的讲解等。第二种方式是区域经理的现场报告。飞利浦对每一个区域的经理都有非常严格的规定，要求他们每年要有计划地进行现场的演讲。区域经理经常出差，只要经销商有演讲这方面的需求，企业就会到现场去进行培训。第三种方式是飞利浦发放给经销商一些培训的教材，比如光盘、资料等，让经销商自助地培训和学习。

通过对经销商的培训，飞利浦的销售额不断地上升。也正是因为飞利浦不断地对经销商进行培训，才会有今天这样的成绩。因此，企业应该多向经销商提供培训和深造的机会，这样，不仅可以保证产品服务质量的提高，更好地销售产品，还可以拉近企业与经销商之间的距离，使二者均获利。

企业想要更好地发展，就离不开不断地培训经销商，让经销商有不断深造的机会，这样才可以保证企业的获利。企业培训经销商的方式主要有以下三种：

第一种，整体培训。选择的地方可以是企业或者经销商容易集中的地方，主要方式是企业通过幻灯片演示和座谈的方式，在会议室里企业向经销商进行培训。这种培训的形式就比较正规，企业非常容易获得经销商的信任和认可，但是在沟通上太过形式，而且培训的时间有限，企业和经销商不能很好地进行沟通交流。

第二种，企业的业务经理拜访经销商。如果有条件，企业可以让业务经理去拜访经销商，对经销商的销售人员进行培训，这有利于经销商更好地理解企业的价值观，企业的运作情况和产品情况。这种培训方式要求经理事先做好充分的准备，将材料准备齐全，列好提纲，做好心理准备。洽谈的最佳场所是办公室。

第三种，将营销的刊物给经销商。这些刊物主要用来介绍企业、推广企业，内容可以包括企业的介绍、企业的文化建设、产品的规划和运作的思路等。让经销商自助地了解企业，加深联系。

无论企业采取哪种方式给经销商进行培训，都要注意，对经销商培训的内容要贵精不贵多，即使培训再多次，如经销商不能很好地掌握的话，也是枉然。而且，企业的培训人员一定要有耐心，友善，不能因为经销商的一些问题就显得不耐烦，热情积极地回答经销商的问题。企业还要尽量地和经销商保持沟通和联系，让经销商感受到企业的关注，被重视，尊重。只有企业和经销商紧密地联系在一起，才能给企业和经销商带来更多的利益。

媒介资源，不可错过

企业想要获得成功，不仅离不开好人缘，好的培训，还需要媒介的资源。所有的企业都知道，公关工作是非常重要的，尤其是媒体的公关工作。对于很多企业来说，媒体是企业对外宣传最主要的渠道。换句话说，如果企业和媒体的关系好，企业在受众心中的形象也会相对较高。

任何一个企业，如果忽视了媒介资源，就是错失了将企业做大做强的大好机会，对企业未来的发展和在公众心中的形象中也是有影响的。媒介资源可以帮助企业在市场竞争中脱颖而出，所以，企业要合理地运用媒介资源。

在国家公园里有成千只鸟被毒死了。新闻媒体用大字标题和愤怒的情绪对这一新闻大加批评，引起了公众的广泛关注和一片哗然。

负责喷洒杀虫剂的部门立即发表声明，承认了所犯错误，因其用错杀虫剂，导致鸟类死亡。有关部门也解释了这种情况是如何发生的，并且打算采取什么措施来挽救，还保证今后不会再重蹈覆辙。他们对事实真相及时的说明，让局面很好地缓和了下来，诚恳的态度不至于使企业进一步臭名远扬。

当问题发生的时候，相关部门的及时声明是非常正确的。当企业面临公关危机的时候，及时做出声明，让事情的发展不至于非常糟，尽可能地挽救，尽量地减少财产和名声的损失，将其降到最低。不仅可以帮助企业挽回局面，还会在公众心中树立负责的好形象，能够给企业的形象加分。

LG翻新事件就是非常失败的案例。事情源于2006年，但是事件非但没有变好，反而愈演愈烈。LG的地下翻新工厂曝光，LG声称是有人敲诈；然后有报到出几台疑似翻新的LG空调，随后LG承认：更换了部分的产品包装；事情继续发展，鉴定结果证实确认几台LG的空调都是翻新的机器。LG的翻新事件不断地被报道出来，从冰箱翻新到空调翻新再到彩电翻新，不断有新的事件被曝光，LG 公司一时间陷入了危机中。

但是，在翻新事件被曝光之后，LG 公司不仅没有做出相关的声明，反而是躲躲闪闪，没有承认错误，也没有采取有效的应对措施，再加上网友对 LG 翻新事件的声讨，LG 的品牌形象和企业声誉大大降低。

企业如果不能很好地利用媒介资源，在有危机的时候，不及时地发出声明，做出相应的解决，媒介资源就会转变为一把非常锋利的武器，让企业的形象和信誉大打折扣。对于而这样的损失，企业需要相对较长的时间才能挽回，甚至都无法挽回。所以，企业要合理地运用媒介资源，让媒介充分地为企业做宣传，更好地达到帮助企业发展的目的。

企业都知道好的宣传可以帮助企业更好地发展。那么，管理者都会头疼，应该如何与媒介打交道呢？

第一，言辞不要过激

新闻媒介往往是极为敏感的。如果管理者所说的话不能很好地站住脚，或者管理者说一些模棱两可的话，那么，记者就会打断你的话，向你提问。如果记者的提问让你感到恼怒，进而说出一些言辞激烈的话，那么，你所说的未必会全部报道，言辞激烈的部分也可能会被报道出来。所以，管理者在与新闻媒体打交道的时候，一定要注意自己的言辞。不去说出一些不适合的话，尽量地与自身的有关。

第二，做好应付突发事件的准备

在记者采访时，总会出现一些突发的状况。管理者一定要有应对突发事件的准备。只有管理者很好地应对了，才能够在报道中加分。对于记者的一些敏感问题，管理者可以用迂回或者幽默的方式回答，不能在最后的采访中，落得最差的名声。

第三，合作

管理者想要更好地发展企业，就要与传媒建立起良好的关系。虽然花费的时间和精力很多，但是一旦建立起良好的关系，受益是无穷的。如果记者来要新闻，管理者可以向他们提供一些线索，帮助他们。有朝一日，管理者可能也会需要记者的帮助。

第四，及时做出声明

对于一些不利于企业发展的新闻，管理者要及时说明事实情况，这样可以减少外界的批评。如果做错了事，就勇敢承认，制定出解决的措施。面对错误，企业如及时地改正，也会给公众树立负责任的形象。等到弥补过错之后，企业可以再一次发出声明。

企业与媒体打交道，只靠这几点是不够的。管理者还要根据自身企业的发展特点，制定出符合实际情况的方针政策。在面对媒体的时候，管理者要注意的还有很多，合理地用好媒介资源，可以帮助企业更好地进行宣传，帮助企业在公众中树立起良好的企业形象，帮助企业长久地发展下去。媒体在当今社会中的作用是不容小觑的。作为企业的管理者，一定要将媒介资源好好地利用起来，让媒体为企业造名造势，帮助企业做大做强。

企业在发展过程中，依靠媒介资源为企业造势，是一个非常不错的选择。现如今，媒介资源越来越多样，企业不能仅仅要与电视一种方式，还有报纸、广播、网络等。充分的将媒介资源利用起来，帮助企业进行宣传，让企业更好地在公众中树立形象，可以帮助企业更好的发展下去。

如今的社会，所有人都生活在一个被媒介包围的世界中，随处可见的广播电视、报纸杂志，和互联网、手机终端、移动电视等，都是企业用来宣传的资源。这个时代，企业的品牌已经不是完全取决于广告的投放量多少了，更在于企业选择什么样的传播媒介、如何进行传播。同时，对于那些可能损害品牌形象的负面新闻，企业必须有效地继续控制和及时地采取应对的措施，以保证企业品牌的健康发展。

你的真心可以换来实意

有句俗话是这样说的："在家靠父母，出门靠朋友"。由此可见，朋友在生活中所占的位置有多么重要。作为企业的管理者，李嘉诚的成功并不是完全靠他自己的功劳，其中还有他手下的员工们给他的无私帮助，更有他那些朋友们对他的鼎力支持。而这一切都源于李嘉诚自己对员工们有仁有义的态度，对朋友们更是真诚相待。

李嘉诚在从商的几十年中认识的人不少，互相称为朋友的可很多，但是成为真正朋友的人却是寥寥。朋友分为很多种，利益往来的，饭桌上的，只在特定场合以朋友称呼的等，但这些都算不上是真正意义上的朋友。真正的朋友之间，是能够做到互相理解并且互相信赖的，这样的朋友很难交到。所以就算只有三两个也是一件很幸福的事，这三两个好友将会是人生中一笔巨额财富，是生活赐予我们的最好的礼物。李嘉诚身边就有两个这样的真朋友：盛颂声和周千和，他们三个之间的友谊在商圈里一直被作为纯真友谊的最好典范。

李嘉诚从一个打工仔摇身一变成为全球华人的首富，长实集团由一间极为简陋的山寨厂一跃成为规模庞大的跨国公司，认真分析之后不难看出，李嘉诚成功的原因除了他自身拥有的智慧和经商的天分外，还跟他"够朋友"待人真心诚意的人格魅力有很大关系。一般情况下，对那些白手起家的创业者来说创业的艰难是不言而喻的，但是李嘉诚有一把能开启成功之门的金钥匙。

在李嘉诚的创业初期，也就最开始经营塑胶厂的时候，类似于机器安装、图纸设计的工作和产品的生产都是他自己完成的，除此之外他还要自己走街串巷地推销产品采购原料。这时候的他非常需要能够全心全意帮他创业的人，幸运的是后来他真的遇见了两个这样的人，这两个人就是盛颂声和周千和。之后三个人开始共同创业，盛颂声主要负责产品的生产，周千和主要负责管理公司的财务，李嘉诚负责产品的推销，在三个人的共同努力下，塑胶厂一天天发展壮大，直到最后发展为长江集团，可以说他们三个都是长江功劳最高的元勋。

在共同创业的日子中，三个人一直患难与共，多年的相处中对于对方身上所具有的优缺点全部都一清二楚，随着时间的流逝三个人之间的友谊也越来越深厚。李嘉诚放下领导者的架子与员工们一起做又脏又累的工作，真诚对待手下的每一个人。这些让盛颂声和周千和很受触动，同时盛、周两人兢兢业业的工作、付出以及给他的无私帮助都让李嘉诚极为感动，他们都把企业当作自己的家。

在李嘉诚最困难的时候，盛、周不但没有落井下石反而尽自己最大的能力去帮助他。在企业遭遇挫折的时候，他们同样没有一走了之，而是同李嘉诚一起想办法制定策略帮他渡过难关，不断给他鼓励与支持。这些都是李嘉诚真心待人的回报。对盛、周二人的帮助，李嘉诚不单单在心里充满感激，在事业上，也对他们极为信赖。

创业初期的确最需要类似于盛颂声与周千和这种踏实肯干吃苦耐劳的优秀人才，但是随着时代的发展，企业也需要顺应时代的变化来不断对管理模式以及经营方式进行修改，需要注入新鲜的血液给企业带来蓬勃的朝气与活力。李嘉诚心里很清楚，集团团队中元老级的人物的确具有很丰富的市场经验，而且做事情都比较稳妥，但是他们在创新上的劲头稍微差了一点儿其更注重维持现状，同时观念也开始逐渐跟不上时代的脚步。

事业在上升期的阶段最需要的就是勇于开拓创新的人才。企业越做越大的同时也就越需要科学的管理以及专业性比较强的人才，但这并不表示李嘉诚就要抛弃他的老朋友们，他对朋友绝对不会做出过河拆桥的事，肯定不会利用完就把朋友一脚踢开。他会针对朋友的能力把他们安排在能使其充分发挥作用的恰当位置上。几年之后，在盛颂声举家移民到加拿大之后才不得已从长实集团离开，李嘉诚带领下属专门为他举办了一场欢送会，对此盛颂声大受感动。

李嘉诚曾说："长江实业集团之所以能发展到现在这么大的规模，主要的功劳都来自于他们的努力和奉献"。正因李嘉诚是一个很念旧情地人，对于那些曾经为长江集团做出贡献的人，他都以德相报，留人先留心，李嘉诚很好的运用了这一点才使大批的人才汇集到长江集团。从李嘉诚组建新团队的过程中，也能看出他对朋友的深情。

在盛颂声离开长江实业集团之后，周千和仍旧留在那里做李嘉诚的左膀右臂，同时，李嘉诚还将周千和的儿子也安排进了长江实业。李嘉诚做这样的安排并不是因为周千和在长江实业鞍前马后十几年的情分，而是周千和的儿子的确具有这个能力。在他还是学生的时候，李嘉诚就已经将他定位成长江实业集团的一员，并且专门送他到英国攻读法律专业，毕业之后周千和的儿子直接进入长江实业并被李嘉诚指定为集团的代言人。几年之后，能力突出的他又被董事会任命为长江实业的董事，并于1985年同他父亲周千和一起担任董事副总经理的职务，这一年他刚刚30出头。

现在的长江实业集团就像奔腾的长江，用它博大的胸怀将万千细流都融入一起，感召了四面八方的英才。李嘉诚用他真诚的心和精明的经营头脑，汇聚众人的力量，终于将一个伟大的商业帝国建立起来。

李嘉诚不仅对曾经竭力帮他的盛颂声以及周千和以恩相报，对手下最普通的员工也非常照顾。在塑胶花的销售时期几乎已经没有的时候，他仍然在长江实业对塑料花进行小规模的生产，以此也帮助当初的老员工就业解决生活问题，这不能不说是他照顾老员工的另一种特殊方式。

李嘉诚曾说："每一个企业都相当于一个王朝，老员工就是这王朝的开国元勋，他们得到这样的待遇是理所应当的。现在他们年纪大了，作为晚辈就应该自觉地照顾他们，让他们感觉到温暖而不是让他们心寒。"

虽然在生意场上建立的友谊通常都是为了搞好关系，无非就是相互利用以此来赢得利益。但是，要想交到真正的朋友也并不是一件特别难的事，只要你真心对待，以诚待人，能够站在对方的角度上多为他们考虑，而不是自私自利，只为自己打算。当你赢得对方的信任之后，双方便能够放心地推心置腹地聊很多，时间越久友谊就越纯洁。这样的友谊也可以看作是支撑企业发展的软实力，也是核心动力，当大家都把企业看成自己的"家"，把同事和身边的人都当作家人的时候，大家做起事来便能齐心协力。这样，无形之中就形成了一股坚不可摧的强大力量，相应的，企业也会蓬勃地向前发展。

与员工打成一片

作为企业的领导者，将人心凝聚到一起是一件很有必要的事情，但和员工们逐个沟通的话，时间长，起效慢，最快，最有效果的办法还是和员工们融为一体，打成一片，这样一来不仅能缩短距离还能拉近人心。

很多人都认为每一间办公室，都是一个缩小版的社会，在这个"小社会"中人们的关系可能是极为复杂的，也可能是非常单纯的，这就要看同为"社会"中一分子的领导者该如何表达自己，该怎样与自己合得来或者合不来的人打交道，怎样同他们融洽地相处，怎样达到最好的沟通效果。这就要求领导者要学会同下属处好关系，只有同下属搞好关系，打成一片的领导者才是一名优秀的领导者。

很多员工为了能在公司占有一席之地，很容易将全部的注意力都放到如何与上司搞好关系，而对于那些比自己职位低的同事，例如：门卫、前台等却态度恶劣，经常对他们发脾气，动不动就表现出一副很不耐烦的表情，还经常指派他们为自己服务，完全没有考虑过对方的感受。

这样的情况在很多人身上都发生过，只不过扮演的角色不同，有的是指派别人的人，而有的是被别人指派的人。每一个能在办公室这个"小社会"里吃得开的人，他的心里都不会有类似"等级"这样的观念，他懂得在这里每个人都是平等的，就算自己比别人职位稍高一点儿也不敢轻易妄为。要知道"风水轮流转"，今天你可能相对来说位高权重，但明天呢？谁也预料不到明天会怎样，所以要尊重每一个人，尊重他人也是在保护自己。

的确，领导的下属有为领导分担事务协助领导完成工作的责任，领导也有权利毫无顾忌地将事情交代给下属去处理，但如果领导自己能独自完成一些难度系数比较大又相对繁琐的工作，不给下属那么大压力，让他们有更充足的时间去做好分内的事务的话，那他们肯定会对领导感激不尽，同时也会更忠心。领导和下属之间，只有以互相帮助和互相体谅为基础，工作起来才会更加轻松，更有意义。

作为领导，要将下属看作是自己的知己和挚友，而不是将其视为为自己奔波卖命的奴仆，在某些问题上要有意识地听一听他们的意见。如果他们能真挚地提出正确的批评领导也要能虚心接受，努力消除彼此之间的隔阂，这样的话下属也会觉得领导是富有人情味儿的，是重视自己的，以后做起事来自然也会格外卖力。

假如你是一个刚刚上任的领导，为了能使你更好地工作，公司特意为你安排了一名新来的助手。虽然他只是你的助手，但是你千万不要把他当成你的马仔来随意使唤，而是要把他看作是你在工作中最值得信赖与托付的朋友，这样两个人合作起来才能得心应手，才能合力将工作出色地完成。

既然他是刚进公司的，对公司的情况肯定都还比较陌生。这时候，你要给他一些必要的帮助，多给他一些指点，使他尽早适应公司的环境，在他遇到难题的时候告诉他你的经验帮他解决问题，也可以在闲暇的时候多跟他谈谈部门的工作程序或者其他方面的小事，减少他碰壁的概率。

除此之外，你要让他参加所有跟他工作相关的会议，借此让他对公司的业务以及同事的工作情况都有一个大致的了解，会上尽量给他发言的机会：一方面让他建立起自信心，另一方面也能对他的心思多一点儿了解。

但是要注意不要过分吐露公司的政策，以免使他的压力增大超过他的抗压极限，那样的话他每天都处于战战兢兢的状态，又怎能将注意力集中到工作上呢？

还有一点也是相当重要的，那就是给下属适当的鼓励。

有相当一部分女秘书都表示更愿意自己的上司是男性，因为大部分女上司都比较挑剔，非要"鸡蛋里挑骨头"。另外，她们觉得双方都是女人，在权利上应该是相同的，这样的心理也在无形中产生了一种排挤女上司的情绪。

假如你恰好是一位女领导，面对这类型的女秘书，请你多花一点儿时间去思考一下。不要总将那些要求自己的标准也用在对方身上，即使你时常自愿加班，也不应该强迫对方同你一样加班。要将她视为自己的工作伙伴，不要吝啬你的赞赏，在适当的时候也可以请她吃饭，借此来表示你对她工作能力的肯定同时也向她在工作上的配合表示感谢。

切记千万不要将自己的私事教给她处理，但是一些秘书的基本工作还是要交代的，例如打字或者档案录入等。不要对她的工作方式过分地束缚，只要她能将你交代的事情做好，使你没有任何后顾之忧，就已经很好了。

另外，要多一些人文关怀，如果她身体不舒服要记得问候她。如果发现她买了新衣服或者画了一个很漂亮的妆，也要适时夸赞她。这样一来，她心里便会觉得你不单是她的领导，同时也是她的朋友。

作为一名企业的管理者，他所肩负的责任之一就是将员工们团结到一起，凝聚大家的力量发挥最大的能力。如果不能很好地做到这一点，企业就很容易到人心涣散的境地。

由于在企业中所处的地位不同，下属也会对领导有不同看法，可能有的人觉得领导架子太大很难接近，还有的人认为领导肯定会处处与他们为敌，但不论别人怎么看，领导都要跟员工们打成一片，尽量减少上下级之间的隔膜，要通过一系列的做法来显示出领导随和的一面。

除了要变现出随和与平易近人之外，领导还需要树立公正的形象，根据员工们的能力来给他们分配任务，在任务分配之后尽量不要对员工指指点点进行评价或者指导，除非他们在完成任务的过程中遇到了自己解决不了的问题，最好在他们完成任务之后再逐一做出"评判"，这样做是对员工的一种尊重。

另外，领导要多跟员工们接触，不要让"地位悬殊"这个愚蠢的观念占据大脑，人与人之间的心灵沟通根本不受地位的束缚，多跟他们相处融入他们的圈子中去，也可以借此机会更深入地了解他们，听到他们对企业的看法或者一些意见建议，这些难道不是领导者们所需要的吗？

好人缘带来好效益，跟员工们打成一片跟他们拉近距离消除隔阂，这样既能让他们更加忠心于领导，同时对企业的发展来说也起到了积极的推动作用，作为领导何乐而不为呢？

学会与政府搞好关系

每一个企业的建立与发展，除了得力于领导的正确战略，员工的积极努力及天时地利的配合外，还离不开政府的支持与帮助。如果得到了政府的帮助，企业便很有可能从无到有，然后发展壮大；在身陷困境之时，也能起死回生并且东山再起，可见政府的力量有多强大。所以，企业要想在商界异常激烈的竞争里站稳脚跟，就要与政府建立良好的关系。

作为企业该怎样与政府搞好关系呢？主动采取积极合作的态度是必不可少的，一方面企业可以主动向政府汇报一些情况并提供给他们想要的资料，让政府对企业的发展状况有一个大致的了解；另一方也可以利用公关手段消除或者弱化企业与政府之间在某方面存在的摩擦或者矛盾，最大程度化解两者之间的抵触"情绪"，以此来取得政府对企业的理解与支持。

政府是一个大体上的概念，要具体到每个政府官员所提出的指导思想才会真正对企业所处的生存环境起到直接的作用以及效应；另外，政府是由多个部门多种职能组成的一个权力机构，部门之间的联系十分密切，要想同它和睦相处，搞好关系，需要讲求方法与策略。

虽然某个政策的颁布通常是以组织的名义出现的，但是落实到政策的执行上却是由具体的人来负责的。有些条例有很大的弹性空间，因而在操作的过程中难免有较强的随意性。在这方面，政策执行之后得到的结果是由意识与态度共同决定的。就像我们所熟知的"根据情节的轻重，处以罚款××"等条例。因此，企业在经营活动过程中要牢牢把握一个极为重要的原则，即企业生产经营的过程就是在适应外界环境变化的过程，同时也是对不断变化的外界环境做出积极灵活反应的过程。

在企业同政府及其各个职能部门进行沟通与协调的过程中应该注意以下几个方面：

1. 沟通之前要进行细致的调查和研究，必须将事件的始末弄清楚，避免沟通时出现离题万里的尴尬场面。

2. 在沟通过程中要认真倾听，在此基础上正确理解他们传达的意思，以免因词不达意导致事与愿违。

3. 要有足够的诚意，在沟通过程中要以诚相待，要注意礼貌。无论部门的职能大小对其都要尊重，厚此薄彼的话往往会起到相反的作用。

4. 对"度"的把握要恰当，在遵守原则的基础上互相支持、合作。因为中层干部通常是政策的实行者，所以尤其要信任他们。

5. 适时举办聚会，并给与恰当的关照。这样既能促进双方的沟通和协调，同时对关系的友好发展也有积极的推动作用。

一个具有远见卓识的企业管理者，应该深刻地意识到企业发展与政府之间的微妙联系，更要认识到政府对企业发展所起到的促进作用。所以，要积极采取手段，努力与政府建立起良好的关系，充分利用政府所给予的支持与帮助为自己企业的发展和壮大创造有力的条件。

9

做个智慧的管理者

优秀的管理者不仅可以与员工进行沟通，掌握员工的心理变化，还要懂得一点儿心理学。现如今的社会，心理学已经成为被广泛关注的学科，管理者掌握心理学，就可以更好地了解员工，避免发生不愉快，还可以让员工的效益达到最大化。这些都是心理学可以帮助管理者的。懂得如何鼓励员工，如何委婉的批评员工，让员工的心理不会发生不好的变化，这样，员工才可以忠诚工作。

分配机会取决于利用价值

对于公司来说，为员工分配的机会，往往都会和"利用价值"挂钩。就是说，公司与员工之间的关系就是利用与被利用的关系。管理者与公司之间也是如此，连老板都逃脱不了被市场和自己的公司利用的命运。由此可见，利用率高的员工相对来说，都会受到团队的喜欢。所以，一个人只有让自己有被利用的价值才能在团队中很好地生存。

每个员工在刚进入公司工作时，就要懂得，你能够为公司提供的最高价值决定了在这里你可以得到的最高前途。所以，放在首位的始终是提高自身能力，而不是企图得到超过自身贡献价值的回报。以至于形成现在很多公司的生存规则，即，我必须时刻想着为公司提供价值，而非职位晋升。

但是迄今为止，很多人并不是想办法提升自己的工作效率，使公司赚钱，给公司创造更多的效益，凭借自己的能力以及上升的潜质，从而拿到理想的薪水或职位，而是将主要的精力放到了索取回报上面。一旦得不到自己想要的回报，他们就会大失所望，好像受到了极大的委屈，感叹自己怀才不遇，埋怨世界的不公平。

可他们并没有意识到，他们为团队提供的价值不足以得到自己梦想的回报才是最根本的原因。我们应该明白，一个人的利用价值决定了团队对你的机会分配，也主宰着你自己在团队中的命运。想要在团队中获胜，投机取巧不是长远之计，只有实实在在地付出，才能在公司中获得良好的待遇。上帝总是公正的，虽然他有时也会打盹。但是只要你认真而且努力地去工作，你便能发现就是这样。

首先，请记住，没有一家公司愿意把利益分享给一名不劳而获的寄生虫。

当公司出现危机时，通常最先被裁掉的肯定会是在公司没有太大作用的闲散人员，而不会是负责做项目的骨干。由此可见，只有对公司有价值的员工，才能获得更多成功的机会，同时在公司面临风险时，他们也更有能力去保护自己。对公司最有价值的员工，身上最典型的特点就是：公司不能没有我！

为了让员工可以为公司创造项目盈利，管理者会把最好的待遇留给公司最需要的人。基于未来出于利用目的的投资，他也会把晋升的机会留给那些最有潜力的人，只有这样的人，才可以为团队创造长期的效益。

生活在草原上的犀牛是一种很凶猛的动物，其性情暴躁，凶猛无比。很少有其他动物敢接近，他却能容忍一种非常柔弱的小动物——犀牛鸟在那儿撒欢，任它们在自己的背上肆意玩耍。犀牛之所以可以容忍犀牛鸟，是因为犀牛鸟在为它清理身上的寄生虫，而犀牛鸟又总能在犀牛背上获得食物。犀牛与犀牛鸟之间的共生现象，这里面有个很关键的原因——彼此之间都有用处。彼此的关系是生存的需要。

绿虾的一生都是生活在扁鱼的嘴里，这是非常危险的事。但更令人惊奇的是，扁鱼绝不会把绿虾吞进肚里。原来，弱小的绿虾会不停地晃动自己的身体来吸引其他小鱼成为扁鱼的猎物。如果没有绿虾的帮助，扁鱼觅食将会变得很困难。于是，绿虾成了扁鱼生活的一部分。扁鱼不但不能吃掉绿虾，还要好好地保护绿虾，夜晚把绿虾含在嘴里，让它留宿。只是绿虾一旦不能再为扁鱼引诱食物，扁鱼便会抛弃它，寻找另一条可以帮它引诱食物的绿虾。

上面例子表明，具有利用价值的事物，才会轻易被另一方所接受。每个人都在理性地辨别对方是否还有用处，有时候，这种规则也存在于恋人、婚姻和家庭当中，残酷而又铁定地存在着。

从这个角度看，一些员工就会发现，有些时候，团队之所以会抛弃他，首先是因为他自身已经没有了利用价值，至少已经不再那么重要了，而不是管理者或公司故意仇视他。互相抛弃的原则，就是基于是否存在利用价值，这条规则非常简单。当一名员工在公司失去了利用（使用）价值时，说明这个人已经不能适应团队发展的需要了，因此只能被淘汰掉。

其次，让自己有足够的价值，才能得到团队的重视。

可惜的是，很多人并不愿意去承认自己的利用价值已经消失，这才导致了他们从团队中出局。他们不去反思自己，不承认自己的无用，而是拼命地要求管理者应该像以往那样对自己，否则就是过河拆桥、卸磨杀驴。一个人在公司生存的根本是什么？保证他在团队有所发展的，不是他的理想，而是他的价值。

管理学学者余世维说过："人要永远保持自己那份被人利用的价值。是否能够持续保持有被利用的价值，对一个人来说是至关重要的。"

当然，我们在团队中，需要处理好和自己的上司之间的关系，为自己找一个好的靠山。但是比这更重要的是，必须让自己拥有足够的价值，成为每名上司都想要拥有的下属。作为一名管理者，应该去仔细观察和发掘员工的本身的基础价值，不断激励员工去努力表现，提升自身的价值空间，并开发他的上层价值，为团队做出贡献。

作为一名职工，只要你有忠诚和能力这两点，任何公司企业都会有属于你的一席之地。不用担心换多少上司或者老板，都不会影响你的发展。因为没有一名企业的管理者，会不喜欢那些既忠诚又能独当一面的人才。可是如果你停止了学习，没有了利用价值，早晚会被你的团队所抛弃。

为员工服务，才可以让员工为你谋利

沃尔玛公司是美国一家的跨国零售企业，为全球最大的公司（以营业额计算），是世界上最大的零售商，也是世界上最大的私人雇主，员工超过两百万。早在创业之初，沃尔玛企业创始人沃尔顿就为企业制定了三大信仰："服务顾客，尊重员工，追求卓越"。沃尔玛提倡"员工为顾客服务，领导为员工服务"。"倒金字塔"式的组织结构使沃尔玛的领导处在整个系统的最底层，顾客在第一位，而员工是中间最重要的基石。领导只是员工的服务者。因为员工整天为"老板"服务，谁来服务员工呢？员工的工资和生活享受不是从总经理那儿获得的，而是来自顾客。只有把顾客伺候好了，员工的口袋里才会有更多的钞票。员工作为直接与顾客接触的人，其工作精神状态是至关重要的。因此，领导的工作就是指导、支持、关心、服务员工。员工心情舒畅，有了自豪感，就会更好地服务于顾客。

沃尔玛的管理理念与现代商业规律是相吻合的。现在，企业之间的竞争其实就是人才的竞争，人才来源于哪里？如何在企业里发掘人才？如何让员工成为人才？为团队提供公平的晋职机会，实现自我价值的机会，只有在拥有良好的发展平台的时候，员工们才会愿意尽自己最大的努力去奉献自己的力量，如果没有一个足以让员工满意的发展空间，是无法调动员工的积极性的。上级为下级提供一个良好的环境，使员工无后顾之忧，下级才能更好地完成上级布置的工作。员工足够优秀和努力了，难道企业会发展不好吗？企业就是一个磁场，企业管理者与员工只有良好地合作，才会向更好地发现发展。

现在很多企业总是只看到自己的员工素质太低，缺乏职业精神，工作懈怠。可是他们却往往忽略了，他们为员工付出了什么？为员工考虑了多少？很多员工的离开与人才的流失，就是由于企业对员工利益的漠视，管理者无法给予员工所需要的成就感，才使很多员工感觉到这里不能实现自己的理想和目标，从而选择离开。

沃尔玛企业值得人学习的地方有很多。很多企业对员工的种种需求置之不理，认为提出更多要求的员工是在无理取闹。可是，沃尔玛恰恰相反，他们会充分考虑员工的需求，然后迅速对这些需求进行讨论和分析，并且调查清楚什么原因导致员工提出这些需求，然后根据实际情况做出决定，给予员工一定程度的满足。沃尔玛的管理者认为，人性化的管理，可以轻易获得员工们的认可。沃尔玛企业在实施一些制度或者理念之前，首先会征询员工的意见，而不是直接地下达命令。沃尔玛提出"门户开放"的口号，给每个人发表个人意见的权利，每个人都有权走进管理人员办公室讲诉任何话题，发表任何意见。它不仅是发泄不满的机会，而且很多最好的主意都来源于此。

沃尔玛领导者遵循的理念是：员工是沃尔玛的合伙人，沃尔玛是所有员工的沃尔玛。在企业内部，有一个独特的现象，大家见面后无需称呼职务，而直呼姓名，任何一个员工的铭牌上都只有名字，而没有标明职务，包括总裁。公司不把员工当作"雇员"来看待，而是视为"合伙人"和"同事"。公司规定对下属一律称"同事"而不称"雇员"。沃尔玛领导者制定这样的制度使员工有了一种归属感，使他们自己感觉，我并不是为在为别人工作，而是为自己，为自己的企业工作。沃尔玛员工从这个理念中分享到了平等分工的快乐。

沃尔玛对员工利益有一套详细而具体的实施方案。根据山姆·沃尔顿先生所说的"真正的伙伴关系"，沃尔玛制定了多种计划，员工除了享受一些基本待遇外，（带薪休假、节假日补助、医疗、人身及住房保险等）之外，公司将"员工是合伙人"这一概念具体化为三个互相补充的计划：利润分享计划、员工购股计划和损耗奖励计划。这种伙伴关系不仅给员工带来了福利和快乐，还给公司带来了效益，同时也给顾客带来了便利，使每一个参与者都成了赢家。

沃尔玛持续成功的根源已经显而易见了。很多企业受沃尔玛管理模式启发，开始学习这种模式。国内一家饭店企业将沃尔玛当作学习的榜样。饭店领导首先为正式员工和少部分为外聘人员近400人营造了一个平等的工作环境与空间，以"没有满意的员工，就没有满意的顾客"。为企业文化理念的精髓，致力于服务员工。只要发现了人才，就无条件进行鼓励与培养。

除此之外，公司在每年的春节都会举行一次特别活动，饭店高级管理人员都要为员工做一天的"服务员"，并亲手包一顿饺子，以感谢这些员工一年的辛勤工作。另外，公司还有一定的晋级奖励，对公司有特殊贡献的员工提供晋级机会，目前大概有全体总数10%的员工得到过晋级奖励。他们饭店还定期组织员工外出旅游，举办各种联欢会。饭店员工从中得到了快乐和利益，工作时激情饱满，素质一流，受到了广大宾客的好评，饭店生意红红火火，饭店也得到了巨大的效益，饭店领导也得到了他们梦寐以求的结果。

　　每一个管理者都想得到可以为员工提供服务的机会，并把企业内的每一个员工都视为合作伙伴的管理者。原因很简单，只有这样的管理者才能让企业实现内外双赢。反之，企业的管理者们也希望得到工作认真负责，可以为企业创造效益的员工，而非"雇员"那么简单，增加员工与企业的协作，不仅可以使员工快速地成长，企业也可以得到更大的效益。

距离产生美

　　人是群居动物，人与人之间每天必不可少的便是交流。在交流的时候，双方应该保持怎样的空间距离呢？空间距离可以反映出双方的关系，以及当时的心理状态。心理学家发现，人与人之间需要保持一定的空间距离。任何一个人都需要在自己的周围建立一个自己能够把握的自我空间，空间的大小和双方的关系以及心理状态有关系。

　　被世人所熟悉的"刺猬法则"，强调的就是人际交往中的"心理距离效应"。运用到工作中，就是说我们既要拉近彼此之间的关系，保持亲密联系，拉近彼此之间的心理距离，但是还要保持一定的空间距离，这是"亲密有间"的关系，是一种不远不近的恰当合作关系。人与人之间如果要达到完美的沟通，就要求交流的双方能自主地将空间距离和心理距离划上等号。

　　社交距离大体分为四种：亲密距离、个人距离、社交距离和公共距离。在工作环境、社交聚会上，使用最多的便是社交距离，它不同于亲密距离和公共距离，它使交往显得更加得正式。比起亲密距离和个人距离，也更适合工作之间的交往。

　　彼此之间的友好程度、相互喜欢程度以及关系远近程度决定了交往时空间距离的远近。通常管理者在和下属交往时，一定要形成一个"亲密有间"的关系，既要表现出亲和力，也要给人敬畏感。只有这样，才能让下属既不会产生你高高在上不可侵犯的错觉，也不会产生不必要的压力。

过多地接触下属，会导致上下级之间过于依赖，下属巴结、恭维上级，使上级分不清真正的局势；与下属保持一定的距离，如果给员工一定的空间，就不会给员工压力和侵犯感，避免下属紧张，这样既可以获得下属的尊重，又能保证在工作中不丧失原则。戴高乐将军在处理上下级关系这方面有很多地方值得人们学习。

戴高乐多年的军旅生涯，使他在处理上下级关系时形成了自己的经验，那就是"保持一定的距离"。这种经验使他更好地处理了他与下级之间的关系。

在他的从政生涯里，有一个不成文的规定，就是在他的秘书处、办公厅和私人参谋部等顾问和智囊机构办公的工作人员，只能被任用两年。他总是在办公厅主任上任之后说："我只任用你两年，因为你不能以办公厅主任的工作为职业，别人也不可以，就像没有人可以以参谋部的工作为职业一样"。

戴高乐是个拥有独立思维和果敢精神的领袖，他的决定都是依靠自己的思维而做出的，不受身边人的影响。这是他经常调动身边工作人员的原因之一，他不想过度依赖身边的人。另外，他深受部队的影响，在部队中，没有军队是固定的，戴高乐认为，无论是对部队还是身边的顾问和参谋，都要与之保持一定的距离，经常调动，可以使顾问和参谋的思维和决断保持新鲜气息，同时也可以杜绝年长日久的"心腹"们，利用总统和政府的名义营私舞弊。

一个管理者能否和下属们保持一定的距离，是能否成功运用并发挥出下属的才能很重要的一点。有没有距离感，决定了管理者做决策时会不会受周围人的影响，如果过分依赖某些人，就会扰乱管理者的思维，从而做出错误的决定，古代所规定的"后宫不得干政"、"宦官不得干政"就是为了阻止身边亲信假借管理者的名义徇私舞弊。

这天 GE 总裁斯通先生衣着朴素，要去旧金山一家医院里探望病人。在一间隔离病房外，这位身体硬朗、步履生风、声若洪钟的老人，正在和护士死缠烂打，因为他想探望一名因痢疾住院治疗的女士。但是，护士严守规章，毫不退让。可是让斯通不顾形象和护士争论不休而要探望的只是公司销售员哈桑的妻子。

哈桑知道后，深受感动，为了报答斯通的关怀，他每天工作达16小时，而他所在地区的业绩也一度名列前茅。

"马太效应"是指好的愈好，坏的愈坏，多的愈多，少的愈少的一种现象。在人际关系上，很多管理者处理不好与员工之间的关系，这往往有"马太效应"的影子：就是对于关系亲密的员工更加亲密，而对于关系疏远的员工愈加疏远。这是一种很不理智的交往模式，会导致两极分化，对于关系亲密的员工，缺少威慑力，关系疏远的员工缺少沟通和交流，这非常不利于管理。"疏者密之，密者疏之"，才是管理者应该奉行的成功之道。

斯通对自身与员工关系的处理就体现出"疏者密之，密者疏之"的原则，他对待高层管理人员和普通职工有着不小的差距，比如说，在工作之余，他从不邀高层管理者到家做客，也从不接受邀请。而这一点在普通职工身上却是相反的，他会对普通职工以及出纳员致以微笑问候，甚至会偶尔制造惊喜，进行"家访"。

要适当地与员工保持距离，而不是完全与员工隔离，在工作之余，管理者完全可以和员工正常交往，建立自身良好的形象和领袖地位，以此获得员工们发自内心的尊敬和信任。

怎么样才能让"距离产生美"呢？

1. 根据自己的管理风格，决定和下属的距离

如果你做事能力强，但情商没那么高，这类管理者最好和员工保持一定的距离，否则会给工作带来障碍。

如果你工作能力一般，但具有人格魅力，情商很高，就要和员工们打成一片，在工作中以表扬和正激励为主，多给员工鼓励和微笑，这样才能产生感染力，使工作氛围也越来越好。

2. 根据员工的类型，决定该保持怎样的距离

有些员工自主能力差些，特别依赖上司，希望听从上司命令完成任务，

这些员工需要在工作中得到管理层的辅导与支持，领导者需要经常与之沟通，给予他们鼓励与帮助。

一些员工比较独立、学习能力强、工作自主性高。这时候，领导就要与之保持一定距离，给他们自由发挥的空间，过多的控制会打击员工的积极性，阻碍他们的创新能力。面对这些员工，你只要等待结果就可以了。

3. 根据下属的工作内容，确定不同的交往距离

当工作比较简单时，你只要告知员工工作要求和工作目标，然后给他们创造一个良好的工作环境即可。在工作过程中可与员工保持一定距离，让员工专心工作，不受干扰和影响，提高工作效率。

当下属的工作比较复杂，研究一些创造性的工作时，管理者要与他们拉近距离，一起不断地交流和讨论，以达到自己想要的结果。

凡事先易后难

有这么一个经典而又有趣的实验。美国社会心理学家弗里德曼和他的助手弗雷泽让两个大学生去拜访加州郊区的家庭主妇。请求家庭主妇们在呼吁安全驾驶的请愿书上签名，呼吁大家安全驾驶。这是一个简单而又方便的小事，又是一个公益性事件。所以绝大部分的主妇们，都在上面签了自己的名字。

在两周之后，大学生又再次来到郊区挨家挨户地访问这些家庭主妇，这次他们带来了更艰巨的任务，就是劝说这些家庭主妇们将又大又丑与草坪极不协调的安全驾驶招牌竖在他们的草坪之上。正常情况下，这种要求不会有人同意的，但结果却有些出乎意料，其中第一次拜访时在安全驾驶请愿书上签字的主妇们，有55%的人同意了这个无理的要求，他们又去访问第一次时没有拜访过的陌生家庭主妇，仅仅只有17%的人接受了这个要求。

心理学家认为，人之所以会做出一些理智上莫名其妙的事情是因为人们

都希望别人认为自己是个言行一致的君子，为了保证这种一致性，这些主妇们便接受了在院子里草坪上竖招牌的无理请求。

这就是心理学家所说"登门槛效应"。在一般情况下，人们都不愿接受较高较难的要求，相反，人们乐于接受较小的、较易完成的要求，在实现了较小的要求后，人们才慢慢地接受较大的要求。也就是说，一个人如果接受了一个小的要求后，会增加同意大要求的意象，就像登门槛时要一级一级登台阶一样，这样可以更容易、更顺利地登到高处，最终实现全部目标。

工作中的很多地方都可以使用"登门槛效应"，比如教育工作、销售工作等。在管理中，我们可以帮员工设定较低的目标，完成之后，给以鼓励和奖赏，然后慢慢提高要求，设定更高一级的目标，让员工不断地进步，不限制地积极向上，体验突破自己的快乐。对于刚进入工作，基础较差，没有经验的员工，这种"等门槛"式的管理方法，往往更能提高他们工作的积极性和自信心。

小月是公司新来的员工，她性格开朗活泼，一直是公司里的文艺骨干。但是一个月之后她却一反常态，工作时心不在焉，没有刚来的时候工作那么认真了。

主管知道后，悄悄地把小月叫到办公室谈心。经过了解，才明白，小月是没有完成工作指标，被组长责骂，说如果再不合格，就要辞退她，小月想反正指标那么高，怎么都完成不了指标，不如现在就辞职算了，所以这两天才会心不在焉。

主管知道现在说任何安慰的话都无济于事，想了想便给小月出了一个主意说："小月，你先不要辞职，我告诉你一个办法，你去试试看可以不可以？如果这个办法还不行，你辞职我肯定不会拦着你的。"

小月每个月任务量是150件产品，而现在合格产品只有100件，主管告诉小月，让她从这个月起，尽量减少返工品，提高产品合格率，应该能做到110件，等到下个月再努力，降低废品率，再多做十件，就能达到120件，以此类推，每月增加10件，用不了多久，她就能成为公司的优秀员工了。

小月听了主管的话，按照主管的计划去做，每个月都有不小的进步，她

219 | 第九章 ▶ 做个智慧的管理者 |

又变回了那个开朗自信的女孩子。结果在第三个月后，小月已经可以很轻松地完成公司的指标了。在之后的绩效考核里，甚至拿到了一个最佳进步奖，小月十分开心，同时也很感谢主管给她提出了那样好的一个办法。

上面的例子说明了，在管理过程中，不能给员工一下子定下过高的目标，这会使员工产生退却和恐惧心理，可以先让员工承诺完成一件简单的任务，等任务完成之后，再慢慢提高要求，或者帮助员工对任务、目标进行分析和分解，将一个大的任务分解成不同的模块，然后一个模块一个模块地去完成，这样，整个任务完成起来就会变得轻松简单许多。

管理时有很多的办法和规则，有时候，"登门槛效应"也可以反过来使用，就是给员工先制定一个困难和艰巨的目标，以至于员工无法完成，然后再慢慢地降低目标的要求或宽限完成任务的时间。据科学研究，当人拒绝别人请求的时候，内心会产生莫名的愧疚感，而如果此时对方的要求降低，人们通常都不会去再次拒绝，来缓解心理上的愧疚感，心理学上把这种效应称作"要尺得寸效应"。

这是一种利用员工的心态，用大的要求来制造一个退让的假象，以达到让员工接受较小要求的目的。通常这时候员工认为你已经做出了让步，从而不再好意思去拒绝你提出来的相比原来更低的要求。因此，有时候在管理工作当中，为了可以顺利达到你的管理目的，你可以提出更高的要求，抱着"退而求其次"的态度，调整你的期望值，使员工适当妥协。

人才是企业的基础

温总理去美国访问的时候，比尔·盖茨曾经与温总理有过一次会谈，温总理这样问比尔·盖茨："你们公司创新的基础在哪里？"比尔·盖茨回答说："公司的创新就是靠员工创新。"比尔·盖茨曾坦言："我告诉你，如果把我们公司的 20 个顶端人才挖走，那我们的公司就是一个普通的小公司。现在市场的竞争，首先便是人才的竞争。"

微软公司最根本的财富既不是他们的固定资产，也不是代码和研发出来的程序，而是公司的人才，是那些在微软工作了多年，开发过重要产品的开发团队和程序员。比尔·盖茨为了建立和维持属于自己的研发团队，寻找到这些人才并且留下他们，想方设法，最终建立了一套特殊的机制。股票期权激励是这套机制中最吸引员工的机制。

在微软之前，从来没有一家企业会把股票期权拿来给普通员工当作奖励。公司每年都会有年度奖金，同时给员工配股。一名员工想要获得股权中 25% 的股票，只需要十八个月的工作时间，此后每 6 个月为一个阶段，陆续增加股权中 12.5% 的股票，他就可以在任何时间、任何地点，兑现全部认购权，但是前提是不超过十年。微软公司职员的薪水比其他公司低很多，可是公司职员拥有股票的比率却是所有公司都比不上的。微软公司员工主要经济来源并非薪水，而是股票期权。微软公司薪金制度的最大特点就是"低工资高股份"。想要获得更多的酬劳，只有保证公司效益，完美地将员工个人收益同企业的效益、管理和员工自身的努力等因素结合起来，致使每一个员工都会去努力地工作，以实现公司利益最大化，个人收益最大化。很少有人在微软工作 5 年后还会离开。有人估计，美国的百万、亿万富翁有大约 3000 多人来自于微软。

用股权凝聚团队的企业很多，星巴克也是其中一家。星巴克创始人舒尔茨出生在一个犹太家庭，他与家人生活在美国贫民窟一个狭窄的小公寓里，兄弟姐妹几人共挤在一张小床上。屋外的地面肮脏不堪，还要忍受飞往肯尼迪机场的飞机每天在屋子上空制造出的巨大噪音。父亲的失业对舒尔茨产生了巨大的影响。他的父亲靠打杂工来维持家里的生计。有一天舒尔茨回家，就发现父亲没有去上班，原来他的脚踝受伤了，因此而失业了，由于父亲没有医疗福利，且没有了劳动收入，生活过得更加艰辛。舒尔茨从此下定决心，等自己有了自己的企业后绝不会让类似的悲剧再次发生，他终身难忘那时的场景，父亲是个因为工作而受伤的普通职员，但是他的价值没有得到体现，没有得到企业的尊重和关心，这使舒尔茨感到很辛酸和愤怒。星巴克的股权结构和企业文化的形成受舒尔茨的平民主义思想很大影响，同时这种股权结构和企业文化又直接导致了星巴克在商业上的成功。良好的财务业绩来自于一流的顾客服务水平，而一流的服务水平需要员工的努力和奉献，他坚信把员工放在第一位，尊重员工的劳动成果，公司自然会呈现最好的状态。

每个员工都有机会成为公司的主人，在星巴克，公司的职员不叫员工，而是同事，这种叫法激励了员工想要成为公司股东的想法。1991年时，星巴克便建立了股票投资方案，允许员工以低于市场价的价格购买股票。星巴克通过股票期权把员工和企业联系在一起，公司创造的效益决定了员工个人手上股票期权的价值，这极大地激励了员工的工作热情。例如，有一个从肯尼亚移民来的普通员工，在星巴克工作，仅仅用了六年的时间，就为自己的母亲建了一栋房子。

在20世纪末，快餐行业的跳槽率最高可以达到300%，然而在舒尔茨建立的股权凝聚团队制度下，星巴克员工的跳槽率仅为60%，远远低于其他企业，这足以说明星巴克所实施制度的优越性。

现在社会发展最核心的要素便是人才，企业也是。一个企业如果想长期发展下去，最不可或缺的就是人才，"整合资源，创新价值，创造财富"是企业三大基本的职能。这三大职能都需要人才的支撑，只有人才才可以创新，才可以创造价值。所以，看一个企业是否有发展前途首先要看公司内部是否可以聚集人才。

不要被自己的观点左右

管理者评价员工，要客观地去从整体分析，不能以自己的心态而肆意地去评价。一个公司的管理者，不能将个人的喜好带进工作之中，因为每个人的兴趣、爱好、特点、性格不同所喜爱的东西都会不同，如果只凭自己的喜好，来决定一个员工的存在是否有价值，那将会埋没很多的人才。意气用事的领导者，是不会成为一个优秀的领导者的。只因为员工与你志趣相投，就把他当成人才或者因为性格不和就认为对方一无是处，是非常不利于团队发展的。

天下之大，无所不纳，如果只凭个人感情来评判人，结果往往会走入迷津。很少有人不知道刘备"三顾茅庐"的故事。都知道刘备爱才重贤，然而为什么在遇见司马水镜之前，刘备竟然都没有发现就在附近的诸葛先生呢？他常叹自己思贤若渴，也经常去神山之中寻找隐贤，可是也没有找到真正的人才，那些都只是沽名钓誉之人。刘备只将个人的喜好作为识人标准，凭个人的印象和臆测来判断，没有正确分析，从而错失了很多可以得到人才的机会。司马水镜引用孔子的"十室之邑，必有忠信"，批驳了刘备的错误观点。继而又指出，荆襄一带就有奇才，建议刘备去访求，这才为三顾茅庐拉开了帷幕。也许没有司马水镜的提点，刘备早把诸葛孔明当作了沽名钓誉之辈，列入庸才一列了呢？所以不能空怀爱才之心，却无赏才之眼，只有认真客观地去评价一人，才能不错失人才。

唐高宗时，考功员外郎卢承庆奉命给下级官员评定等级。被考核人中有一名粮草督运官，有一次因为运粮船沉没一事，卢承庆给这个运粮官以"监运损粮考中下"的鉴定。可是这位运粮官神态自若，并无半点儿不高兴的样子。卢承庆赞赏此人风度，又调查得翻船事件是由于天气恶劣引起的，随后将评语改为"非力所能及考中中"。然而这位运粮官仍然不惊不喜。恰好，卢承庆本人自己也是一个宠辱不惊的人，二人可谓"志趣相投"。于是，他又将评语改为"宠辱不惊考上"。从此卢承庆对他印象很好，以后在吏部考核的时候，就注意提拔了他。可是这位运粮官真如卢公所想的那样吗？他仅凭自己的猜想和臆测，就将对官员的评价肆意修改，实在是算得上一个没有原则的人。这种做法掺杂了个人爱憎好恶，根本无法反映官员的真实政绩，对于其他官员也失去了客观的公正性，势必会使一些官员产生"投其所好"的想法，从而忽略认真的工作，把时间都浪费在溜须拍马、迎合奉承上司上面。时间久了之后，管理者就会对有好感的人委以重任；而那些即使有真才实学，但与管理者保持距离的员工，也不会受到重视。所以说，管理者为了可以正确地辨识人才，不要将个人的喜好带入到工作之中。

企业一定要有选拔人才的政策，而非依靠管理者的个人偏好来识别人才、选拔人才。对自己喜欢的、志同道合的，就倍加称赞，凡事优先考虑，即使这人本事平平，不能胜任；对不喜欢的，就尽力打压，使其无发展的空间，没有发挥作用的余地，最终真正有才能的人得不到该有的赏识，郁郁不得志，从而选择离开。企业的凝聚力是企业发展的重要前提，连员工都无法安抚的企业，会如何发展得下去呢？

以自己的好恶来识别人才的管理者，其心态是有问题的，这种管理者大多数为人做事没有原则，喜欢感情用事，随心所欲，把个人感情置于企业利益甚至社会利益之上，将自己的喜好作为识才的唯一尺度，从中错失了许多与他志趣不投的有才之士，导致企业的人才流失。从长远看，会导致公司管理会出现很大的漏洞，管理制度就会失去原有的制约性和原则性，员工可以随意地去破坏公司规则，没有客观标准，没有原则性。而员工会把大部分的时间和精力放在领导喜好，溜须拍马，巴结奉承上，影响公司正常的发展。一个合格管理者，应学会把个人的感情置之度外，以整体利益为重，发现真正可以为公司带来好处的精英人才。

合理使用人才，就应当用当其愿。俗话讲："尺有所短，寸有所长"。合理使用人才用人之道，应是既能做到用人之长、量才使用、人事两宜，又能保证人才的价值得到最大的提升，活力得到最大的激发，能量得到最大的释放。

避免员工"拉帮结派"

任何一家公司都会有"小圈子"现象，几乎所有的团队都普遍存在以权力为轴心编织的关系网。这些"小圈子"形成的原因大多数是私人利益而相互勾结、相互利用，又因为相互勾结和利用使小圈子变得更加的"团结"。

小圈子有两种形式：

第一，由内到外的利益延伸型圈子。

第二，由外向内的利益参与型圈子。

每一个单位，都会出现利益的集合体，大多数的成员会为了共同的利益而形成一个小圈子。如果一个团队里的成员相互联盟，并且这个小团体不断地壮大且足以反抗公司的权力中心，肯定会在公司引起一场动乱。所以，身为一个团队的领导者，一定要全力阻止小团体的形成，以免给公司带来不必要的麻烦。如何破除这种小圈子呢？这种小圈子之所以存在，就是因为有共同的利益，破除集合中的利益联盟，小圈子自然也就瓦解了。

一个圈子就像一个小型组织，有大家都认同的规则、价值观以及宗旨。他们的目标就是最大化地维护圈子成员的共同利益，从而尽量避免和减少由于其他原因所造成的损失。所以，在每个圈子里，也有自己的领军人物，在每个小圈子中当自己的利益受到威胁时，这些人带领整个团队去保护大家的共同利益。实际上，小圈子在团队中等于国中之国，也相当于人体内的一颗癌瘤。

在某公司，A小姐及B女士是办公室最热络的两个人。每天中午的时候。两人都会一起吃饭，不是A小姐提前给B女士打电话叫她吃饭，就是B女士暗示 A 小姐一起去洗手间，然后补妆，聊八卦或者约会。如果不仔细观察，你会以为她们是很好的一对朋友。

后来，A 小姐生病请假了一段时间，由 B 女士负责接手其工作。在 A 小姐不在的那些日子里，B 女士悄然换了一种状态，好像根本不记得 A 小姐生病了一样，原来她们俩都是公司媒体公关主管的竞争者，眼看 B 女士升职的机会唾手可得了。等到 A 女士上班之后，她也突然变得雷厉风行起来，比 B 女士还要具有竞争力。就在大家都在好奇这是发生了什么情况的时候，公司总部传来一个消息：新的主管下周就到。两个人突然束手无策，不知所措。新上司到来之后，在见面会上，大家都十分积极地表现，企图在新上司面前留下一个好印象，特别是 A 小姐，主动为新上司介绍了公司的状况以及业务往来等。A 小姐让主管很满意，B 女士只能在旁边十分尴尬地补充了一些细节。等到中午吃饭的时候，A 小姐还主动约主管一起吃饭，主管欣然同意，但是同时也叫上了 B 女士一起。之后，每次的午餐都是三个人一起，于是 A、B 与新来的上司成为朋友。

从这个故事里我们读懂了什么？圈子的本质就是利益，"没有永远的敌人，只有永远的利益"这句话用来形容圈子是非常贴切的。A 和 B 是在没有意识到彼此是竞争者的时候，她们组成了一个二人的小圈子，而当她们产生利益冲突的时候，这个小圈子就决裂了，并且有朝着敌人的方向发展的趋势。最后，当竞争结束时，她们又寻找到新的合作者，就是刚上任的新主管，而这个新主管也非常聪明，成功地将两人同时拉拢，从团队利益的内部，最大化地收割和保卫自己的利益，形成了三人联盟。

团队内部的小圈子，通常都会有以下的特点：

1. 小圈子具有一定的凝聚力

小圈子的成员，具有共同的目标，在这一个目标的驱使下，他们之间彼此的情感是超过普通同事之间的情感的。他们互相依赖，互相信任，更会为了维护对方而不讲原则。所以，通常情况下，正式团队的凝聚力往往是比不上小团队的。

2. 圈内人的行为与观点具有协调性

小团队是由团队成员自发形成的，成员之间的价值感和看待事物的看法是一致的，在这种情况下他们的情感就会产生共鸣，关系会比较融洽，行动起来更加地默契和协调。

3. 信息在圈内能够得到第一时间的传播释放

圈子里传播消息的速度是十分迅速的，圈子里的成员关系十分得密切，且交往频繁，有什么消息，他们都会在第一时间通知对方，而且他们对于信息的认定和判断在大多数情况下都是相同的。

4. 圈内会自然产生一个领导者

小圈子是在工作过程中自然而然地产生的，虽然不是由组织的决定而成立的，但实际上每个小圈子都有自己的管理者。小圈子的管理者大多数都是在发展的过程中被推举出来的，虽然没有人正式地任命或者规定，但是具有一定的威严和地位，被多数成员所拥戴，号召力比正式组织的领导者还要强大。

很多领导者对小团体的存在苦恼不已，不过，也有部分领导者会从另一个角度去思考这种现象。"松下电器"的创始人松下幸之助先生，对这件事情发表过自己的看法：他认为凡是有人的地方肯定就会有派系的出现，人是群居动物，在任何地方都可以制造派系，"消除派系"几乎是不可能的事情。既然如此，那就要肯定派系的存在，然后分析这个派系的好处和缺点，再考虑如何利用派系达到团体想要的效果。与其把时间放在解除派系上面，不如仔细观察如何去利用这个小团体行为，来完成公司的目标，这样办事效率也会提高……这样也许有派系会比没有派系更好。至于如何正确地利用派系，只有靠管理者自己的认识以及视小团体的情况而定了。

一个公司的管理者既不能创建小圈子，也无法废除它们。但是我们可以学习如何与之共处并利用小团体的独特性。这种小团体，无论你喜欢它与否，它都会存在，并且会一直存在，它的存在一定有其合理性。你要合理地分析，不要总是带有"有色眼镜"去看待它，最起码，它给了员工们一个相互倾述的空间啊！

当然，如果这些团体的存在威胁到了公司的管理和利益时，还需要管理者时刻保持警惕，不能放任自流，但毋庸置疑的是，想消除确实有一定的困难。它一旦形成，在没有损害集体利益的情况下，一般只能尽力去接受它的存在，否则只会适得其反。

当然，我们在接受和默认的同时，也要学会反思，为什么这个小团体会形成呢？一般来说小团体的形成主要有以下几种因素：

1. 拥有共同的爱好或者相似的背景，比如他们家住的很近，可以一起回家，都喜欢玩同一种网游，或者是毕业于同一所学校，有很多相似之处等。

2. 在工作过程中，他们相互帮助，接触比较多等。

3. 工作相对清闲，员工有着大把的空闲时间可以消遣；公司的纪律松弛，工作自由支配度高，无人管理，员工工作环境相对自由，员工的自由度也相对较高，容易肆无忌惮地发表言论，长久以此，就形成了独特的小圈子。

4. 最致命的原因：由于公司制度出现问题，引起员工牢骚不满，使权益受损的员工自觉地靠拢到一起，出于对公司的不满从而互相支持。

如果是前两种原因，这是人之常情，你要给以员工充分的理解，没必要大张旗鼓地站出来反对和压迫。如果是源于第三、四种原因，那你就要注意了，说明你的管理出现了问题，它们多数是由于自己的工作原因导致的。你只有不断地加强管理，完善公司制度，让小团体产生的因素灭亡，一切便迎刃而解了。无论是由于以上哪种原因，我们都不能强制拆散小团体，而是要通过改变适合小团队滋生的环境，让其自然消亡，使大家的注意力重新回到团体利益中去。

看下面这个反面故事：

A刊杂志社是一家报业公司的下属公司。在这一管理体系中，由于公司的高层主管多数为四川人，他们都会选择自己的同乡为心腹，而在外招聘的员工则组成了另一个非正式的团体。这样，公司自然而然分为了两个派系——他们就是以四川人为主的"上层领导的人"以及"外聘的人"。

非正式团体会对公司的员工行为产生很重大的影响。管理者是否能够充分分析利用非正式团体的优点对企业至关重要。利用得正确，就可以提高企业员工的办事效率，反之，则可能导致工作效率变得很低。非正式团体大体有下面这几个优点：

1. 协助管理工作；

2. 增加组织的稳定；

3. 分担领导工作；

4. 发泄不满情绪；

5. 制约领导。

它的缺点则表现为以下四点：

1. 倾向保守；

2. 角色冲突；

3. 滋生谣言；

4. 不良压力。

非正式团体表现出来的是优点还是缺点与领导的选择密切相关。要正确对待小团队的存在，将非正式团体一分为二地看待，看清它所能带来的绩效和可能存在的弊端，根据公司的现状，分析清楚其局势，然后对其采取一定的措施，做出对公司最有利的决定。

对于 A 刊杂志社来说，高层领导是报业公司的总经理"熊"和副总经理"猩猩"，除此以外还有职位上的上司"狐狸"和"狗"。公司的高层分为三派，分别是报业公司的总经理"熊"和他的亲信"狗"等公司本土人士，副总经理"猩猩"与他志同道合的 A 刊执行总编"猴子"，中间派的"狐狸"等部分上层管理人员。导致这种非正式团体的原因是综合各方面的。"猩猩"和"猴子"都属于业务员工，经常与媒体打交道，共同语言较多，并且只有"猩猩"一个人不是四川人，其他人都可以称为"四川帮"；而"熊"和"狗"是搞行政管理的，"猩猩"等文化人觉得他们没有水准，甚至低俗，自然不会将他们与自己归为同一类人。

　　猴子是"四川帮"这一团体的领袖人物,虽然是 A 刊内部最高层管理者,可是"猴子"不让员工称呼他的职称,而是叫他的名字,使管理呈现出民主的状态,体现了平等的企业文化,而使工作环境更加轻松。正是因为这样,"猴子"几乎得到了编辑部所有人的爱戴,"猴子"非常好地利用了非正式团体这一组织形式,加强了组织的凝聚力和稳定性。并且,A 刊的员工可以在社内随意发表自己对上层的意见,表示对公司高层的不满,使员工们减轻了工作的压力放松了心情,工作的时候又会对自己的小团队负责,不会因为上层人士给的压力和不公平就消极怠工。

　　因为管理者的管理不当,两个派系之间存在的矛盾被激化,最终造成了两个小团队的决裂,A 刊杂志社面临着停业的威胁,也使报业公司产生了危机。

　　如果小圈子的斗争已经威胁了整体团队的发展,身为管理者就要清除这些小圈子的存在了。当你要清除小团体的存在的时候,首先要分析,这个小团体的领袖人物和价值观,从而各个击破。

　　一个小团体的形成通常是因为他们的价值观相似,他们聚集在一起,形成了一定的思维模式,又反过来形成新的价值观来改变个人原来的价值观。具有正确价值观的小团体,不会影响公司的发展,反而会提高公司的效益,然而如果本身就是错误的价值观,只是以个人利益为重,一点儿也不再在乎公司利益的话,便会对公司产生非常不利的影响。这种小团体会为了个人的利益去做出各种危害公司的行为,以至于管理者不得不清除它们。

　　清除小圈子时,识别小团队的中心人物是非常重要的,这个人物影响着整个团队人员,大多数情况下,这个人就是小团体的"顶梁柱",如果可以将这个人解决掉,那这个小圈子就等于瓦解了一半了。

　　其次,你在采取行动时要充分考虑可能会产生什么样的后果,从各个方面分析会带来什么负面影响或者正面影响,以保证整个大的团队不会产生损失。

　　最后,管理者可以建立相对公平的制度,减少或者杜绝这种小圈子的存在，因为很多公司建立小圈子只是为了维护自己的利益，从而忽略了公司跟其他的员工的利益。这时候，只需建立一个公平、透明的组织平台，制定明确的规章制度，打破这个私人圈子对于整个团队公正性的破坏，让它们无处遁形。

另外，你作为一个掌握权柄的团队管理人，必须懂得用权力制约去取代内部的腐败结盟怪圈。强调公开性、流动性、公平性，存优淘劣，以此来制约团队内部私我最大、忽视公利的暗流。打破权力集中是一个非常好的办法，我一直主张管理者要敢于放权，并在团队内部形成一种稳定的权力制衡，让每个成员都有渠道表达意见和对团队发展起到积极作用。这样一来，成员之间才无须用结盟的方法来保护自己，因为根本不需要了。

做个有先见之明的管理者

现在存在的很多产业在最开始的时候，都只有极少数的人意识到这是一个具有发展潜力的产业，而这极少数的人便从中获得了巨大的商机。我们可以称这部分人为"先知先觉"的领导者，"先知先觉"者们发展产业，"后知后觉"者推动发展，然后才能发展为领航产业。

"先知先觉"者总能在不知不觉中发现机会，并抓住它们，而往往这些时候，另一部分人还没有意识到这是发展的机会。微软的比尔·盖茨早在多数人都不知道电脑是什么事物的时候就看准了电脑软件市场的发展前景，并为了迅速抓住微软发展的机会而放弃了学业。在全球推出了微软视窗操作系统Windows软件后，成功建立起自己的微软王国，推动了互联网在世界的发展。

一个卓越的领导者可以在这个飞速发展的时代里发现稍纵即逝的机会，把握住每一次商机，成为时代的领军人物、竞争中的胜者。而普通的领导者，只能跟随卓越的先知领导者的脚步。

这个世界从来都是先发现机会的人领导着后发现机会的人去开发那些没有发现机会的人。"在趋势和大的方向面前，只有改变观念的人才能把握先机；拥有市场的人首先要改变别人的思想"。"先知先觉"者之所以可以在竞争中获胜，是因为他们往往比别人更先一步发现商机，然后迅速行动，当然也就比别人更加早一些获得回报。

所以，每一个领导者都要成为一个敏锐的先知者，让自己变得更加敏锐一些，让自己变得更灵活一些，更加透彻和果断一些这样才能看到商机、抓住稍纵即逝的商机。

"先知先觉"者都不是天生的，而是通过后天不断地自我修炼和学习才达到了现在的修为。只有不断地提升自己，勇于面对自己的弱点，勇于挑战困难，迎接困难才能成就一个"先知先觉"的卓越领导。而那些只知道躲在安乐窝里，不愿意去尝试新鲜事物的领导者，永远也无法成为"先知先觉"者，到最后不得不被淘汰掉。

人们都惧怕改变，对未知充满恐惧，不知道未来是什么样子，害怕失去现有的一切，因此不愿意做出改变，藏在属于自己的安全地带里，除非是被现实或者环境所逼迫，否则不会轻易去改变现状，不去探索新的方法。然而对于一个管理者来说，这是不可取的。你如果不去探索，不愿意改变，就永远不会成为"先知先觉"者。

1. 主动改变

人之所以愿意主动改变，主要就是因为以下两点原因：第一，讨厌现在的局面，讨厌现在的状态；第二，喜欢改变后的样子，对改变后的状态充满了期待。当然，多数人都会更期待自己是因为第二种原因才改变的，但遗憾的是，大多数人都是因为第一种而开始改变。人们抗拒改变，是因为改变会让他们感觉之前自己的生活是失败的。可是事实不是这样子的，改变是为了更美好的生活，是为了帮助每一个人都可以实现自己人生理想，等我们看清楚了改变的真正意图，就会发现改变又有什么可怕的呢？我们便会不停地追寻、求新求变、全力以赴，寻求新的世界。

2. 控制改变

身为一个领导者，一定要有控制未来可能到来的改变的能力，一个企业所面临的竞争是多方面的，不仅包括同行的竞争，还有其他系统、行业的挑战。所以，领导者只有提前预测到行业的变化趋势，才能成为竞争中的赢家。在这个过程中，理性抗争和情绪抗争是最重要的，最需要管理者进行控制的，我们对原则的坚持导致出现了理性抗争，而情绪抗争是情绪对不良感受的表现。要想控制改变，领导者首先要控制可能由于改变产生情绪抗争的不良反应。

3. 引导改变

一个好的领导者不仅要自己接受改变，还要引导身后的追随者接受改变，并帮助他们适应这种改变带来的新环境。领导者能够正确地引导追随者，可以让追随者更快地接受改变、适应改变。

4. 掌握改变的律动

改变的律动，同时也是管理者不可忽略的状况。身为一名管理者，必须掌握改变的律动，律动大体分为两种情况，分别是生产的律动和情绪的律动，生产的律动通常和产品有关，可以通过一些竞赛或促销等活动持续发展，情绪的律动和人际之间的交往有很大的关系。这两种律动在企业成长中会产生不可忽视的影响，所以管理者要尽力掌握律动的规律，配合律动去突破企业的发展。

5. 有所变，也要有所不变

虽然企业需要决策者、管理者主动改变，但不是所有的东西都要改变。例如一个企业已经形成了正确良好的价值观及企业文化。领导者要认清改变的真正意图，就是要使企业得到更好的发展，让自己能够看清市场的发展，以及适应它需要做出的改变，而不是为了改变而改变，所以我们要去其糟粕，取其精华，在竞争中获胜。

虽然并不是所有的管理者都可以成为先知型的管理者，但是每个人都要朝着这个方向努力，改变自我，不断创新，为企业缔造新的高峰。

解雇决不能手软

员工无论在哪个企业里都是一项极为宝贵的财产，但前提是，这名员工具备创造价值的能力。这样的员工才算是推动企业向前发展的"资产"，否则的话就只能是拖企业后腿的"负债"，甚至还可能起到"一粒老鼠屎坏了一锅粥"的负面作用，如此一来其他员工再怎样优秀都于事无补了。因此，对于这类型的"负债"分子，企业管理者必须要坚决给予清除，否则企业就会面临大量利润被白白吞噬的后果。

一天，主人要运一批货物，因为数量比较多所以就装了两辆车，一匹马负责拉一辆。在运货的途中，其中一匹马因为体力不支渐渐被甩在了后面，时走时停，为了在规定时间内将货送到，主人便将后面车上的货物全都放在了前面的车上。这时，后面那匹马由于没有了负重而脚步轻快地一路向前疾驰，并且对另一匹马说："累了吧，看，主人把全部的重量都压到你身上了，你越是努力向前走，主人折磨你的力度就越大"。

几天之后主人终于赶着马车按时到了目的地。这时候有人对主人说："既然你只用一匹马来拉车，为什么还养着另一匹呢？不如好好喂其中一匹，将另一匹杀掉，这样不但节约了粮食还能得到一张上好的马皮呢。"主人听后觉得很有道理，便将那匹只知道偷懒不好好干活儿的马给杀了。

对于商场来说也一样，与其养着一群"好吃懒做"的员工让他们拖企业的后腿，还不如大刀阔斧地裁员。

1993年4月，世界最大的跨国信息公司IBM开始由郭士纳来管理。上任之后郭士纳打破了IBM向来不裁员的老规定，在半年内共裁掉4.5万左右的员工，果断削减企业的非主打业务。一系列的改革使郭士纳成功地将濒临倒闭的IBM公司重新拉了回来，使IBM再次坐上了业界老大的位置。

很多员工都对郭士纳的这种做法提出了异议，说他不讲究情面不将公司的规定放在眼里。面对人们的非议，他向员工这样解释道："自古以来军事上有很多精兵简政的例子。作为企业也一样，我们必须把生产成本降到与竞争对手相同的水平，这样我们才能成为这个行业里最优秀、实力最雄厚的公司。"

原通用电气董事长杰克·韦尔奇曾说："每一家企业都可能做出减裁人员的决定，虽然有些人会对此表示不满，但很多时候这是救助企业最有效的办法。"

有些管理者虽然想裁员，但迫于种种原因又不能果断地实施这一计划。这样一来便不能解雇那些不能为企业创造价值的"负债"员工，尤其是那些凭借某个领导的裙带关系才混进企业的员工就更不能轻易地辞退。由此，这样的企业恐怕就离"退化"、离被淘汰不远了。

挪威人对鱼情有独钟，尤其特别爱吃活的沙丁鱼。因此，市场里活沙丁鱼标的价格要远远高于死鱼的价格，渔民看到了商机于是他们总是想尽办法让沙丁鱼能活着回到渔港以便能卖出好价钱。虽然渔民们尽了最大的努力，用了很多的办法，但能活着回到渔港的沙丁鱼仍然寥寥无几，它们绝大部分都在回港的途中因为窒息而死亡。

但让人奇怪的是有一条渔船却总是能带回来很多活着的沙丁鱼，很多人都问船长是如何办到的，但船长从来都是决口不答，严格保守着这个秘密，直到几年之后船长去世了，这个谜底才最终被揭开。原来，船长在装沙丁鱼的鱼槽内放了一条以吃沙丁鱼为生的鲶鱼，鲶鱼在进入鱼槽以后，因为对周围的环境比较陌生，所以便不停地四处游动熟悉环境，沙丁鱼看见自己的"敌人"之后十分紧张，为了不被吃掉而便拼命游动，四处躲避。如此一来，沙丁鱼便时刻处于活动的状态，也就一路"疯狂"地跟随渔船回到渔港，这便是非常著名的"鲶鱼效应"。

适当的压力是很好的动力，如果一个企业没有压力的话，就不会有向前发展的动力。对于那些没有能力为企业创造出应有价值的员工，作为管理者必须大胆地举起解雇的大刀果断地裁员，这样做不仅能减少企业的"负债"，减少一大笔不必要的支出，同时还能将"鲶鱼效应"的积极作用发挥到极致，对于其他员工也能起到一个督促和激励的促进作用。

发挥好激将法的作用

激励，从管理学的角度来看就是要为员工完成公司所规定的工作任务提供动机或者动力。作为企业的管理者，都希望自己手下的员工为实现企业的生产目标而努力工作，同样，员工也希望通过自己不懈的努力来实现自己的价值，对此，企业管理者应当正确并充分地将激励机制运用到位，同时用自己的修养以及自律行为来影响并进一步引导激励的过程，为职工创造出一种舒适的有利于他们最大程度上发挥才能的工作环境，由此发挥出激励机制的最大作用。

激励有着属于它自己的特定运行规律，想要达到因"激"而"励"的良好功效，首先要做的就是掌握并认识激励的几种分类，以便有针对性地运用。概括来说，激励共分为以下几种主要类别：

1. 精神激励

这种激励方式具有细致入微、复杂多变和应用广泛的特点。它是管理者通过政治教育、倡导企业精神，培养能力强，觉悟高，纪律性好的新型员工队伍的一种很有效的方式。例如，在企业各级组织中适当开展一些竞赛评比的活动，能有效将集体以及个人的目标统一起来，培养员工们团结合作的整体意识，提高整体的工作效益。

另一方面，开展这样的活动还能缓和员工之间的人际矛盾，进一步增强员工的集体荣誉感，并使之积极地为集体贡献出自己的一份力量。

2. 情感激励

情感是一种人在面对客观事物的时候所表现出的某种感觉的态度。这种态度能反映出人对事物的一种好恶的倾向。例如，企业管理者对员工表现出来的关心与信任，让他们感觉到集体给他们带来的温暖，这样可以激发出他们对企业的热爱和对本职工作的强烈责任感，强化他们心中的主人翁意识。

情感激励有许多种形式，从帮助解决员工生活或者工作上遇到的困难，促使他们更加积极上进，到提高他们的思想认识等。总之，企业的管理者要想使激励起到良好的作用和效果，应将情感激励贯穿到整个激励的过程中去，把对员工的所有情感都直接同他们的生理以及心理需求有机地联系到一起，并努力实现他们的愿望，使他们的情绪始终处于稳定、积极和兴奋的状态中，这样便能使工作效益得到最大程度的提高。

（3）物质激励

这种激励方式在客观上主要体现为对物质的需求。在需求合情合理的前提下，企业可以从实际情况出发针对需求的不同特点来引导员工进一步认识自己所肩负的责任，但这不能超越客观现实，所有的需求都要立于现实的基础之上。

在政策上，物质激励的对象要尽量向一线、科技或者为企业做出突出贡献的人员倾斜，用适当的物质手段进一步刺激员工的工作热情，以便唤起员工对所定目标的追求动力，同时也要激发员工的上进心，促进员工进一步认识自身所具有的社会价值。

另一方面，物质激励要放在对员工思想品德以及道德情操等方面的培养上。立足点应该放在激发员工主观能动性的持久上。这样才会起到更好的效果。因此，从这个角度出发，要将物质激励与精神激励进行有机地结合。

4. 民主激励

在企业中，每个员工都有特定的工作角色，都是在同样的人人平等，互相尊重的良好环境中共事。同样，管理者也应该在支持、引导和启发员工的工作积极性当中施行监督和控制。企业管理者的民主管理，是企业的本质，因此，企业应该在对员工集中进行管理的体制下最大程度地体现出民主的精神，维护并尊重员工主人翁的地位。

5.恐惧激励

有些企业的管理者很喜欢"唱黑脸"，经常用惩罚的方式来督促员工工作，还有一些管理者偶尔也会用"唱白脸"的方式来达到他想要的效果。

相当一部分企业管理者提倡用恐惧激励的方式去激励员工，这是因为他们相信这种方式能使员工的心理处于恐慌的状态，这样做并不是想要对员工进行恐吓或者报复，而是想提醒并促使那些受到惩罚的员工遵守企业的规章制度，从而达到鼓舞士气的最终目的。因此，他们认为只要在激励的过程中遵守以下五个原则，便能起到很好的激励效果：

（1）事先告知原则：在进行恐惧激励前要清楚地公布并且警告都有哪些行为是不被容许的，同时也要让员工知道违反以后可能会受到怎样的惩罚。

（2）即时惩戒原则：如果发现有人做出了违反纪律的行为，应立即着手展开调查，并在第一时间做出明确的裁决。

（3）公正公平原则：对于相同的违纪行为，要给予相同的处罚，不能发生处罚力度不一致的现象。

（4）顾及颜面原则：尽量不要在众目睽睽之下进行处罚，要顾及员工的颜面。

（5）适可而止原则：处罚要适可而止，不要让受惩罚的员工长期处在恐惧的状态之中。

的确，"遣将不如激将"。在企业管理里面，这句话可以理解为：与其命令员工去做某件事，倒不如激励员工去做某件事。员工就像一块原石，企业的管理者必须要对它进行精心地"雕琢"，让它拥有价值，变成一块美丽的玉石，而这个"雕琢"就等同于"激励"。

有人曾说："过于沉重的压力甚至能让天才变成白痴，而适当的激励，却能让白痴变成天才"。这句话真可谓一针见血，直白地表明了激励所具有的伟大力量。

　　有句古话说得好："善为上者，不忘其下"。作为一名管理者要时刻让你的合作伙伴和员工都感觉到你对他们的信任、尊重和关怀，并且要具体地表现出来，假如确实能将这五种激励的方法运用得当，企业将会拥有一支最精良、最团结、最有干劲儿的团队。

PART

第十章

10

危机的背后是转机

企业在经营中难免遇到危机，如何将危机转为转机也是经营者一直在思考的问题。每一次危机都是一种考验，危机过后总结经验，避免犯同样的错误，也是经营者需要学习的。面对危机，不是慌了阵脚，而是临危不惧，直面危机。机会总是青睐有准备的人，有应对危机的泰然自若，随机应变的能力，那么，成功就在不远处。通常，危机也可以对企业发展起到推动的作用。

防微杜渐，防患于未然

做任何事都要有计划或者说要有忧患意识，只有这样才能尽可能地规避风险。经营公司也是一个道理。只有将眼光放得长远，才能尽可能地远离风险。

1935年，第一代晶体管收音机在日本索尼公司试制成功了。虽然这种收音机的体积很小，但和原来通用的真空管收音机相比，还是大大提高了性能，是一款既方便又实用的收音机。日本并不是一个资源大国，市场容量也不是很大，产品想要有所发展，只能靠出口。盛田昭夫是公司的创始人，他将美国作为产品的出口国。一番艰难的推销工作之后，索尼在美国的订单越来越多了。

最让人吃惊的是，有一天来了一位大客商，他一次就订了10万台晶体管收音机，这对刚刚起步的索尼公司来说可谓是一个扩大发展的好机会。10万，这可是一个庞大的天文数字，倘若能签下这样的大单子，带来的利润将是非常可观的。一听到这个消息，公司的员工都欢呼雀跃，希望能给这位客商多些优惠以便尽快签下合同。

就在这个时候，公司总部却宣布了一条奇异价格"曲线"：订货5000台，价格保持不变；订货1万台，价格降到最低，而订货超出1万台，价格逐步抬高，订货10万台就按照让他破产的价格来拟订合同。这个消息一公布，立即引来了公司员工的热议，这种价格"曲线"不但不利于公司目前的形势发展，还在一定程度上拒绝了大客商，这对公司来说是一种损失。

这种价格"曲线"，让公司职员及客商感到困惑。按照常规，订货数量和价格应该成反比，订货数量越多，价格越低。

其中的原因究竟是什么呢？

后来盛田昭夫终于将他的囊中之计透露给了他的员工们，就当时索尼公司的发展形势来看，公司的年产量较订货的 10 万台数量相差甚远。想要接受这批订货，就必须成倍地扩大它的生产规模。而公司为了扩大生产去筹款，倘若以后再没有出现像这样的大订单，那么刚刚起步的索尼公司只能面临破产。

订货的数量和单价成反比，这应当算是一个比较成熟、完善的方案。对于刚刚起步的索尼公司而言，签下这笔订单完全可以使索尼公司在短时间内得到飞速发展，这无疑是一个绝妙的大好机会。而另一方面，从公司的发展前景来看，为扩大生产盲目筹款导致的生产不稳定、发展不平衡很有可能使公司面临一场生产搁置，这也为公司的发展埋下了无法挽回的隐患。对于公司临时制定的这种奇特的方案，为了给生产和订货双方都带来利益，以 1 万台左右的订货量为单位生产，同时也规避了公司发展中存在的风险。

如此看来，管理者想要把公司逐步发展起来，必须有忧患意识和长远的眼光，反之如果只顾一时的眼前利益，就可能导致公司的破产。

每一个成功的企业家，心中始终都有一种潜藏的忧患意识，这也是他们在竞争激烈的市场中能不被眼前利益所迷惑，并走在其他企业前面的原因。

不在同一条路上摔倒两次

做任何事都不能轻视细节，细节决定成败，看出细节的纰漏是预防经营危机的决定性因素。出现过失并不可怕，可怕的是没有一个良好的心态面对过失，心态和细节同等重要，管理者只有放稳心态、改正过失才能为企业降低损失。

在黄河的沿岸有一片村庄，为了避免水患给人们带来灾害，人们在黄河岸边筑造了一架长堤。有一天，一个老农偶然发现了一个蚂蚁窝，想到这有可能影响长堤的安全，心里一下子担忧起来。于是他打算回村去报告，在路上正巧遇见了他的儿子。儿子却觉得父亲是杞人忧天，他对父亲说："这么小的几只蚂蚁还能威胁到牢固的长堤吗？"于是，他拉着父亲就下田干活儿去了。当天夜里雷电轰鸣，下起了瓢泼大雨，河水顺着蚂蚁窝很快蔓延开来，后来冲决了长堤，冲没了一大片村庄和田野，给人们的生活带来了灾难。

这就是"千里之堤，溃于蚁穴"的故事。其实在经营企业中也时时刻刻存在着小问题，而正是因为这些小问题被忽略掉就成了冲决企业的蚁穴。

继往开来，有多少风云人物凭借自己的经营能力先富起来，又有多少企业光耀一时，因为一个细节，一个方案或者一个决定的失误最终导致了失败。像这样的例子有很多，譬如三株、爱多、秦池、太阳神等。

它们按发展速度和规模来说个个都算得上强大，最后却都接连溃败，可谓"一失足成千古恨"哪！说说三株吧，它曾连续三年提高了64倍的销售额，创造了80亿元的突破，如此傲人的成绩造就了最为强大的保健品公司，它所建设的销售网络遍及全国各地。三株总裁吴炳新为此自豪地称三株网为继邮政网络之后的第二大网络。谁料一篇"八瓶三株口服液喝死一条老汉"的常德报道让三株企业摔了重重的一跤，不可多得的企业管理者吴炳新为此生了一场大病，医院下达了病危通知，商界为此感到非常惋惜。

三株的溃败，追根到底并不是单方面的问题。各界评论众说纷纭。三株曾立下要将人类的寿命延长十年的誓言，而自己的寿命终究也不够十年，一次垮台使其经济损失高达40亿元。

1997年，经历了此次重大损失，吴炳新在三株的年终大会上总结了经营中出现的十五个误区：

第一，市场管理体制出现了很大的问题，没有处理好集权和分权之间的关系；

第二，经营体制没有梳理完善；

第三，大企业的企业病态严重，机构庞大，部门众多，程序错综复杂，信息无法顺畅流通，反应不灵敏；

第四，市场管理的宏观剖析、计划、控制职能不能有效地得到施展，对市场形势的预测过于乐观；

第五，市场营销方针、营销手段与市场消费需求出现了严重的不平衡；

第六，激励制度不完善，分配制度的不协调；

第七，民主化、科学化的决策没有得到改善；

第八，部分干部骄傲自满以及自暴自弃堕落的心态导致工作不能达到要求；

第九，浪费资金问题是经济损失的一大误区，有的子公司广告费就浪费了 70%，还有的子公司一年电话费和招待费加起来将近 90 万元；

第十，团体主义泛滥，自由主义过分严重；

第十一，纪律不严谨，对干部的管理处罚条例较少；

第十二，后备力量不充足，新产品无法及时跟进；

第十三，财务管理难以控制；

第十四，企业的发展与组织人事工作之间出现不平衡调度；

第十五，法纪制约监督的手段和措施力度不足。

不难发现，三株并非毁于致命报道，而是三株企业内部的管理和政策出现了问题。倘若三株只因常德曝光的报道而轰塌，事后是可以找出解决的措施加以挽回的。

由此可以看出，管理者在经营公司的同时要以长远的眼光考虑过失，只有这样才能防患于未然。

临危不惧，镇定应对

对于决策者而言，做出选择是平常事，但做出正确的选择才是决定大方向的关键，在紧要关头，面临重大抉择时，一定要放稳心态，切莫乱了阵脚。

保持冷静也是心理素质的一个重要体现。

当年孔子周游列国，一次游历宋国，在给众弟子讲课时被宋国的司马恒魋盯上，他想要谋害孔子，于是孔子带着弟子们离开了这里。这时，有弟子惊慌失措地说："必须赶紧走！"孔子却淡然一笑说："天生德于予，恒魋其如予何。"

镇定是一种特殊也是独有的内在气质，是一个人的内在修养和心理素质的重要体现，无论是在言行举止或是做出重大决定时都能看出一个人的内在修养和宠辱不惊的强大内心，有无这种修养也是决定一个人能否成功的关键。

在赤壁之战的前一天，曹操破荆州，下江陵，顺流向东，直奔东吴城下。吴国面临着巨大的危机。孙权与臣下商量对策，张昭一派占了上风建议孙权投降，坐在一旁的鲁肃却不出声。待孙权如厕时，鲁肃才紧追出来，向孙权说了投降的后果不堪设想，甚至连安身之地都可能不保。孙权听后才下定决心奋勇备战，对抗曹操。正是因为鲁肃处事的冷静和适时大胆的行动才有了有名的赤壁之战。

事实证明，在面临重大变故时，决策领导者的宠辱不惊、心无旁骛的镇定心态对局势的预示以及决断、安抚民心、解决实际问题起着至关重要的作用。

在史书上有这样的一个记载：谢安为了想要自己具备镇静的心态故意锻炼自己，在一次和朋友乘船之时，忽然狂风四起，小船在翻涌的波浪中来回摇摆，众人都吓得大惊失色，要求船夫靠岸，而谢安却淡定自若地唱着歌。船夫没有靠岸，风浪越来越大，没人敢坐下来，这时候，谢安才镇定地说："既然如此，那就先靠岸吧！"正是因为谢安的自身修养，在面对风浪之时才能从容不迫。

保持镇定的心态可以使人临危不惧，在危难之时及时作出正确的反应。因此良好的心态影响一个人在紧张状态下的高效判断，只有怀着一颗镇静之心的人才能时刻爆发出异于常人的智慧力量。反之，心浮气躁的人，在面临决断时犹犹豫豫、手忙脚乱，一定会因此误事。作为管理者，在面临挫折之时，不应该自怨自艾、唉声叹气，而应该用清晰的头脑理智地思考问题，找出解决的最佳办法。

在面临重大事件时，能保持一颗镇静的心态来面对，是决策者最应具备的心理素质和修养。尤其在遇到不如意的事情时更要沉稳面对。苏东坡曾说"泰山崩于前而色不变、麋鹿兴于左而目不瞬"。就是说即使泰山在眼前崩塌也面不改色，麋鹿在旁边跳舞也不去看它一眼。只有保持平稳的心态在遇事时才能理智处理，不至于越理越乱。古人曾说过一句话："恃勇者乱，乱必亡；恃才者凌，凌必伤；恃壮者纵，纵必夭；恃势者骄，骄必戕。"意思就是说，自己觉得自己勇敢的人必定是大胆狂妄，在乱世中死亡；觉得自己才华横溢的人必定是心高气傲蔑视一切，身心俱损；觉得自己强壮的人势必会飞扬跋扈，在枪林弹雨中丧生。科学家曾做过这样的研究，人在动怒的激动情绪下的智商会明显降低。之所以一些人在情绪激动之时头脑一热就做出的错误决定，就是因为没有保持冷静的心态。我们都知道"小不忍则乱大谋"，但若某天真放到自己身上，能控制好情绪，平心静气的去处理的人又有几个呢？在任何情况面前，都应安抚情绪，以平和的心态对待生活和工作中遇到的棘手的问题以求得最好的结果，这样才是智者的选择。

平和沉稳是一个决策者应当具备的素质。人只有在冷静的情况下才能理智、完善地思考问题，才能正常地分析事物发展的始末，尽可能避免受感性心理的影响使决断变得偏激。作为一个决策者，必须时刻提醒自己要保持思路清晰、沉着冷静，不牵绊于眼前利益，只有镇定不移才能带领更多的追随者，发挥自己的本领，积极理智地应对遇到的各种困难，只有这样才能成为企业竞争的标杆，同时这也成为决策者个人魅力的展现。

处事镇定体现在很多方面，尤其是在遇到突如其来的事件时要用一颗平常心对待。倘若面临大的投资风险，内心强大的经营管理者可以做到宠辱不惊，从容淡然，调整好心态并安抚民心，坦然面对，客观分析并理智解决问题带领员工走出瓶颈期。如何能化危机为转机？一个成熟的决策者输什么都不能输修养，只有加强自身修养，提高心理素质，才能在面对挑战时百战不殆。

面对危险，承担责任是必需的

　　社会中存在着激烈的竞争，企业在发展中难免会遇到危机。事实上，遇到危机并不可怕，可怕的是不能直视危机并化解它。众所周知，福特汽车公司曾一度亏损了 15 亿美元，一下跌到了低谷，他的对手通用公司也亏损过 7.625 亿美元。不仅仅是汽车行业，可口可乐也曾被污染危机缠绕，股票急剧下跌，营业额损失高达 6000 万美元。就连全球航空航天业的领袖公司波音公司也曾为获取资金上的周转依靠生产家具和养奶牛维持发展。这些企业在发展中都遇到过各种各样的危机，但最终他们都战胜了危机，因为他们敢于迎战，站在正确的角度去看待问题，才得以使企业继续向前发展。

　　食品行业在经济发展中占有重要的地位，但对于企业来说，食品安全常常会成为他们的致命伤。美国食品行业的领军企业亨氏食品公司就遭受过这样的商业危机。总经理亨利·霍金士在一次食品安全监测数据中发现用来保鲜的食品添加剂长期食用会对人的身体产生一定的危害。

　　这种安全隐患对亨氏公司来说无疑是一场危机，倘若不及时解决，恐怕会使亨氏永无翻身之地。于是，亨利·霍金士很快将管理者召集到一起商讨解决的办法。一方面，如果悄悄删掉这种添加剂，那么食品的新鲜度自然会降低，同时也影响了食品的保质期；另一方面倘若将添加剂有毒这件事公布出来，势必会掀起一场轩然大波。公司无法承受这种社会舆论的攻击。发展到如今的水平实属不易，遇到这样的危机不得不让人谨慎处理，反过来讲，如果不公开，一旦被发现就真的一发不可收拾了。到时候就不仅仅是食品安全的问题，接踵而来的是更棘手的信任危机。一旦发展到这一步，公司将没有未来。这让亨利·霍金士感到很头疼，但他在各个方面的权衡之下最终决定将这件事公之于众，因为只有这样才能将公司的风险和损失降到最低，他向顾客承诺以后将不会再使用这种有毒的添加剂。

公布之后面临的又是同行业的指责和各种排挤，指责它们心怀叵测，它们用各种手段打击亨氏，同行的压力对亨氏来说同样难以应付，在这样的舆论攻击下，亨氏被推上了风口浪尖，差一点儿就面临破产。

最让人佩服的是，亨氏公司在面对这种食品行业必将面临的危机时能够拿出对顾客负责的态度，在企业发展和自身利益面前，这才是最难能可贵的。亨氏的做法得到了政府和民众的肯定和赞扬，同时亨氏的信誉度也大大提高了，民众将亨氏的产品视为安全放心的产品。对于这样一个负责任的公司，面对危机能坦然面对，不抱侥幸心理，尊重顾客的权益也尊重产业发展的竞争准则。很快，亨氏公司恢复了发展，也因为这次危机的正确处理使公司扩大了两倍的规模。

波音公司是航空航天业的领袖公司，也是世界上最大的飞机制造商，同样也经历过类似的问题。1988 年，波音公司生产的一架 737 飞机从旧金山起飞后在空中意外爆炸，万幸的是经过驾驶员的努力挽救，飞机最终安全降落，没有人员伤亡。虽然这起事件没有造成人员伤亡，但公众的批评依然指向了波音公司，这件事情引来了一场不易平息的口水战。

这起意外事件的发生给波音公司带来了一定的影响，也引来他对手的嘲笑围观，认为这起事件对波音公司来说是致命一击。的确，空难的发生无疑会影响航天企业的声誉。

但此次危机并没有让波音公司输在心理战上。事后，它们很快召开了新闻发布会，对此次事件的发生给了媒体和民众一个合理的说法：谁都不希望发生空难，作为波音飞机的生产商更是如此，对于此次空难，由于飞机的零部件磨损严重，起落 9 万次几乎是寿命的极限，然而这架飞机使用的时间已经长达 20 余年，超过了自身的安全系数。在发生大爆炸之后，飞机依然能够保证无人员伤亡安全降落，这也足以说明飞机的质量有保证。事后波音公司还慰问了经历此次空难的乘客。

空难的发生没有让波音公司感到畏惧，而是敢于直面应对不回避，波音公司的这种处理方式得到了民众的信任和肯定，经历了此次事件之后，波音公司的订单大大增加了，仅仅 5 月份就接到了 180 架飞机的大订单，销售额高达 70 亿美元，这个数字同往年相比要翻一番。

面对危机，聪明的决策者敢于用正确的做法去面对，有强烈的责任心，对民众负责，也是对自己的产业负责。勇于承担责任才能得到社会的信任和肯定，反之则会害人害己，最终将会把企业送上衰退的不归路。

危机也可以转为商机

任何事情都有两面性，失败的同时也可能潜藏着希望。这要看管理者能否站在客观的角度上看待危机。决策者通过对企业发展的分析和管理，运用有效的经营手段，使民众对公司有认同感，在危机到来之时化解危机，并从中找到利于公司开拓和发展的商机。

任何投资都有风险，但往往聪明的决策者总是能看到化解危机的背后能给公司带来的商机。这也是一些企业在经历危机后更上一层楼的原因。

随着时代的发展，各行各业在经营和管理中为了应对突发事件而制定了危机管理专业处理系统，这个系统能够将公司的损失降到最低。经历过的危机多了，企业总是想找到既高效又合理的解决危机的最佳办法。危机公关是一个关键环节，做好应对危机管理的准备更是重中之重。

作为企业的决策者一定要明白，无论遇到什么样的危机，最后的结果是公司最想要的，所以纵然解决问题的办法有千万种，无论按照什么样的套路，带给企业的应该是效益、利润和发展。但是也不能跳开企业的实际情况空谈危机管理、公关应对等，必须根据公司自身的发展实现科学完善的危机管理机制。危机管理和企业的全面战略就像孪生兄弟，二者是相互联系的。众所周知，三角形具有稳定性，危机管理也是同样的道理，管理者要处理危机至少找到三个层面才能彻底化解危机。

在遇到危机时，面对危机和化解危机是最低的层次，也就是说在危机发生的同时要镇定理智，冷静分析危机的原因。之所以说它是最低级的层次是因为它实际上考验的是管理者应对危机的心理反映，找出解决的措施，尽量降低甚至避免危机给公司带来的损失。

其次是化解危机，这是第二个层面。在危机发生之后能够迅速做出反应，在最短的时间内解决掉。这种情况下就需要管理者做好完善的监督和反馈机制。任何事情的成败都不是一朝一夕形成的，就连危机在发生之前也一定是由于公司经营管理的某个环节出现了失误才给未来的发展埋下了隐患。如果管理者如果能及时发现危机，就能使公司不被拉进更大的深渊。

危机管理的最高层次是利用危机。就是说要善于利用外界环境的危机带来的机遇，找到适合公司新产品的推广方向，达到出奇制胜的效果。例如，威露士以"家庭消毒专家"为标志在"非典"期间出现在人们的视野中，一箭双雕，由于这种大环境带来的商机使得它的销量和品牌都有所提高，这也是威露士在企业竞争中站稳脚跟的原因之一。包括远程教育也利用了"非典"这个关键时期推动了主流教育模式的发展。

由此可见，决策者不仅要能战胜危机，还要顺势将危机化险为夷，塑造更好的企业形象。

周全准备，充分考虑

任何事情在开始之前都应当做好一系列的准备工作，因为机会总是留给有准备的人。长江实业集团的创始人李嘉诚就是这样一个人，正是因为他始终坚持这个原则，才得以成为知名的实业家、慈善家。他曾说过一句话："天有不测风云，做生意就和出门差不多，虽然天气预报说天气好，但我时常会反问自己，如果突然宣布说台风很快就会到达这里，我该怎么办呢？所以说，要想在香港做生意，不做好这种心理准备是不行的。"

早在李嘉诚还不太了解房地产行业以前，"卖楼花"在香港已经不是什么新鲜词儿，就比如 1954 年"卖楼花"的首创人霍英东的销售妙招。"卖楼花"就是在商业楼尚未兴建或竣工之前就开始分楼层和单元预售的方法。随后，房地产商用买家的钱兴建，还可以将地皮拿到银行抵押贷款，也就是花明天的钱圆今天的梦。"卖楼花"的出现，使用户只需交付部分首期就可以按揭贷款，银行将房子作为抵押，全款余下没有交付的部分则交给地产商，然后用户需在若干年内按期返还本金和利息给银行。毋庸置疑，银行才是风险的主要承担者。霍英东的这种销售方式对房地产行业是一种催化剂，加速了楼宇的出售，也解决了资金不足的问题。因此房地产商们纷纷效仿。

李嘉诚虽然花了很长一段时间分析、预示了房地产行业的前景，但他依然谨言慎行，不盲目入市，力求产业的稳步发展。那时候，房地产并不是很热门，好多大商人都在航运、金融、能源、工业等重工业发展，房地产虽不被大多数人看好，但也算不上冷门。随后，房地产在经济发展中逐渐占上了主导地位，地产商也为楼宇的销售开辟出了更多的销售渠道，"卖楼花"就是一个典型案例。

对于当时的房地产行业来说，"卖楼花"是一种很好的销售手段，在行业内也有不错的发展，虽然李嘉诚初入房地产行业，但在经营中也绝对不失冷静。首先他从物业开始着手，后来，他的这种经营方式发挥了显著作用。根据香港政府公布的数据来看，1959 到 1980 年这 21 年间，香港政府拍卖的市区土地的平均价格呈现出几十甚至几百倍的增长趋势。同样的土地面积逐层建造，利润就会翻倍。李嘉诚拥有大量的产业，成了香港房地产行业名副其实的大亨。

早在之前，李嘉诚就曾想过，地产的利润和银行是分不开的，二者相互牵制，它们是赢则共赢，一损俱损的关系。所以像房地产这样的高额产业，过多的依赖银行并不是什么好事。风险与利润并存，一定要谨慎，保持稳步发展的态势，对此，李嘉诚提出了三点经营原则：

1. 资金不足，不卖楼花，不冒风险增加建房速度。资金再紧，宁可少建或不建，也不卖楼花以加速建房进度。

2. 尽量不向银行抵押贷款，或同银行向用户提供按揭。

3. 不牟取暴利，物业只租不售。

物业虽然不能像建楼和售楼那样可以获取高额效益，却既稳定又有增值空间，时间越久就越能体现出来。物业才是真正的摇钱树，这也是李嘉诚提出的不牟取暴利，不做买断交易的原因。

一定有人认为李嘉诚这种谨慎的举措显得过于保守。但 1961 年发生在创兴银行的挤提风潮也的确验证了他的经营策略是对的。银行家廖宝珊当时大肆修建楼宇和银行，为了发展地产业，他用尽了所有的存款，这种为牟取暴利不顾风险的大量投资，最终引发了挤提风潮。这次危机把一个地产之王拉进了地狱，廖宝珊因此突发脑溢血不幸身亡。廖宝珊曾是李嘉诚敬仰和钦佩的标杆，这次风潮之后，李嘉诚更加认识到经营管理地产业不是一件容易的事，高风险、高回报，就像股市一样风云无常的地产行业，每天都会有新的变化，作为产业的领导者一定要认识到这个行业会带来的风险，同时也需要做好充分的心理准备。果不其然，后来，银行的利益受损，连带房地产业，最终也陷入了危机。李嘉诚早早认识到了这一点，及时采取了措施，才得以在危机中幸免。

1962 年，香港政府修改了决定在 4 年后付诸实施的建筑条例。当时地产商为了避免吃亏，抢先 4 年建房，由此引发了一股强烈的建房热潮。在此次热潮中，银行也投身资助推波助澜，这就使得房地产行业出现了一片空前繁荣的景象。

李嘉诚将利益的长短看得很明白，他会奔长远利益出发，不牵绊于眼前的小利润。地产行业时常是血雨腥风，他始终保持镇定和谨慎的心态，他比任何人都清楚地产业竞争中的大起大落。为牟取暴利，迎来的往往是危机。因此，他拒绝眼前诱惑，尽可能脱离银行贷款，靠自己的资金建造工业大楼，他还一心一意地在新老工业区购买有开发前景的地皮，建造厂房。由于李嘉诚公司其他所属产业经营很好，地产业渐渐由投资走向了收益期，李嘉诚的地产业呈现出良好的势头，而那些投机房地产的公司可就倒霉了。

比如在 1965 年，本埠的明德银一号。由于大量投机房地产行业，流动资金基本耗尽，没有了偿还债务的能力而出现了严重的挤提，直至公司最终宣告破产。从这一事件的发生不难看出房地产市场的兴起使银行投身其中，出现了银行投机，最后引发了全香港的挤提风潮，对大部分的存户也产生了一定的心理影响。风潮的势头发展得很快，其中有商业银行为此倒闭，有的陷入绝境，有的只能卖出股权才幸免于难。

在万分紧急的局势下，为了能控制住挤提风潮，香港政府采取了一系列的举措，但是银行的危机并未因此而结束。"冰冻三尺，非一日之寒。"这场风潮持续了一年之久，许多银行虽然没有倒闭，但为此硬撑着，可谓付出了惨痛的代价。"一荣俱荣，一损俱损。"这也是因为银行业与房地产行业有着相互牵制、相互扶持的关系。银行业如今在风潮的影响之下变得不景气，繁荣的房地产业也骤然栽了跟头。地产的楼价一跌再跌，来不及脱身的商家就只能掩埋在这场大风潮里。那些依靠银行支撑的地产商和建筑商，它们是拴在同一根绳上的蚂蚱，纷纷倒闭。而李嘉诚没有受到太大的影响，损失很小。这都是因为他有谨慎行事的心态和稳步发展的策略。李嘉诚避开了这次大危机，毅然挺立在地产业的前端。

对于管理者来说，经营没有固定的模式，管理没有绝对的法则，出现问题要敢于随机应变。没有人因为经历过风波而幸免就成为权威，成为绝对的标准。世上没有绝对，最主要的是我们要从中汲取精华，李嘉诚的经营和应对方式确实值得学习。在李嘉诚刚刚进入地产行业的时候，还没有太多的经验，也没有多少资金作为奠基，因而他只能一步一个脚印的尽量保持利润可持续增长的战略，这也是他长久以来一贯的作风。所以说，经营一个产业，在熟悉产业结构和自身实力的同时也要依照自己的个人风格来制定经商策略，不能盲目追随，最后受影响的是自己的利益。

商业市场如战场，管理者要利润也要发展，既然要做生意，风险是避免不了的。在商业市场上，管理者要时刻保持警惕，好多风险一旦发生就很难避免，所以谨慎些没有什么坏处。倘若预示到危机的来临，管理者就要做好应对的准备，对可能出现的问题制定出各项应对措施，采取主动出击的方法，在危机发生时才不会摔得那么重。因此做好准备很重要。李嘉诚是可以一心两用的人，这也是他不容易失败的原因。

员工跳槽预示着管理漏洞

美国的波音公司曾经做过一个调查，在 40 多名员工中有 30 名是因为对薪水不满意而跳槽，有 27 名因为被加薪而留下来，但在短短的时间内，有 25 人因为各方面原因又纷纷离开了。

每个企业的管理者都不希望这样的事情发生，好不容易培养的员工因为薪水而跳槽，这也算是企业的损失了，但增加薪水真的就能避免这个问题吗？于是，企业管理者纷纷抱怨员工的要求太高，即便是增加薪水也未必能提高工作效率，实在是让人感到困惑。

员工不能与管理者和谐相处是一个重要因素。员工觉得作为公司的经营者也是管理者，对待下属就应该平易近人、宽容大度。人与人之间的关系都是相互的，领导与下属的关系也是一样，时间长了，员工自然与你建立良好的关系，员工被老板的人格魅力所吸引，他还那么想离开吗？

有这样一个例子，日本一个矿业公司就因为董事长时常把工作上的不如意情绪带给下属，由于他急功近利，性情暴躁易冲动，和下属发生摩擦都成了家常便饭，甚至把情况弄得更糟糕，好多员工因此离开了公司，后来他被发配到基层做了矿长。这对他来说本是一次教训，入职以后，矿上举办酒会，他不善言辞和不胜酒量，老员工们认为他不讲情面，年轻的员工甚至有了辞职的打算。那段时间他变得很被动，员工递上来的辞呈也让他很揪心。就这样过了大半年，在年前举办的同乐会即兴表演中，他的几句家乡戏拉近了他与员工们的距离。他自己也不敢相信，曾经表面恭敬却避而远之的员工如今对他很是热情友好。后来，他为此在矿上独立办了一个家乡戏园，丰富员工们的生活也拉近人与人之间的距离。从这以后，他和员工们的关系相处得越来越好，员工们都愿意跟他聊天，很少有人想要辞职了，他对下属越发的亲切，同时也受到了员工们的拥戴。

后来他的下属工作起来干劲儿十足，交代的事情完成得又快又好，工作效率提高了，生产水平也很可观。他不但工作能力很强，而且得民意，后来终于坐回了董事长的职位。

在他晋升后的一次现场会上，由于公司所有的头面人物都在场，现场会也办得很热闹。最后，公司的总裁秘书提出了一个以最欢乐的方式结束现场会的建议，就是选一个副经理抛到喷泉池子里，总裁也很赞成，就博得他的同意，但他觉得这样做不妥当，就在大家都期待这一幕时，他做了一个决定：这个让大家尽兴的人由他来当。

他向大家做了宣布之后便纵身一跃跳入水中，他的举动引来了大家的围观，也达到了高度欢乐的效果，大家在大笑和热议中散去……

后来，总裁问他当天为什么要亲自下水，他回答说："让职位低的人出丑，而职位高的人却摆出一副笑脸，维护自己的形象，这样做最容易失民心了。"这句话点醒了总裁，也使总裁学到了管理好企业的窍门。

每一年辞旧迎新之际都会有一场跳槽季。可这究竟是什么原因呢？对企业有偏见，这是一个因素，这种偏见只是对前景的不看好，但就是这种不看好决定员工不想继续留在公司。

员工的不满态度存在于对管理者和小环境的不满，然而对管理者的不满不是一朝一夕形成的。这种态度使员工无法心情舒畅地工作下去，这不但影响了员工的工作情绪，也降低了公司整体的工作效率，所以企业的管理者万万不能轻视这一点。

从根本上来讲，员工固然看重薪水，这也是最能激励他们提高工作效率的关键因素。但这仅限于员工对公司内部没有其他的不满，否则即便是企业为了留住人才而给员工加薪也于事无补。员工虽然对薪水的多少很是看重，但同时他们更在乎所属企业的文化、管理方式、工作前景以及提升空间，这几点才是吸引他们留在公司的主要原因。他们很聪明，从一定意义上讲，在提高薪水的同时他们对这几点也抱有期待。他们善于权衡个人利益，也注重企业发展，纵使热爱自己的工作，但他们也希望自己的老板值得拥戴。他们完成了老板交代的各项任务并不能说明满足于此。很多人都能凭借自己的能力在特定的时间内完成指定范围内的工作任务，同时也能在这个基础上超出工作额度，即使是这样也不能说明他们真心喜欢这份工作。

有这样一位销售部门的管理者，他的销售业绩在公司连续几年都是冠军，可以算是公司的骨干，但是他最喜欢的工作是制作电视广告，期盼着有一天能到电视制作部工作，并成为一名优秀的部门管理者。站在公司的角度上来看，他适合留在销售部门，但他心里却有一个到电视部门工作的想法。这个时候一旦有合适的广电公司，他一定会毅然决然地离开销售部。后来，总裁经过反复斟酌决定让他兼顾这两份工作。他是一个很有智慧和才华的人，兼顾两份工作都做得很好。

管理者往往不会那么留意每个员工的潜力到底在什么地方，他只关心企业的管理策略是否完善，人员调度是否均衡，而在企业中的各个部门，为员工的角色和能力做出定位和判断是很重要的。员工没有自主选择并为之努力发展的机会和空间，这是许多管理者都容易忽视的问题，也是导致员工纷纷跳槽的重要原因。

公司是一个大环境，员工跳槽离开了管理者。因此，一些管理者将满意度作为员工对自身工作态度的检验，通过一定时间或印象式地分析，可以看到管理过程中出现的小纰漏。管理者不能轻视这些问题，不然无法提高公司的整体工作效率，绩效和出勤率也有可能降低。对企业来说，培养人才至关重要。

决策不仅要正确，还要警觉

企业的管理者有没有较高的警觉决策能力，决定了他能否为企业创造持久的利润，因此，警觉决策能力是一个优秀的管理者必须具备的能力。

有这样一个故事，一栋居民楼的窗户不知什么原因被打碎了，如果一直搁置不去修理，这就会成为一个信号，说明没人关心这个问题，过不了多久就会有更多的玻璃窗被打碎。这就是我们熟知的"破窗"理论。这个故事就告诉我们管理者具备警觉对组织生存的重要性。

将这个故事与企业的组织发展放到一起来看，管理者在组织发展中应当提高警惕，在问题没发生之前就要高度重视，将它遏制在摇篮里。

那些处在事业高峰的管理者，往往因为觉得自己在商场上摸爬滚打多年，积攒了不少经验，所以他们很容易出现过于自信的心理。在问题发生的时候感觉不到潜藏在背后的危机，哪知道空前的繁荣背后竟会危机四伏。有一个实验可以证明：将一只青蛙放入沸水中，青蛙会立刻跳出来，佀是如果将它放到凉水中再不断加热，青蛙会渐渐在不断升温的水中死去。这个实验说明了如果管理者不重视企业管理中遇到的小问题，时间一长就会堆积成大问题，对组织的生存和发展产生一定的影响。

有学者认为，关于企业家特点的标志性词语就是企业家警觉，也就是企业家能够对企业发展中其他人不能发现的问题具有预见的能力。这种警觉包括六点：对已经变化的环境的警觉，对被忽略的问题的警觉，对机遇的警觉，对未来发展趋势的警觉，对信息变化的警觉和对不利于自身利益的警觉。

警觉性决策能力对企业家来说是很重要的能力，它需要企业家制定完善的、全面的经营发展战略，尽力避开危机，在一定程度上将风险降至最低并减少公司的经济损失。其中包括禀赋警觉和职业警觉。一个优秀的企业家应当在努力挖掘自己的决策能力的同时培养自己的职业化决策水平。

禀赋警觉是指企业家自身带来的一种能力，这是一种天赋，没有人能够模仿，因为它是独一无二的。人们常说某人是哪方面的材料，指的就是人的这种禀赋能力。

有一个故事。迪克和莫里斯两兄弟在加州开了一家烧烤餐馆。在经营中他们发现，顾客在用餐的时候不愿意等待，于是在 1948 年底他们建立了麦当劳，此后，快餐渐渐走进人们的视野，并深受大众的欢迎。由此可见，快餐不是传说，它为顾客节省了时间，价格也很划算，而且既方便又快捷。

兄弟俩的生意越做越大，后来一个叫克罗克的销售商预示到了麦当劳的经营范围将会持续扩大，于是买下了餐馆在美国的经营权，麦当劳的发展果真如他所料想的一样，于是他又买下了世界经营权。直至目前，每天都会有三千多万人光临麦当劳。麦当劳两兄弟的构想的确让人佩服，但克罗克抓住了难得的机遇，正是因为他具有过人的警觉并勇于实践才得以有如此傲人的事业。

职业警觉是对新事物的敏锐感和适应能力，它是一种企业经营的专门化能力。有一位欧洲来访者曾这样写过关于美国人的警觉：在美国，新的事物很快被接受，人们对旧事物也无从留恋，喜新厌旧；美国人对各种新鲜的发明都显得迫不及待。

说一个关于警觉性决策的经典案例，是关于我们熟知的美国罐头大王亚默尔的。

1875 年的一天，亚默尔看到一条新闻，说的是在墨西哥牧场出现了生病的牲畜。有专家认为这很可能会引来一场瘟疫。而亚默尔想到的却是与墨西哥相邻的加利福尼亚和德克萨斯的肉类供应基地很有可能由于政府控制瘟疫扩散，而使肉类供应紧张，导致价格上涨。于是他从其他地区采购了大量的牲畜和肉类运往东部，果然，后来政府禁运肉类控制瘟疫，肉价大幅提高，而亚默尔因为这场瘟疫赢利了不少。

除了禀赋警觉和职业警觉之外，还有哪些内容是企业家应当具备的警觉呢?

首先，企业家要精准地预见未来的经济走向。迅速抓住近在眼前的机遇，古人曾说过一句话："虽有智慧，不如乘势；虽有镃基，不如待时。难得而易失者时也，时至而不旋踵者机也，故圣人常顺时而动，智者必因机以发。"就是说有智慧也要有机遇，智慧易得而机遇难得。

其次，企业家要抓住少有人重视的利润机会。它不那么容易被发现，只有警觉性高的企业家才能从中得到利润机会。企业家还要适当避开经营者经常出现的错误，为公司减少不必要的损失。

对于决策者来说最重要的就是由小经济预示到大变动的警觉。气象学家曾发现，气候的多变是由于它是一个敏感的系统，在一个地方的任何一点儿微妙的变化都有可能在另一个地方引起翻天覆地的变化。比如，因为巴西一只蝴蝶扇动翅膀的气流这么小的变化而导致了美国德克萨斯州出现了一场巨大的龙卷风，这就是著名的"蝴蝶效应"。还有一句谚语是这样说的："蹄钉缺，马蹄瘸；马蹄瘸，将军折；将军折，战事歇；战事歇，王国灭。"说的是一匹战马，由于在作战时马蹄上少了一根钉子而导致国家的灭亡。或许有人觉得这是危言耸听，但在激烈的市场竞争中，一个不起眼的小细节就有可能给企业带来无力挽回的灾难。

PART

第十一章

11

重视企业文化的价值

一个企业文化价值的高低，体现在不同方面。员工自身就是其中之一。如果员工对企业的某些文化不赞同，或者反感的话将会导致员工的流失。企业文化不仅可以在潜移默化中影响员工，还可以增强员工的归属感与责任感，员工的心稳定了，企业的发展才会持续。企业文化也是道德底线，质量面前的把关，利益面前的取舍，这些无不体现了企业的价值。

企业文化价值的意义

在一个企业中，员工不仅要拥有过强的工作能力，更重要的是要认同企业的价值观。只有认同企业价值观的人才能在企业中发展下去，如果员工的价值观和企业不符合，他是很难在企业中继续发展的。

想要员工认同企业的价值观，就要充分理解企业文化包含的意义：

第一，企业文化是企业的"外包装"。

如果我们将企业比作一件产品，那么，企业文化就是产品外包装，而具体的价值观，就是包装上的说明文字。产品的包装有利于产品的销售和推广以及顾客对产品的认识。同理，一个企业的文化，有利于人们更好地认识这个企业，树立良好的企业形象，增加企业在市场中、在政府中、在客户中、在员工中的影响力。

第二，企业文化是公司的思想精髓。

企业文化是一个公司的思想精髓，通常，通过一个公司的企业文化就可以看出这个公司老板的价值观。企业文化相当于公司的软性广告。它可以在无意识中将企业的中心思想传达给员工，减少员工的抵触情绪，节约大量的时间成本；与此同时企业文化可以把老板的思想准确地传达给外界。

第三，企业文化是不成文的规矩。

每个公司都有属于自己的企业制度，所有这些规章和制度，都源于老板的思想。老板要求大家按照他的意志去做一些事情，于是就出现了制度。但很多事情是无法用制度规定的。虽然没有具体的规章制度，但大家都愿意去遵守，这就成为企业中不成文的规矩。而企业老板将这些规矩集中、提炼，就形成了企业文化。将企业文化和制度相结合，可以更好地管理公司，降低公司的管理成本，提高企业的执行力。

第四，企业文化是宗教。

宗教就是一种信仰，使人们无条件地去相信一种事物的存在，宗教充满无穷的力量使人变得狂热、充满激情，使人们充满快乐和希望。一个人的精神决定了他在这个世界上是如何存在的。企业文化就是企业中的宗教，它将思想传播给员工，并使之相信，使员工愿意为了自己的信仰去努力工作，得到自己想要的幸福感。

老板只有充分地理解文化的意义，才能创造出优秀的企业文化，更好地利用企业文化，使公司更进一步，达到屹立不倒的境界。

爱是企业文化的精神体现

一个充满爱的企业往往会比普通企业发展得更有力量。爱是一种精神力量，在充满爱的环境下工作，人往往会变得更加快乐、幸福、充满激情和力量。

一个企业爱的精神力量，会给员工带来巨大的动力。所以企业管理者要学会爱企业的员工。前一段时间，有这样一个新闻。南方的一家食品公司，长时间强制员工加班，每月多达 200 个小时，员工们不堪重负，与老板交涉无果后，有 100 多名员工停工抗议，导致制面车间 8 条生产线暂时停产影响了整个公司的生产。

管理者要明白，员工不仅是企业的雇员，还是帮你制造财富的伙伴。公司要与他们保持和谐、共同发展的"友谊关系"。一个企业如何维持与员工的这种关系呢？首先企业要关心员工，把员工当作自己的亲人、朋友，要给员工一种"企业就是家"的感觉。企业不应把员工当作生产的机器，而应为他们创造一个舒适融洽的工作环境，让员工自愿地为企业贡献自己最大的力量，创造最好的效益，以达到双方更加良好的合作方式的要求。

现在很多企业都实行"以人为本"的管理模式，在企业的管理中，更加注重人的重要性，以人为出发点和中心，实现人与企业的共同发展。中华民族传承着很多的传统美德，如"滴水之恩，涌泉相报"，孔子曰："以直报怨，以德报德"。一家企业只有关心爱护员工，员工才会给予足够的回报，认真努力地去工作。一个只知道剥削员工的企业家只能得到员工的抱怨。

英国的克拉克公司原本是一家很小的公司，只有 5 个员工和两辆汽车，为顾客的草坪施肥、喷药这样简单的事情就是它们公司的业务，然而仅仅十年的时间，它的员工数量就达到了 5000 人，营业额也达到了三亿英镑。这与它的经营思想、管理方针关系十分密切，外界称它为一家真正体现"爱的思想"的企业。就是这样不合常规的以"爱"为宗旨的经营理念，给这家企业带来了巨大的成功。

克拉克公司的文化理念来源于创始人克拉克的老父亲传下来的一个信条"将员工放在首位，顾客其次"。克拉克公司一直坚持这个理念，将员工放在第一位，对待员工就像朋友一般关心、呵护，而喷药、施肥的工人被公司称为令人尊敬的"草坪养护专家"，是公司里最为重要的人。

老板克拉克关心职工，并不只是做在表面上。一次，克拉克无意间发现了一个旧船坞，想要将它买下来改造成职工的免费度假场所。可是企业高级财务管理人员通过细致的计算，发现公司的资金不足以支撑这个计划。他们费了好大劲儿，才打消了克拉克的这个念头。

过了没多久，克拉克又提起这个话题，他寻找到一片沙滩想要在那里修建职工度假村，可是仍然没有获得财务人员的同意，于是他就偷偷买下来一艘豪华游轮，让职工度假。而且他还包租了一架大型客机，让工人外出旅游。克拉克要求主管财务的副总裁签字的时候，根本不知道公司能不能付出那么多的金钱，可是当他看到员工们欣喜的表情之时，他们都觉得十分开心。在克拉克眼里，能够让员工感觉到开心，是一件非常幸福的事情。

公司的领导人善待和爱护自己的员工，员工们自然而然地也会爱戴公司的领导，维护公司的利益。对于顾客也是如此，相比来说，顾客肯定会更加支持热爱自己的企业。爱的精神是通过企业爱员工、爱顾客的行动来经营企业的,这样不仅使员工和顾客幸福快乐,也给公司带来了效益,何乐而不为呢?

集体荣辱感

　　什么原因导致了团队将任务具体到个人的责任上呢?因为这样做可以增加员工的责任感,从而促使员工为团队创造效益。还要保证个人责任与团队责任保持一致性。它们既是独立的,但同时又是一个整体,相互关联,密不可分。为了整体的公正性,每一种制度都要细化到个人的身上。总体来说,所有的团队制度,不仅是对这个团队整体的规章制度,还是对每一名个体的管理、激励和监控。如果连个人责任都没有明确,如何去谈共同负责呢?

　　国内有一家这样的公司就出现了很大的问题:

　　首先是没有责任目标,每个部门都没有具体的工作任务,考核也没有一定的标准。由此也无法评价员工完成任务的情况,也就没有办法实行奖励和处罚,因此,所有的员工待遇相等。

　　在这种情况下,没有一个公平的制度来规范员工,无论员工多么努力工作,和那些无所事事,好吃懒做的人得到的结果是一样的,结果就导致了很多员工没有责任心。反正无论你的工作完成得是好是坏,都没有多大的区别,反正领导是凭他个人的印象来确定工资收入的。由此可见,如果没有一个完整的制度,就会严重缺乏说服力。

　　这种赏罚不分明的公司,没有建立起制度的积极导向作用,就使公司的有识之士得不到应该拥有的待遇,还维护了一批滥竽充数的害群之马,导致整个公司都乌烟瘴气没有一点儿新鲜活力。不长时间,这家公司就会面临倒闭的命运。

　　团队的成员,最希望遇见一个自己可以与其产生默契的团队,而团队里的成员与自己一样都充满活力和进取心,这样才会促使自己更愿意为自己的事业和工作而努力，而遇见那些与自己"志不同，道不合"只混日子的同事，不仅会影响到自己努力奋斗的成果收获，甚至还会干扰自己完成本职工作。一个连本职工作都没办法积极投入的员工，可想而知他对你的忠诚度会有多低。

大多数的老板都会很讨厌那些做事不认真，极其不负责任的员工。因为这种人不会安心做自己分内的工作，而且还会在别人努力工作的时候，传播谣言，造谣生事。如果工作中有出现了问题，他们总能第一时间推卸责任，想尽办法证明这件事情和他们没有关系，从而干扰到工作的正常运转。没有一个公司的管理者会喜欢这种员工。

可是在遇到这种员工的时候，想要解决这些问题却会很麻烦，管理者无法果断采取行动，是因为他们害怕无法协调个人与共同利益之间的冲突。企图建立制度规范个人责任与团队责任，却发现很难找到中间的平衡点。

想要建立完美的团队制度，融合个人责任和团队责任，下面几个因素十分重要：

1. 首先是公平的因素

每一个团队中的成员首先要求的便是公平。虽然绝对的公平是不存在的，但是也要给人以相对的公平。就算是团队中真的存在不公平的制度，也要首先倡导并声明这一点，以避免让员工有一种先入为主的"恶法"。

公平可以分为两种，程序上的公平和结果上的公平。通常人们更在意的是程序上面的公平。比如在百米赛跑中，当比赛机制公平时，人们只会埋怨自己，为什么会没有得第一呢？可是如果起跑线设定得不公平，那么，人们就会对结果产生怀疑，甚至会愤怒，认为有黑幕存在，从而不再去相信，对这项赛事缺乏再投入的积极性。

企业管理者必须先考虑程序上面的公平，给员工以人人平等的机会，激发员工的个人积极性和责任心，才能推动共同负责。结果上的公平，是要求有一种平等的结果。我们首先要保证程序平等，再去考虑结果上面的平等，不然工作能力较强的人和工作能力一般的人得到的结果是一样的，反而就失去了平等的意义。这种情况下我们要知道，只有程序上体现公平，才不会导致公司的混乱。

由此可知，程序上的公平比结果上面的公平要重要得多，一项制度如果只追寻结果上的公平，那么，这项制度注定是不公平的。企业应该给员工创造每个人可以平等竞争的机会，让他们根据自己的能力去得到相对平等的结果。而不是无论做什么工作，完成的结果如何都能拿到同样的报酬，从而影响业绩突出的团队成员的积极性，进而影响整个团队的绩效。共同责任的前提是建立完成个人负责的公正体系。

2. 对绩效的评估

团队的制度与绩效评价密切相关。看一个团队优秀与否，我们首先看的就是团队的绩效。团队的绩效离不开每一个成员的努力，所以，管理者必须重视每个成员所发挥的作用——尊重每一个成员的付出和劳动，记着任何一个哪怕细小的他们为公司所做出的贡献，并给予其客观的评价和回应。制度里必须包括一套公平和透明的绩效评估体系，定期对成员的工作作出评估，肯定成员的价值。

此外，一定要保证评估体系的透明性和科学性，否则也一定会有滥竽充数的"南郭先生"出现，不仅不会给团队带来任何贡献，还会影响团队的发展，给团队带来负面的信息，会挫伤团队成员的积极性，从而影响团队效益。

3. 人际关系的协调

很多管理者面对人际关系的协调都会头疼不已，因为中国的人际关系就像一张蜘蛛网，由近及远，互相交错，错综复杂。由于这个原因，导致了制定个人与团队的利益分配制度时，关系就变得微妙和复杂。

一个团队中，成员越多，形成的人际关系也更加得复杂，不仅是中国的文化里如此，西方也是同样的。每个人都以自己为中心，形成了一圈圈由近而远的关系网，从而在相互交错中结成错综复杂的关系。人际关系越复杂，团队成员耗费在人际交往上的精力就越多，以至于投入公正竞争中的精力就会相对减少，对于团队绩效产生的负面影响也就越大。

人的精力都是有限的，如果将精力放在人际关系里多一点儿，那么用在工作上的精力必然会减少，必然会对团队效益产生一定的影响。经理人一定要意识到这一点，不然你的团队就会产生麻烦。所以需要经理人为团队创造一种和谐的人际关系氛围，使团队成员的关系尽量简单，这样的话工作会变得轻松，职员也会全力以赴地工作。

如果上面的三个问题解决不好，自然而然地就会产生团队的内耗。只有当团队成员协调一致地行动时，才会产生整体大于部分之和的协同效应，否则产生的效果就是相反的。人多，力量不一定大，不然就不会有"一个和尚挑水喝，两个和尚抬水喝，三个和尚没水喝"的故事发生了。只有一个具有团队精神的团队，才能称得上是真正的团队，否则就是一盘散沙。所以领导者只有解决了这三个问题，才能保证团队产生让人满意的协同效应。

在一个团队共同负责的时候，很容易出现只知道坐享其成的员工。他们没有为团队做出贡献，却总能享受到和其他成员一样的待遇，如果你不能及时发现，他们就会成为团队中的特权者。这时你要提高警惕，想好补救的措施，以免让这些以逸待劳者永远地潜伏下去。

大多数情况下，团队成员在工作中所作的成就往往会在团队中体现，以至于整个团队评价其中就包含了个人评价。我们往往会看到这样的场景：知道一个人在某家公司工作，我们就知道这个人肯定非常优秀，因为那家公司也非常得优秀，所以让人产生了一种这样的印象。因此，想要提升团队的形象，领导者就必须增强成员的集体荣誉感和勇于承担责任的勇气。

想要提升成员的集体荣誉感，不仅要在团队文化的灌输中培养员工的贡献精神；还需要管理者以身作则。首先，管理者要勇于承担自己的错误，在自己出现错误的时候要敢于检讨。如果团队成员做了错事，领导者首先要主动地做自我批评。因为任何员工做错了事情，首先都是领导者的责任。只有这样，员工才会把更多的精力放在工作上，不会整天小心翼翼地思考自己万一做错了事情怎么办，会不会挨骂？从而丧失了创新的积极性。

一个团队最理想的状态是：每个人都将注意力放在工作之上，勇于面对问题，帮助团队解决问题，在团队成员遇见问题的时候，主动帮忙解决，以求将对团队的负面效应降到最低。建立共同负责的团队文化。

一个团队仅依靠个人的工作成果，是不能生存下来的，它更需要依靠的是团队的整体业绩。成员的集体贡献，才能创造出超出个人业绩总和的集体业绩。在这个过程中为了防止出现"东郭先生"一样的成员，就要在团队中划分明确的责任目标，将每个人都放在最能发挥他们作用的岗位上，建立一定的赏罚制度，使他们人尽其责。当然，建立赏罚制度，要具有合理性，需要条理清晰，公开透明，具有科学性。想要成员为团队的共同目标而努力，就要让他们看到自己在完成目标后可以获得的共同利益。

管理者需要为团队成员确定一个每个人都信服的可以实现的目标，这对团队来说显得尤为重要。如果员工看不到可以完成目标的希望，就会失去为之奋斗的动力。只有切实可行而又具有挑战意义的目标，才能使员工投入兴奋的工作状态，充满激情和能量，为自己的工作和团队奉献力量。

管理者想化解个人和团队的利益矛盾，就要在团队中建立个人绩效评估系统。每一个团队都拥有共同的宗旨和绩效目标，但是在通常情况下，每个团队成员对团队的贡献都是不同的，就算完成了同样的工作也会因为个人能力的差异产生不同的结果。这时，个体绩效评估就显现出真正的作用了。可是个人绩效评估系统真正地实施起来会出现一定的困难。既不能因为过分强调个人绩效而去破坏团队整体的合作性；也不能过分强调团队的绩效而引起部分团队成员的懈怠。只有个人绩效和团队绩效达到平衡时，才会激发每个成员的潜在水平。否则，最终都会导致团队的整体效率降低。由此可知，个人责任和共同责任有着千丝万缕牵扯不清的联系，所以在建立个人绩效评估的时候要充分考虑到个体利益和整体利益的冲突，尽可能地化解存在的矛盾。

管理者应该看清绩效评估的真正意义，它是让团队成员相信，在这个团队中，他的任何劳动成果都可以有一个公正合理的对待，使员工对自己未来的工作充满动力。

在建立个人的绩效评估体系时，我们应该贯彻以下的原则：

（1）目标要具体：要确定具体的工作目标，确保每个员工都清楚地知道自己的工作内容。

（2）必须可度量：绩效评估的目标是可以考核的，有数量化或者行为化的，在验证这些指标的数据或者信息时，必须是可获得的。

（3）必须可以实现：必须是员工努力可以实现的目标，应该避免设立过高或者过低的目标。

（4）有相当的现实性：目标必须是实实在在的，可以证明和观察的。

（5）必须具备时限性：必须有特定合理的时限，不能无期限或者时间太短。

团队合作才是成功的前提

比尔·盖茨曾经说过："团队合作是走向成功的基础，一个意识不到团队合作重要性的团队是无法取得成功的。"企业要想发展下去，就要具有强大的团队精神。

团队合作的精神就是通过集体的力量去完成团队的任务，追求优良的业绩。通过彼此的合作，将团队成员的长处和技能集中在一起，以产生团队能力超过团队个人能力叠加的效果，使整个团队的凝聚力变得更加强大，能够更大范围地去迎接挑战，使企业更加具有应变能力和冒险精神，进而提升企业的效益。团队合作精神，有助于团队成员快速成长。团队成员之间在合作的同时，需要沟通和学习，可以互相传授技能与经验，从而提升成员的个人能力，使他们有机会来承担更大的责任，突破自己，获得更好的成绩。

在 2005 年，马云、李彦宏、邓中翰这些中国高科技 IT 企业的精英，均获得了 CCTV 中国经济年度人物提名。马云开启了电子商务的大门，李彦宏开启了中文大宝库，邓中翰一手将闪亮的 " 中国芯 " 成功植入全球 IT 业的银河，他们在中国 IT 企业脱颖而出、大放异彩。

在演讲的时候，邓中翰博士表示，他的成功来源于有合作精神的团队，如果不具有合作精神团队，他不会成功。马云和李彦宏的成功也源于他们拥有良好的团队，他们的成功源于合作！

你会相信蚂蚁那种你看起来渺小微不足道的生物可以救火吗？1985 年，法国科学家发现了这个现象。后来，英国一位动物学家为证明这个现象而做了这么一个实验。

英国动物学家把一盘点燃的蚊香放进了蚁巢。刚开始的时候，蚂蚁们十分惊慌，过了大约 20 秒钟，很多蚂蚁开始进入救火的行列中，向蚊香喷射蚁酸。可每只蚂蚁单独喷射的蚁酸毕竟有限，部分救火的"英雄"为此付出了生命。但它们前赴后继，终于在不到一分钟的时间里扑灭了大火。

一个月后，动物学家又在原来的蚁穴里做了一个实验，这次他将点燃的蜡烛放了进去，虽然这次的"火灾"比上次的更大了，可是蚂蚁们有条不紊地协同作战，不到一分钟，火被扑灭，而这次竟然没有一只蚂蚁遇难。

无可置疑，蚂蚁是一种非常聪明的动物，它们在面临灭顶之灾时的表现，令人震惊。

有这样一个故事，草原上燃起了大火，为了逃生，蚂蚁纷纷聚拢起来，抱成一团，形成一个圆团，飞快得滚动出火海。外层的蚂蚁都被火焰吞噬，可是却保护了里面的蚂蚁。小小的蚂蚁，其重不足百毫克，却凭借团结一致，抗拒了自然带来的灾害。

美国科学家富克林说："蚂蚁是世界上最勤奋和团结的动物。"而中国则用一句"驮负千斤，蚁负一粒"来形容蚂蚁力量的强大远远超过了骆驼。小小的蚂蚁，面临灾难时的无私和智勇，正是我们要学习的。

当今社会存在着激烈的竞争，但企业最看重的竞争就是人才的竞争，因为人才是企业发展的核心。可是为什么那么多拥有众多高新人才的企业却发展平平呢？这估计和管理者的管理有关系，人才管理合理化，团队相互团结了才能形成核心竞争力，产生最大效益。

想要得到强大的集体力量，需要团队中每一位成员相互团结，发挥出每个人的聪明才智，事半功倍；反之，若相互之间充满了矛盾，就不会产生所谓的集体力量了，反正会影响工作，导致人才资源的浪费。因此，现在很多企业在招聘人才时，都会把团队合作精神作为一项重要指标。团队合作是成功的基础，任何一个组织想要完整地达成任务都需要具备这个条件。

在团队里，每一个团队成员为着共同的目标而努力。因此，团队融合的第一步就是要求成员均应站在团队的立场来考虑事情。我们在做出决策的时候，首先应该思考我们做的这个决定是否对公司有益，其次再去思考"这样选择有利于我未来的发展吗？"因为从长远来看，只有做出对公司有益处的决定才会对个人有利。

其实，工作和一些团体运动竞赛一样都需要队员的整体合作，比如说篮球队里，不会只因为前锋是个投篮高手就会获胜，还需要整个团队的密切配合。龙舟竞赛，依照规矩，得由一定数量的人一起来划船，需要船上的同伴之间统一行动，否则这条船就将会变成"蛇行"，根本不能快速地前进，所以龙舟竞赛取胜的秘诀在于协作，要求队员协调一致，平衡地运用全体的力量，能够有默契和有节奏地，共同划动船桨，方能使船身快速直线前进。在很多时候，一个优秀的、善于互相合作的企业，往往可以胜过其他企业。

同时，一个员工无论多么的优秀，都无法仅凭借个人的力量达到团队的效果。任何企业仅凭个人责任制而没有分工合作的整体表现，都是很难成功的。例如棒球比赛，虽然教练事先已经为每一个球员都划分有守备范围区，但是如果在比赛过程中只关注自己的责任区，而不去配合同伴，那比赛肯定会一塌糊涂，甚至会无法进行下去。比赛的成绩自然也不言而喻。

一个具有高度合作精神的企业，成员更加注重问题的最终解决，他们更担心是否对公司的运营产生影响，而非只考虑自己负责的区域。当问题出现的时候，他们更愿意与当事人进行沟通，而不是通过传达，他们也愿意与其他部门沟通，及时发现问题，使存在的问题最终得以解决。成员在解决问题的时候，不会介入任何的感情色彩，而是以事实为基础就所发生的事进行讨论。

桌子整洁是高效率的前提

日本 NEC 和三菱公司的研究人员表明，杂乱的办公桌及电脑桌面杂乱的各种文件，容易让人产生一种不良的感觉，让办公室工作人员面临一种新的苦恼"办公易怒综合症"。经常长时间的工作，杂乱的办公桌以及错误的坐姿是这种新的都市病发生的主要原因。在接受调查的 2000 人中，有 2/5 的人会因为桌面的混乱而烦躁和发怒。对此，研究人员说，保持桌面的个性化，将桌面整理干净，能减少精神压力，减少"生病"的危险。

奈杰尔·罗伯逊是"办公综合症"的研究专家。他告诉我们，自己的工作环境与身体健康有着莫大的关系。办公室职员一定要高度重视。当你觉得自己精神紧张、心烦气躁的时候，可以暂时停下手中的工作，为自己创建一个舒坦的环境，整理一下自己的办公桌，可以适当地舒缓压力、紧张感。他说："有效率地管理办公桌，最重要的是下面两点：首先，马上采取行动，不要凑合；其次，不要让别人代替自己整理办公桌，要亲力亲为。"

从一个人的办公桌就能够了解到很多有关座位主人的信息，就像"字如其人"一样，"桌也如其人"。一个办事干净利落的人，他的桌面会很干净，一个富有逻辑的人不管办公桌上有多少东西，但和工作有关的文件都会分门别类放置，分得十分清晰整齐。而办公桌杂乱无章，给人的第一印象就是没有条理、乱七八糟，尽管实际上你可能不是这样的人，这样的桌面在工作的时候也会给你带来不少的麻烦。

一位公司研发部主管，在技术上遇见了一个难题，于是就带着下属昼夜不停地加班，终于攻克了这个难关。

由于连日来的工作他太累了，这个主管没有将资料整理好，就趴在桌子上睡熟了。可是在第二天一睁眼，就发现攻克难关的资料没了。

原来，那些很重要的资料被公司总裁的孙子偷偷地溜了进来拿去用作了做风筝的材料。于是，一个团队长时间的心血就化作了泡影，伴随着风筝飞走了。主管十分生气，可是没有办法，只能怪自己太过大意，如果及时将东西整理好，保存起来，就不会出现这样的问题了。虽然这种事情很少发生，但是也值得我们吸取教训。

罗南·威廉士曾经这么说过："如果能及时清理一下桌面，只留下手边需要处理的文件，就会发现工作可以变得轻松简单很多。就像我们料理家务一样，可以迅速提高效率和生活质量。"

办公桌上杂乱无章，会让人产生一种工作堆积如山的错觉。一堆的工作资料和文件，看上去毫无头绪，不知如何下手，会产生很大的紧张、压力和压抑感，让人感觉面前有无数的工作，时间怎么分配都不够用，繁杂而又令人头疼，从而工作热情也消失殆尽了。

整理办公桌首件事情就是文件分类。将所有文件整齐地叠放在一起，然后进行分类整理，将不同时期将要用到的文件进行时间分类，将"常用"和"不常用"分开，把经常使用的东西放在随手可拿到的地方，再依自己的分类方式归纳好，这样需要某一文件的时候，就会有序可循，用起来也会简单方便得多。

对一些报刊、杂志，我们可以把自己感兴趣的内容剪下来，剩下的直接扔掉，节约空间。而桌子上的笔筒，我们将那些不能用的铅笔、圆珠笔等全部丢掉，只留下几支平时可以用的，会感觉清爽很多。

我们办公桌上面只摆放简单的工作所需的物件，并且保持干净、整齐。当然，也可以适当地摆些装饰品使办公桌更有个性，或者一些具有生命力的小盆栽也可以放松你的心情，只是记得要适当，否则就会影响你的注意力，让你无法专心工作。

美国管理学者蓝斯登认为，彻底和有条理的工作方式对工作会更有利些。我们不仅要保证办公桌的干净整洁，固定物品的摆放位置也十分重要。我们要将文件夹放在一个固定的位置，记事本、信件和一些工作需要的资料都固定住。当你需要它们的时候，直接去固定的地方去寻找就可以了，也便于检查清理。

对工作要投入疯狂的热忱

微软公司不但有高质量的产品，还有让其他企业羡慕的文化氛围。"作为微软的一员，工作起来就应该全身心地投入，忘记疲倦，并且积极地参与到与同事的业绩竞争中去。"这句话可以说简单明了地将微软狂热并富有激情的文化氛围描述了出来。

微软的创始人比尔·盖茨几乎每周的工作时间都能达到 60 小时 ~ 80 个小时。毫无疑问，他这种近乎狂热的工作态度对微软的员工来说就是一种无形却极为有力的鞭策，企业上上下下全体员工在他的带动下都变成了工作上的"狂人"。也正是在这种近乎狂热的文化的积极鞭策下，全体员工的士气才会不断增强，才会不断创新产品革新技术，生产出一批又一批适应市场需求的且最为先进的软件。

在微软创立初期，公司高新聘用了一位名叫米丽亚姆·卢宝的中年女秘书。来到微软的第一天她就被这里的工作氛围惊呆了，在这里工作的每一位员工都是标准的"工作狂"，其中最为严重的就是公司的老板比尔·盖茨。

在和比尔·盖茨一起工作的日子里，她发现这个人虽然身为老板，工作起来却比其他人更加拼命，每个礼拜都要工作满 7 天，而且从来不休息。有的时候他甚至一连好几天都待在办公室里处理各种事物，有几次当她早晨来到办公室时，竟然发现他在办公室的沙发上睡着了。

比尔·盖茨的确是一个名副其实的"工作狂"。在他一个人工作的时候经常由于过于投入而忘记吃饭。看到老板如此卖力，米丽亚姆便开始负责起了他的工作餐，到用餐时间会提醒他去吃饭，有时候还会特意从外面带回汉堡给他。当他接待客人的时候，米丽亚姆也会看着钟表，一到时间就会主动敲门进来提醒他说："老板，你们赶紧停一停，先把午饭吃完再继续讨论吧，现在都已经下午三点一刻了，客人可能早就饿坏了。"

微软富有激情的工作氛围强烈地感染了米丽亚姆，于是她自告奋勇地将公司大部分的管理事务都揽下来，同时她还要尽力为负责编写程序的工作人员提供最舒适的工作环境。

比尔·盖茨曾经这样说道："每天早上一觉醒来，一想到自己所从事的工作以及正在研发的技术能为人类生活带来巨大的影响和变化，我就会感到无比激动。"这句话也将他狂热的工作激情淋漓尽致地表现出来。他认为，一个能将事业做大做强的人身上所具备的最重要的素质之一就是要对自己从事的工作富有激情。由此可见，这种狂热的工作态度，已经在无形中占据了微软文化最核心的位置。

对于好逸恶劳的人来说，比尔·盖茨的工作方式无疑是一种巨大的挑战。特别是在美国这样一个注重休闲的国家来说，能够夜以继日地工作实在是一件很难做到的事情。但就是这种让人时刻充满工作激情的文化氛围，将一批又一批的人才吸引到微软这个大家庭里。

虽然工作强度比较大，自然而然压力也会比别的企业更大一些，但比尔·盖茨依然能够让众多的员工长时间毫无怨言地埋头工作。由此可以看出，微软内部已经营造出了一种适合这种工作节奏的氛围、一种积极的企业文化，使每个人都有努力工作的动力。

在企业里有怎样的领导者就会有怎样的员工，工作的激情就是在领导者的带动下与员工们一起创造的，企业文化其实就蕴含在工作的每一个细节当中。因此，企业管理者只需要在工作的时候投入巨大的热情，自然就会形成一股强大的感染力，使所有员工都能怀着巨大的激情投入工作中，为企业发展贡献自己的力量。

"要我干"与"我要干"

每一个企业都有属于自己的企业文化，积极的文化能使员工产生强劲的工作动力，并怀着极大的热情投入工作当中去。这样一来，企业便会有一个良好的发展势头。相反，如果企业文化不够积极甚至有些消极的话，员工也会对工作失去兴趣从而逐渐开始消极怠工，企业也会跟着走下坡路。由此可见，良好的企业文化对企业的发展来说具有非常重要的促进作用。

"要我干"从语气上就能感觉出来员工是被压迫的，并不是心甘情愿地去担负某项工作，如此便会产生一种排斥和抵触的情绪；而"我要干"则表现出员工对工作的一种积极主动的态度，当他主动去做一件事的时候就一定会想方设法做好。同样的三个字颠倒了一下位置意思就截然相反。如果在两者之间选一个作企业文化的话当然首选"我要干"。在这方面海尔集团无疑起到了模范带头作用。

海尔集团通过这样的方式将每一名员工的创新精神最大限度地发挥出来，形成推动海尔前进的强大动力，使集团安全稳定同时又快速永续地向前发展。

海尔集团将每一名员工都打造成一个独立的战略单位，培养他们自主经营的能力，这个策略简称为SBU，它的本质就是将创新精神的种子放入员工体内，并以此为基础创造富有更大价值以及竞争力的订单。这个策略作为一种能够倡导员工进行自我经营的先进理念与经营方法，发挥着重要的作用。一方面，它赋予每一位员工一片独立又创新的新天地，可以将员工的潜能最大限度地挖掘出来，同时也能激发他们的创造性与积极性，使他们真正实现价值最大化的梦想，可以说这是一种出于本能的管理模式。从另一方面来说，每名员工都可以是一个市场，每名员工又可以直接掌握一个市场，每名员工的报酬和他所负责的市场订单相挂钩，企业按照员工的绩效分配工资，这也体现了企业在市场经济时代按劳分配的公平性。

SBU战略对员工来说代表自己要成为一个创新的主体，应当在为用户服务，为他们创造价值的同时体现出自身的价值，换句话说就是自我经营。对于企业来说，假如企业中的每名员工都能成为SBU，并由此来提高企业的核心竞争力，这一点是竞争对手无法模仿或者复制的；对于用户来说，这意味着身处网络时代自己对企业以及品牌所具有的忠诚度。假如每名员工都有能力创新的话，那么，无论用户的需求发生什么样的变化，企业都能准确并且牢固地将用户的心抓住。

海尔集团实行SBU战略的实际意图，是为了让集团的员工们不再担任被动工作且内容死板僵化的"螺丝钉"。就海尔集团目前的发展阶段来看，这种"螺丝钉精神"已经脱离了海尔目前的发展目标。

因此，判断一个企业的发展前景，并不是看它的自身发展规模是大还是小，而是要看它的细胞们是否具有活力。企业发展最难的问题就是如何使企业的细胞活起来，不仅要三五天，还要保证它长时期都处于鲜活的状态，即便随着时间的推移会有一些细胞老化脱落，但之后还会有新一批的细胞逐渐生长出来，由此来促进新陈代谢。为未来创造价值，同时也为未来而活是海尔集团一直保持活力的关键原因。

SBU战略真正难做的地方在于实际执行的环节，但同时技术上具有的难题也不是轻而易举就能解决的。因为这个战略的基础源于对员工岗位地细致分析，分析的实质就是为了方便给岗位定价，然后给员工定价。海尔集团现在有员工3万多人，如果随机展开调查的话至少应该发500张问卷调查表，这就需要事先做大量的调研以及核算的工作。

海尔集团董事长表示，海尔的这个战略所做的工作就是将员工与市场之间的壁垒彻底打破，让每名员工都能直接去面对市场并且他们的工资也与市场销售利润挂钩。如果员工由于绩效不好导致亏损的话，他便得不到收入，日常的开销只能向海尔集团借钱来维持，而且借钱的时间范围限制在6个月，如果6个月之后市场利润依然没有提升的话，就会被海尔集团辞退。所以，海尔集团直接将市场的压力转移到了员工身上。

海尔集团的一名采购经理不无感叹地说："正是由于这个战略我才从一名普通的采购员晋升为采购经理。以前当采购员的时候只负责采购生产材料，可现在做了采购经理不但要参与设计还要参与生产甚至连销售的事情他都要做，如此一来，自己做了好多分外事。

马斯洛曾在《需求层次论》一文中明确指出，人最高的需求动机是对自我价值实现的追求，它的最大特征便是对事业的一种忘我奉献。

SBU 战略将现代企业管理最本质的东西表现了出来，那就是自我价值的实现是人的最高追求，而将企业中的所有细胞激活也是每一位企业管理者的愿望。海尔集团正是通过 SBU 战略，将创新思维与员工对自我实现的需求进行了有机结合，使每一名海尔人在每一步的前进中都体会到了成功的感觉，充分将自身的潜能和创新思维挖掘出来，并进一步形成海尔集团独有的使命感和文化氛围，从最初的"要我干"转变成后来的"我要干"，他们拥有了一颗将企业发展壮大的责任心，这也给其他企业带来了非常大的启示。

第十二章

12

提升自我，完善自己

优秀的管理者都有这样一个共同点：不断学习，不断地提升自我管理能力。优秀的管理者不是管理好员工和公司即可，还要不断地完善自我、突破自我、提升自我。如何让员工心服口服的为你服务，也是所有管理者关心的问题。经营并不需要亲力亲为，懂得放手也是其中之一。在企业中，管理者要与员工打成一片，但也要树立自己的威信。该决策的事情，不能一拖再拖。懂得控制自己的情绪，也是管理者需要做到的。只有不断地提升自我，才可以让自己的成功变得毫不费力。

管理者不能盲目，要有目标

"人往高处走，水往低处流。"有梦想的管理者必定想要成为一个优秀的愿景领导者。愿景领导者带领企业走向更有未来更具发展的道路，让为此努力的追随者们在这一过程中看到希望，为了实现这个目标激发他们各自的潜力。

作为一个管理者，在经营好企业的同时还要清楚每个员工的心里都有一个期待，他们希望看到企业前景越来越美好，看到自己的发展空间越来越开阔。要知道他们想要什么，才有能力让他们实现这个目标。

光说不行，还要亲身实践。人人都有梦想，不去做就永远都是边梦边想。经营企业也是一样，领导者要用自己的行动实现目标。真正聪明的领导者不会仅凭一个有创意又大胆的想象给员工塑造一个海市蜃楼，而是用这个设想唤醒每一个不懈追求、有潜力的员工。

在美国市场上抢占先机的本田摩托领导者本田宗一郎，在打开美国市场的时候却提出了要在东南亚地区拓展市场。当时的东南亚还处在经济落后的时期，摩托车算得上是高消费的商品了。本田提出的战略令下属不解，本田对此做出了解释："美国目前的经济呈下降趋势，很快就会迎来摩托车市场的低潮期。如果说我们只把目光放在美国市场，一旦哪一天这个市场衰败，我们的危机也会随之到来，而东南亚是一个庞大的市场，经济也处在上升趋势，现在我们必须做好准备。"他的这番话让公司的管理层茅塞顿开，由此，本田也逐渐开发了东南亚市场。

一年以后，果然如本田预想的一样，美国的经济越来越不景气，许多企业的商品销售停滞不前。而本田摩托车已经在东南亚市场开始走红，也创下了很好的口碑，销售量很大，在东南亚市场也颇受欢迎。本田公司不仅没有受到美国经济危机的影响，还创下了可观的销售记录。

在美国经济危机期间，本田之所以幸免于难，并赢得了市场，主要是因为本田宗一郎完备的经营战略和愿景计划，他用禀赋警觉洞察到这场大危机的到来，也预见了东南亚地区这块不错的"肥肉"，随后当机立断，制定了完善的经营战略。他为管理层描绘出了企业在东南亚地区的销售市场，这种愿景规划很快就说服了公司的管理层，并为大家树立了信心，发挥自己的潜力，最后创造出了惊人的成绩。

管理者就是要起到领导和激发员工朝着目标方向不断进取的人。管理者在管理当中要善于发挥影响力和推动力，在为企业描绘愿景规划的同时也要带领大家为目标行动起来，把握企业的发展方向，提出自己的想法并激发员工的行动力，善于发现并立即解决问题，适时做内部调整防止一系列的问题发生。卓越的管理者不仅要有人格魅力，还要能通过自己的愿景规划得到员工的支持与肯定，并为此付出努力，实现这个目标。

公司的愿景决定了管理者的工作能力，它清晰地将自己的愿景规划呈现给决策者，就像是公司的企业文化，有一种特别的吸引力，通过人们对它的期许，员工能够积极进取，不断为这个目标努力。

企业管理者就像一面旗帜，是企业的标志，也是员工的标杆。他掌握着企业的命运，也承载着员工们的梦想。决策者始终以精神和本质的形式在企业中发挥着作用。有远见的决策者既为自己设计未来也为企业规划未来，并带领着自己的员工实现远大的理想，这不仅是大家共同的目标，也是一个企业决策者毋庸置疑的重大使命。

由此可见，一个领导者想要成为企业的愿景管理者，就要从公司的实际情况出发，纵览全局，提高警觉、抓住时机，当机立断地确立发展方向，除此之外，还要制定清晰的目标，激发追随者的工作热情和信心，持之以恒，为企业的员工树立积极正确的工作精神。

每一个有远大目标的管理者的心里都有一个对企业未来发展的美好期许，也由此赋予自己一份责任。管理者要能在公司的平稳发展中看得更高更远，甚至为企业完善愿景规划，带领企业和员工走出层层叠叠的危札，带领员工奔往更宽阔的道路，为实现远大理想共同努力。

亲力亲为是个毛病

在大家看来一个企业的管理者应当是所向披靡的，可以说是全能型的人才。其实管理者也有自己的极限。他们和普通人一样同手同脚，工作上的事情更是让人手忙脚乱。倘若一个人做完所有的事，那员工都做什么工作呢？管理者亲力亲为，呈现出来的只是表面的忙碌，实际上所做的繁琐工作并没有解决多大问题。不仅如此，公司的效率不是靠管理者一个人就能提高的，而是企业员工共同努力拧成一股绳的结果。管理者把工作分配下去，把那些繁琐复杂的工作交给员工去做，自己要处理更重要的事，这样才能节省时间，提高效率。说到这儿，我们不难想象到类似的情景：在一个组织结构和岗位各方面都很清晰明确的企业里，老板下车间在基层工人中间安排一系列的工作，可是另一边是重要的商业谈判。

某大公司的副总，就为了几张废报纸钱讨价还价，而大批的报告在等着他批改。

更有甚者，一个公司的管理者每天都忙忙碌碌，可他的员工却没事儿做跑到咖啡厅喝茶聊天，有的因为长久得不到锻炼，正在想着要不要跳槽。

这些例子都很好地说明了管理者不光要带动大家的积极性，更要清楚哪些才是自己的分内之事，凡事都亲力亲为并不能说明这就是负责任的表现，实际上这是一种管理者的职业病，阻碍员工的发展，也削弱了他们的行动力。这样做只会阻碍企业的发展，是做一名优秀管理者的绊脚石。

有些管理者在看到其他人做这样的事情时知道该怎样做，佢真放到自己身上就当局者迷了，一个刚刚跳槽过来的周百吹就犯了糊涂。

　　不久前，周百吹来到建华有为公司。来之前他并不了解这家公司，只因为应聘的时候看到大家都在埋头工作的高效率氛围他很喜欢，后来乔总在面试他时对他说："不要光看着，要能控制局面。"听后他不理解，直到正式上班才渐渐地明白这句话的意思。

　　在一次考核计划中，周百吹把制定制度的工作布置下去，制度方案完成以后，他看了看，随后组织大家在一起讨论并修改方案。当把制度方案交到乔总手上，乔总却只对制度的内容表示满意，还建议让文笔不错的周百吹来做这项工作。也是因为这句话才使得周百吹犯了糊涂。但似乎也是因为建华有为的内部管理上出了问题，公司的上上下下整天都忙得不可开交。就拿销售部的经理来说吧，在年末评选前一个星期就开始准备演讲稿，直到开会的前一天也没有准备好。

　　这究竟是什么原因呢？原来他是被乱七八糟的工作弄得手忙脚乱，市场调查、跑电视台、做报告、审报表等等一大堆的工作让他把准备演讲稿的事情早抛到九霄云外去了。到了评选这一天，他还在想着好好展示一下自己这个销售经理的能力，结果却让他大失所望。同时，公司的员工也因为自己得不到锻炼和施展的机会，纷纷有了辞职的念头。

　　之所以建华有为公司各个都像的了瘟疫似的亲力亲为，主要就是管理者身上出了问题。大到管理者，小到小组长，都把繁琐的事情揽到自己身上，最后导致下属没有事情做，一方面管理者自身的实践也给员工带来了心理压力，他们不但没有锻炼的机会，甚至会觉得没有什么事情是自己该做的，归根结底还是公司的人员分配和管理所造成的。

　　有这样一批领导，整天都忙得不可开交，却没有完成实质性的工作，这是为什么呢？原因就在于管的太宽泛，事无巨细，什么事情都想出来管管。像这样的领导时常会抱怨公司事务繁多、人手不够，可实际上是他在下属遇到问题时不去考虑帮助他们思考解决问题的办法，而是亲自去做本不该自己做的工作。这种费力不讨好的做法既降低了工作效率，夺取了员工的锻炼机会，又使管理者的工作不能兼顾，影响了企业的销售业绩，破坏了管理秩序。作为管理者，应当明确的是自己的重大责任和把握企业发展方向的使命，一旦出现这样的毛病就很难自拔。对企业大方向的把握才是管理者最该做的工作，多给员工实践的机会，让他们的能力得到锻炼，潜力得到挖掘和施展，掌握基本的管理原则，避免企业内部管理出现不必要的纰漏。在重大事情的处理上要把握机会，这才是关系到企业发展的重要因素。有时候管理者亲力亲为是不信任下属工作的表现，也无法使员工们团结协作。越是想把所有的事情都做好，越容易觉得力不从心，人人都有自己可以胜任的工作，大家都做好分内的事，不要打破井然有序的工作节奏。

有这样一个管理者，他不愿把工作交给员工去做，只有自己亲自完成才放心。每天他都从早忙到晚，却不见业绩有什么起色。最后迫于压力，他去看了心理医生，于是医生带他走到一块墓地前说："这里的每一个人在活着的时候都觉得这世上的每一件事离开了自己不行，可是结果在他们去世之后，世界的各项工作都在有序地进行着，甚至变得更好。"这位管理者听了之后茅塞顿开。从此以后，他把任务布置下去，让员工放手去做，做好自己该做的，不但自己的工作任务减轻了，还有时间去各地游玩。短短一年的时间，他的团队就做出了许多不错的成绩。

其实管理者的亲力亲为表面上看，似乎没那么严重，实际上却像是一个陷阱，不仅让身边的朋友担忧，而且在管理者也因此犯了错误时，他的这种做法很难帮到他。除此之外，在管理者自己意识到没有必要亲自去做这件事情的时候，也能兼顾良好的绩效，就可以认定这个管理者能够知道亲力亲为带来的影响，也有机会反思自己的行为，寻找解决的办法。这个时候要有人为管理者的这种行为多提建议，一起商量如何解决，帮助他改掉这个习惯，但前提是这样的领导身边要有影响力或说服力强的人存在。

树立管理者的威信

很多管理者都抱怨自己的下属不听话，有的甚至在大庭广众之下顶撞上司，这都是因为管理者没有在员工中树立威信。一个管理者没有威信，在组织当中就很难展现出自身的作用。就像领军人物没有了旗帜一样，团队工作一片混乱，下属有可能把管理者安排的工作当作耳旁风，"左耳进右耳出"，在工作管理中更不要谈什么效率，无效的管理者不会给公司带来效益。

权力与威信相比哪个更重要？一定有人说是权力，那就大错特错了，事实上威信才是获得成功的关键。一个成功的管理者必须具备驾驭和领导的能力，也就是说必须具备威信力。

如何才能拥有威信呢？拿破仑·希尔认为威信来自于领导者的人格魅力，所以必须从各方面入手，全方位地提高自己的人格修养。

1. 要做一个诚实守信的人

俗话说"人无诚信不立，家无诚信不和，业无诚信不兴，国无诚信不宁"，说的就是这个道理。作为企业的管理者要诚实、讲信用，这是一个管理者必须具备的要求。

有这样一个故事。三国时期，有一次诸葛亮带领区区 10 万兵马对抗敌军的 30 万精兵。

当时这 10 万人中有 4 万人服役期满，可以解甲归田，对此蜀军的将领很是担心，服役期满的老兵心里更不是滋味儿：眼看就要作战了，一把年纪的想回家养老都是奢望啊。

为了不动摇军心将领们纷纷提议：虽然服役期满，但大战在即，现在让他们回家了也得不到安稳的生活，要以国家的利益为重，打完仗再让他们告老还乡吧。可是这些建议一一被诸葛亮否决，他告诫将领们："治理国家，诚信是根本，承诺别人的事情就必须做到，这些老兵为我们作战出了不少力，如今到了复员的时候，我们不能失信于人。于是他给将领们下达命令，让老兵回乡。老兵们听后万分感动，决定留下来继续作战。为此，将士们鼓足士气，热情高涨，为作战做了充分的准备。

此后出兵祁山，虽然最后没能获得预期的战果，但却以少胜多，击退了魏军，在不利局势下顺利撤退。

只有讲信用的管理者才能受到大家的拥戴。现在我们假设诸葛亮不是一个通情达理的人，不讲诚信，留下那些服役期满的老兵，说不定在作战之前会有更多的人成为逃兵。最后全军平安撤退，都是因为诸葛亮诚实守信的品格才取得了这样的胜利。

2. 要做一个真诚的人。

员工遇到问题时，就是发挥管理者作用的时候了。在员工生病的时候，贴心的问候倒不如拿给他一盒药来的实在；对于家里有困难的员工，也可以在工作上多多帮助他；若是员工的情绪不好，还可以约他在安静的地方聊聊天，放松一下心情。其实就是这样简单的行为会提高员工的工作热情。

3. 要做一个自律性强的人。

在企业管理中，领导者无论在对工作的积极性上，还是在各项规章制度的执行上，都应当维护好企业形象，发挥领导者的重要作用。

对待员工，生活中要亲切友善，但回到工作中就要保持正常的上下级关系，严格按照公司的规章制度办事，在员工中间树立威信，否则难以服人。

4. 做一个公平公正的人。

工作上，尤其是在各项评选工作中要做到公平、公正，凡事都按规章制度处理，避免徇私舞弊。虽说这世上没有绝对的公平，但存在相对的公平。企业的管理者扮演的就是工作中的天平，只有做到公平、公正、公开，才能获得员工们的信任，同时也在另一方面提升了自己的威信。

5. 要做一个和和气气的人。

只有一个为人温和的管理者才能使自己的团队"一团和气"，员工们和气了才能一鼓作气、团结一心。可不要小看这一点，管理者往往凭借自己的个人魅力和温和的性情就能赢得员工的拥戴。态度很重要，用什么样的态度对待别人，得到的回馈也是一致的。松下幸之助曾说："谦和的态度常会使别人难以拒绝你的要求，这也是一个人无往不胜的要诀。"管理者永远不要炫耀自己的地位和权力，反而，你待下属越谦和，就会赢得越多的支持，别说是员工，又有谁会喜欢一张整天紧绷的脸呢？

要与下属做朋友，而不是对手，不要板着一张脸显示自己的威力，震慑别人，事实上这样只会渐渐疏远彼此的距离。可能下属会委屈一时，但他们一旦找到新的出口，就不会再为你工作。

6. 要做一个以力服人的人。

这个以能服人的"能"指的是管理者的工作、决策、分析、解决问题的能力，还包括沟通、管理、领导及处事的能力等。有能力的管理者能够维护好团队的各项协调工作，善于调动起员工的积极性，激发他们的工作热情，提高整体的工作效率。这样不仅使大家保持愉快的心情完成工作，也增加了员工对管理者的信任和肯定。

管理者要不断学习，涉猎更多的领域，丰富自己的知识储备。随着时代的发展，员工的知识水平普遍很高，所以作为管理者，知识储备更不能成为自身的短板，这一点很容易令下属不服气。

尤其是所属专业内的业务，不能模棱两可，要达到精通的程度。其实很多管理者在初涉某个行业之前并不是很熟悉这方面的工作，这没有什么捷径可走，只有在短时间内迅速熟悉业务，多花些时间学习，才能成为专业能手。

有威信的管理者除了需要有知识储备、专业技能以外，就是要为公司创下业绩，管理者有没有傲人的业绩决定能否被员工钦佩和爱戴。

对员工一视同仁，不偏不倚

现在好多企业对工资发放实行保密制度，拿多少工资都不能询问，为什么会采取这样的制度呢？其用意就是不让员工互相了解彼此的收支额度，为了避免员工之间进行攀比，引发内心的不公平。

这种工资的发放方式是否合理合法，暂且不提，但是其想法是好的，就是为了避免员工之间因为薪水多少而觉得不公平，一个成功的老板绝不会忽视这一点，在企业的经营管理上这是最需要注意的。

在一家从事防盗、监控的光电技术研究公司有这样一名老员工，他叫王浩，在这里工作了6年。在公司刚刚成立的时候，总经理曾推荐王浩担任工程部的经理，但王浩想留在所里继续发展，于是婉言谢绝了。

后来所里改制，他被分到了公司，工程部经理的位置有人担任了，本可以给他安排的技术部经理的位置却因与工程部功能重合而合并了，因此，王浩只能做一名普通的员工。

王浩的薪资越来越少了，在所里的时候，他每个月能拿到好几千，不包括奖金、提成在内，而现在却只能拿到两千。

无论是学历还是资历，他都是工程部最优秀的，他的工作技术含量高，没有人可以取代。但事到如今，为了不让公司内的其他人感到不公平，他也只能得到普通员工的待遇。问题产生了，虽然公司避免了大多数员工内心的不平衡，但却忽略了王浩。后来，他多次找到总经理谈起此事都没有结果，最终他选择了离开公司。

王浩没走多久，公司就开始投标，但投标书不合格，对于这方面的知识其他人又不了解，这正是曾经王浩负责的工作，后来公司为此失去了一笔大生意。

王浩之所以离开这家公司，是因为他想要得到发展的同时更要求公平。公司没有给他这个环境，并且薪资较从前相比不仅没有提升，反而下降了许多，自己的能力和薪资不成正比。美国的一位行为科学家曾提出过一种公平理论，就是说在一个人取得了成绩时会得到应有的报酬，他不仅关心这个数量的多少，还会和其他人的报酬数量做比较。这个理论说明：人总是习惯性地把自己放到一个坐标上来进行衡量，由此确定自己的待遇是否公平。一方面，拿自己所获得的薪资、工作上的人员安排，或者是否被老板赏识等因素和自己的资历、能力、付出的时间与经理等来对比，再与自己的同事相比较。另一方面，把自己现在对工作投入的精力和待遇做比较，再与曾经的待遇作比较。假如相等或者二者相当，他内心才会觉得公平，会保持良好的情绪继续工作；假如不相等，他就会觉得不公平，工作的积极性也随之降低。

对于一个企业来说，公平对待每一位员工可以形成一种和谐的氛围，不但要实现报酬的相对公平，还要在出现不公平现象的时候及时处理，防止问题扩大化。与此同时，还要为管理的科学化提高警惕，及时发现不公平现象，通过引导的方式尽快将员工的不公平感消除。

一场比赛不能保证公平就没办法进行下去。没有激发员工工作热情的动力，相反却在后面驱赶他们的惰性，这种管理方式存在很严重的问题，是一种负面的激励手段。我们都知道，任何竞争都奖罚分明才算是一场有规则的比赛，处罚条例可以算是一种防止超出规则或避免向着公司不希望的方向发展的手段，保证了大多数积极工作的员工的利益。但前提是，处罚的理由必须合情合理，要对员工起到积极鼓励的作用。

"没有规矩不成方圆"。经营一家公司，要制定合理完善的规章制度，这就是一个尺度。一旦有人违反，必须接受处分，容不得讨价还价。只有这样，才能保证大多数人的公平和利益。通用公司的董事长查尔斯·李曾说："最好的CEO是通过构建他们的团队来达成梦想，即便是迈克尔·乔丹也需要队友来一起打比赛。"对企业来说，一个人的成功不是成功，一群人的成功才算是成功。团结起来力量大，一个人的力量再大也不能把所有的工作都做完做好，因此一个企业的成功是靠每一个员工团结一心的力量才能完成的。作为企业的管理者，必须要培养员工的团队合作精神，不能只看到企业的人才，还要强调团队的力量。

公司里的人大多数是一般员工，企业人才毕竟是少数，如果你是一个偏心的老板，眼里只有企业人才，最后的结果只能是管理水平下降，业绩逐渐减少。所以管理者要把重心放在大多数员工身上，否则对他们来说会觉得不公平。无论是企业不可多得的人才还是普通员工，有业绩的员工就是好员工，他们都是优秀的，身为老板就要予以鼓励和支持。

一位心理学家说过这样一句话："一个没有弹性的管理者，可以说就是最没有效率的管理者。"所谓公平，并不是只关注员工资质、潜力、敏感度，甚至性别、个性之外的因素，而是要为员工创造公平合理的工作环境，制定薪资制度或者提供晋升机会，在资源上达到共享等。让员工们觉得在制度上可以得到公平，才能使他们愿意为公司努力工作。

敢于授权，让员工为自己分忧

我们知道蜗牛整天背着自己的大房子东奔西走是迫于无奈的，但柳宗元曾在他的《蝜蝂传》里记载一种叫作蝜蝂的虫子。它是嗜好背东西，无论什么东西，只要是它看见的就背，而且越重越好。哪怕有人把东西给它拿下来，它还要继续背，不累死不罢休。

在企业的管理中，管理者的权力就如同蝜蝂背的重物，很多管理者不愿把机会留给下属，而是紧握权力的手杖，实际上他们这样死死抓住权力不放，反而会让自己陷入疲惫，也难以得到下属的拥戴。不放心把权力交给下属，就只能把所有的忧虑都留给自己，但越来越多的工作弄得自己手忙脚乱有什么益处呢？

　　杜邦公司的继承人尤金·杜邦在接管公司以后就犯过这样的错误。他实行的管理模式使他控制了大权，公司内的决策权都在他一个人身上，支票由他亲自开具，契约也由他亲自签订。他在决策和管理的执行上可算是亲力亲为了，监督公司的上百家经销商也都是他一个人来做。

　　他的这种垄断式的管理手段使杜邦公司的组织结构受到了很大的影响，失去了工作的弹性，也在企业竞争中连连遭遇失败，差一点儿就走到了破产的边缘。他自己也因此陷入了困惑，不久，他就因身体过度疲劳去世了。

　　企业中，像这样的管理者有很多，他们不相信下属的能力，凡事都亲力亲为，他们不敢于授权，习惯了自己整日忙碌，工作效率低暂且不说，还抢了下属的工作，耽误了大把时间，自己的工作却堆成了山。

　　通用电气的董事长杰克·韦尔奇有这样一句至理名言："管得少就是管得好。"他所说的管的少是敢于将权力交给下属，让权力流动起来，这样不仅不会削弱管理在企业中发挥的作用，还会不断提高工作效率。授权有利于集权，这也是扩大自身权力的有效方式。

　　奇美公司的董事长许文龙在这一点上就做得很好，在管理上他有自己独特的风格，有道家的观念在里面。他的管理方式很灵活，也很随意，无为而治。发挥每个员工的最大价值，提高工作效率就是他管理的真正目的。

　　有员工说，他大多时候是不在公司的，一星期只去几个小时，大部分时间都在钓鱼。有一天下大雨，他却赶到公司，下属见到他很惊讶，说："董事长，没有事来公司干什么？"他一想也对，转身就走了。

　　他始终信奉一点：要信任员工，就像信任自己的太太。他说："买菜的事由太太处理，先生不用插手，不用对账，也不用详细罗列出来，太太会处理得很好，一日三餐样样齐全。"

　　虽然许文龙是公司的董事长，但却是一个虚衔。公司的大小事宜他都授权给下属们去做，从来不把指令搬到书面上来，即使开会也只是和大家聊聊天，连图章放什么地方他都不清楚，甚至连一间办公室都没有。但在许文龙这种无为的管理下，公司内部却能做到井然有序，奇美公司的管理体系给员工创造了自由良好的工作环境。

韩非子说过一句话："下君尽己之能，中君尽人之力，上君尽人之智。"只有敢于授权的人才是成熟的管理者。就像许文龙这样，对工作上的事不予理睬，制度虽然看起来太过于宽松，但从某种角度上讲，他的这种巧妙的管理方式既大胆又智慧。

作为管理者，只要做好自己该做的，管理好自己不该做的，处理好决策性的工作，发挥监督职能，帮助下属在岗位上秉公职守，各自做好自己的工作并及时作出反馈。这无疑是一箭双雕。下属的工作能力既得到了充分的锻炼，也有利于员工们发挥各自的潜力，提高他们的积极性和信心，员工不但得到表现和锻炼的机会，还能在企业中得到发展。

授权使管理制度更显宽松，不仅为管理者减轻了压力，也让管理者得以从百忙的工作中抽出身来把视线放到更重要的事情上，如不断培养和激发员工的潜力，挖掘更多的企业人才。

授权的好处不止于此，而且并不是什么都可以随便授权，倘若不适当授权，公司的管理制度一定会被打乱，到时候可就真的难以收场了。

1. 对日常性的工作可以授权。工作中必须要做的事，可以委派下属去做，做事情容易，也方便解释，更好理解又不用担心。

2. 对专业技术含量高的工作可以授权。企业的管理者未必了解专业技术和生产等领域，所以要把专业的工作留给专业的员工来做，这也锻炼了员工的执行力。

3. 对既简单又有意思的工作授权。人人都觉得有意思的工作做起来不枯燥，所以这种工作谁都愿意去做，但会消耗大量的时间，倒不如把这项工作交给更合适的人去完成，他一定会做得又快又好。

4. 涉及公司机密的工作不能授权。例如，员工的职务晋升或辞职信息、薪资发放、像这类的工作都不应当授权。

5. 政策性的工作不能授权。这类工作是由企业管理者负责的，员工可以为工作过程投入一分力，但最终的决策权应在管理者手上。

6.企业内发生的各种危机事件不能授权。危机事件，涉及公司的根本利益，企业管理者应该坦然面对，带领企业走出危机，相反授权只能被认为是不负责任。

7.培养员工的工作不能授权。培养员工属于管理者的职责范畴，你可以为员工创造机会，扩大发展空间，也可以帮助他，但不能授权。

8.领导安排给你的工作不能授权。领导把一份工作交给你就一定有他的道理，如果条件不充足，要及时和领导商量，授权他人只会害了自己。

当机立断，否则必乱

这个世界因为有真理才变得有追求，才显得丰富多彩。著名的管理大师本尼斯说过："没有正确的决断，其他的一切都毫无意义。"他认为，关于决断，唯一重要的是成败，或者结果。

人不能太贪心，凡事都只能二选一。作为管理者就要学会在取舍中做出决断，学会适时放弃。虽然决策的过程很纠结，但西方思想家说：只有知道如何停止的人才知道如何加快速度。所以要先捡重要的事情做，如果事情简单，可以排到后面，不需要花费太多的精力，只需要保持足够的理智就可以了。现实不会因为你选择了什么而眷顾你，但在上帝为你关起一扇门的同时也为你打开了一扇窗。虽然关闭的那扇门对你来说同样很重要，但至少你不会在失去的同时立刻后悔。只有这样的选择才算得上是决断。

所谓选择，就是在一些事物上选出最中意合适的，任何人在选择面前都会失去一些东西，虽然将要失去的不是自己选择的，但人们时时刻刻都会面临失去，也在不断的选择中学会接受，不然就称不上是选择了。从中也可以看到两个问题，你是否有良好的心态和正确的价值观。

在宝洁公司成立170周年时，雷富礼曾在信中这样描述宝洁的价值观：

在 170 年里，全球 50 强中只有三家公司能够保持持续发展，我曾想过使宝洁永葆青春的是什么，我也相信，在这 170 年里，让宝洁长久地立于不败之地的原因是：我们有明确的目标作为推动力，也有清晰的价值观作为引导。我们为生活点缀，也为我们的生命点缀。我们的价值观是正直、信任、领导力、责任感和主人翁精神。虽然宝洁的脚步不仅限于此，但在这将近二百年的时间里，我们的价值观是一致的，它指引着我们，让我们始终为了公司的美好前景和大家的共同心愿携手并进。

管理者的决断大部分是针对组织的，但要根据环境的改变制定出合理有效的决策，再根据现实情况及时做出调整。在调整的过程中可以更加深入全面的做出决断，但一定要做到这六个字："止、定、静、安、虑、得"。

在做出决策之前，事物的整体状况要一目了然，这个时候可以依照事物的重要程度制定策略，按照计划执行，适当作出反馈，及时处理其中出现的错误以便达到理想目标。

万向集团董事长鲁冠球在决策上就显得谨慎理智了，他的主业是经过深思熟虑之后，排除了一系列不合理的发展步骤，最终选择了发展多样的汽车零件。选择目标就是选择方向，在选择中一定要考虑到企业的利益和是否可持续发展。万向如果选择汽车，必定是需要大量投资，最后还有可能弄得负债累累，更无法想象如今能发展成什么样。

鲁冠球在投资上也很理性，不乱投资，看到眉目才开始行动。在很多年以前，万向一步步发展，产业越做越大，资金变得雄厚起来，产业结构日趋完善，很快越来越多的人想要同他合作办厂。鲁冠球却想，办厂有办厂的好处，可以把企业扩大，但也有它的风险，投资很大，生态环境条件也不允许，所以最终没有进行。

作为企业管理者，最重要的是要知道什么事情如何终止，什么时候终止，只有清楚知道这一点才能做好决断。反之，如果管理者不知道什么时候终止这件事，只顾开始，不问结果，这样做出的结论不是决断，而是风险。

情绪在下，理智在上

发展成熟的企业是因为有一批能力过人的管理者，他们的自控能力很强，不管面临怎样的危机或者有违自己意愿的事情，都能沉着冷静，控制住内心的情绪，让自己始终保持理智。这样的管理者遇事不惊不慌，情绪也相对稳定，公司有这样的管理者，能够避免在情况危机的时刻做出冲动过激的举动，而且对重大决断也不会造成影响。都说"宰相肚里能撑船"，撑不下船的就不是宰相。管理者应当宽厚待人、冷静理智，这样无论对公司的发展还是自身修养都是有益的。

唐朝最鼎盛时期，有个叫李好德的人精神有问题，时不时就乱讲一些胡话，唐太宗下令派张蕴古调查这件事，经他详细调查及检验后发现确有此事，张蕴古回来之后上奏折说李好德精神确实没有问题，因此不应抓起来。后来有人上奏弹劾张蕴古，说他调查的事情有蹊跷，可能不是事实，他一定是有意袒护李好德。唐太宗大怒，杀掉了张蕴古。这件事就又交由其他人处理，没过多久，唐太宗就觉得后悔，事情没弄清楚就把人杀了，这都是由于自己太容易发怒才造成的后果，他做事如此草率，日后得为多少事后悔啊！这就是不善控制情绪的结果，人易怒就容易冲动，冲动之下做出的决定一定是盲目的，可事后才知道后悔已经晚了。

本来犯了这样的错误就应当立即悔改，可就在这一年里，他又犯了同样的错误。有一次，因为瀛洲刺史卢祖尚不但文武双全，而且办事秉公职守，廉洁公正，于是唐太宗下令召他进宫，要他去管理越南。

卢祖尚谢恩出来后，没过多久就借故推辞。于是，唐太宗派人下诏书，但他毅然推辞，唐太宗很生气，说："我堂堂一国之君，想要派遣一个人都这么难，叫我今后怎么处理朝政！"一怒之下便杀了卢祖尚，没多久又觉得后悔了。

魏徵对唐太宗说："齐文宣帝要姚恺任光州刺史，姚恺不愿意去。文宣帝很不高兴，就开始责备他，姚恺说：'我之前担任大官，取得了功绩又没有过错，可如今我反而降职了，所以我不愿意去。'文宣帝就赦免了他。"

唐太宗听了之后说："虽然卢祖尚的行为比较失礼，但杀了他也确实做得太过分了，这样看来，我和文宣帝的度量还差得远呢。"唐太宗终于醒悟，于是追加了卢祖尚并恢复其子孙的任官权力。

唐太宗幡然悔悟，认识到自己的严重错误，也为自己急躁易怒的性格感到后悔。他在短短一年的时间里就误杀了两位大臣，但是事情已经发生了，后悔早已来不及，只能通过这些错误多多进行反思。"吃一堑长一智"。情绪易怒对人的危害是很大的，尤其是在做决定时，所以从古至今人们都在寻找控制情绪的方法。我们常说："忍一时风平浪静，退一步海阔天空。"的确，在情绪激动的时候一定要忍，控制平稳情绪，这样既有利于自己的身心健康和事业的发展，也是身边的朋友乃至社会维护和谐的重要因素。

作为管理者，学会忍耐更是一门必修课，在需要冷静的事情面前冷静，理性考虑事情的整体因素，不要为了一时的愤怒做出后悔莫及的决定。

有一位负责管理印度尼西亚海洋石油钻井台的经理，因为看到雇员的表现比较差，就让计时员转告那个雇员："告诉那位混账东西，让他搭下一班船滚开！"就是这句话让雇员的心里很不好受，自尊心也受到了很大的打击，后来那个雇员愤怒了，拿着斧子就冲经理砍过来，经理大惊失色，赶紧跑了出去，雇员紧追不放追了过去，瞪着眼睛，怒气冲冲地将大门砍倒了差点儿就酿成大祸，多亏钻井的人员及时赶到，一番劝阻之后才平息了这场争执。这个经理心直口快没有控制住情绪就说了这样的话，胡乱发泄，结果把场面弄得很复杂。忍耐是一种难得的美德，对企业管理者来说更是最应具备的，在对待特殊的人和事时，要谨言慎行，不愠不怒。

企业管理者需要具备的品格很多，控制情绪的能力是必不可少的。管理者的情绪直接影响着公司的氛围，如果经常因为一些事弄得头昏脑涨到抓狂，更有甚者还会对员工大发脾气，哪个员工不见机行事就有可能倒大霉了。其实这样不仅对自身没有好处，还会影响到公司整体的工作效率和进度。所以管理者要尽量做到保持平稳情绪，控制情绪不要大起大落，不要过于情绪化。

有一个人突然闯入石油大亨洛克菲勒的办公室，怒气冲冲地走向他的办公桌前，攥紧了拳头用力击打桌面，破口大骂："洛克菲勒，我恨你！就是对你有意见！也有理由讨厌你！"这个人足足攻击他10分钟。办公室的人都为他的举动感到愤怒，本以为洛克菲勒会愤怒地和他理论一番，或者把桌上的墨水瓶丢到那人的脸上，让保安把他赶出去。但让所有人惊讶的是，洛克菲勒没有这么做，而是放下手头上的工作，温和地看着这个攻击他的人，对方越是激动，他的态度就越发温和。

洛克菲勒的这种处事态度值得学习，他不用最原始又愚蠢的方式对待别人，他的情绪控制能力很强。其实人与人的关系就是相互的，你对人和善，即便对方怒气冲天，就像冰与火，但和善是可以将人的愤怒情绪熄灭的，很神奇。"一个巴掌拍不响"，在这个人发怒的时候，没有受到相同的力，他就愤怒不了多久。于是，他长吁短叹，终于说出实情，他是故意跑过来激怒洛克菲勒的，就连他与洛克菲勒的攻击过程都想了一遍，用什么话反击。但最终洛克菲勒的反映让他感到很惊讶，他想了一肚子回绝洛克菲勒的话都没派上用场。他没办法了，最后还试图在洛克菲勒的办公桌上猛敲了两下，依然没有得到回应后，他觉得自己实在无趣就立刻离开了。而洛克菲勒像什么事也没发生一样，继续工作。

成熟的管理者心中想的是大局，不是小我。我们常常说自己不愿改变，但事实上我们常被周围的环境有意无意地改变着。有人对你蔑视，你在意了就说明你上钩了，有人故意激怒你，你愤怒了就说明你的情绪被动摇了。有时候想想就觉得很对，你那么想要自己不做改变，可时常因为别人的一个眼神，一个无意的举动，一句轻佻或嘲笑的话语就能轻而易举地影响你。虽然你始终都在自己的世界里，虽然你被动地接受一切，但还是逃不掉世俗的环境，即使就是这样的空气，你依然也在其中呼吸。每个人都有自己解决问题的办法，当一个人对你谩骂时，如果你以同样的方式回绝他就说明你和他的解决方式是一样的，心理高度也是一样的。即便你厌恶这样的方式，但是一旦你愤怒了，就说明被对方控制了。如果以相反的方式应对，那么，掌握控制权的就会是你。做好自己，把正情绪传递给他人，会使工作环境保持良好和谐的氛围，这样对谁都有好处。

每个人都有情绪波动的时候，管理者也是普通人，但重点是如何控制情绪，一旦情绪爆发出来难以控制，不光危及身边的人，也会影响人与人之间的关系，对企业决策影响更为深远。

善于接受反对意见

人们常说："人非圣贤、孰能无过"。于是好多人都有了犯错的借口。圣贤都会犯错，更何况我们呢？不用在这个问题上要求自己，说这句话无疑是为了让那些犯错的人原谅自己，同时也推卸了责任。企业的管理者也会犯这样那样的错误，犯错误不可怕，可怕的是不知悔改。只有重视错误才能想要去改正，以防再犯同样的错误。与其追究责任倒不如尽量避免错误的发生。

只有真正想知道自己缺点的人才愿意从别人那里得到建议，也只有关系很好的朋友才会告诉你，所以得到的建议都是宝贵难得的。我们要善于接受意见，不断完善自己，不能自我感觉良好，扬长避短，这样我们的自身发展永远也得不到提高。

纵然世界千变万化，生活丰富多彩，人们无时无刻不在追求美的存在，但是我们也深知这一点，世界上没有十全十美的人，没有完美无瑕的东西。想要得到每一个人的认同，这几乎不可能。如果有一半的人对你满意就已经很不错了。因为在你周围，你说过的一半以上的话题会有一半人提出各种不同的意见，从西方整治竞选中就能看出：获胜者的选票也只是超过一半，其余的投了反对票。这样看来，无论你什么时候提出观点，一半人表示反对都是正常事。

当你明白这个道理时，就可以站在反方的角度看问题了。当别人对你的话提出不同观点时，你也不会因为不被认同而感到沮丧，或者为了使对方拍手叫好而动摇自己的观点。反之，你遇到了一半人中第一个与你意见不同的人。在交谈中，你所发出的每一个信息，一个信号，一句话或所做的一件事都可能会遇到反面意见，有人企图驳倒你的观点是一件好事，也恰巧考验了你的观点是否明确和有把握。世界上的任何事情都有两面性，也因为存在正反两方才越发显得有趣。可以让你不那么信誓旦旦，也可以促使你往正确的方向发展。但话说回来，凡事都要做好两手准备，这样才不至于在事情发生时毫无防备。所以，只有在你做好了会有人持反对意见的心理准备之后，在有人辩驳你的时候才不会感到情绪低落，站在正确的角度想，还会使旁人的建议转化成正能量，而不是对你的否定。

无论你持怎样的观点，反对意见都是避免不了的。你的任何一个观点或想法都会有对立面，美国林肯总统曾在一次谈话中说："……如果把和我不同观点的人都罗列出来……更不用说一一作出回应和解释，那我还不如不做总统。我每天都依靠自己的实力勤勤恳恳地工作，而且我会一直继续下去。如果说我的确是对的，那么，反对意见也不复存在了。如果的确是我错了，那么有再多的人说我是对的，也不能改变事情的本质。"

遇到反对意见并不可怕，你可以看到事情的另一面或其他的方式方法，从中提升自己的想象空间和找到处理问题的更多途径。不光如此，为了不使自己沉浸在赞美的目光中，还可以试着做这些事情：

首先是在面对反对意见的时候，用"你"开头。假如你的员工不同意你的看法，并且生气了，不要因此而改变你的看法，也不要做任何辩解，你只需要说："你认为我的看法不正确，所以你有些不高兴了。"这样做可以帮助你清楚地意识到，持反对观点的是他，不是你。在大多时候都可以用"你"字开头，只要恰当合理，就会达到显而易见的效果。但在讲话过程中，尽量少用"我"字开头，因为这样会使自己置身于被动的地位，甚至会自己辩解自己说过的话，博得别人的认同。假如你觉得有人想要通过提出反对意见来控制你的思想路线，那么，坚持自己的观点，不要在心里衡量究竟是谁的正确，要当机立断，清晰明了地告诉他："在一般情况下，我不会改变想法，如果你不同意，那你就随便吧。"或者你可以说："我想你是想让我改变原来的观点。"做出这样的行动的同时也在潜意识里提醒自己坚定立场。

如果有人提出一些和你类似的观点，尽管不是很欣赏，也应该对此表示谢意。这样可以直接跳过赞美的步骤。比如说，你男朋友说你太腼腆，他不喜欢你这样。不要因为这样就立刻用行动博得他的欢心，只需要谢谢他给你提出的建议就好了，这样就可以消除赞许的部分了。

其次，你可以在给出意见的同时寻求不同意见，让自己不因此而感到苦恼。要能从中找出一个可能提出不同观点的人，站在他的观点上想问题，也理性看待自己的观点并坚定立场。你可以安慰自己：出现这样的对立是在预想范围之内的，每个人都有自己的看法，也有权利发表自己的观点，表示不认同。通过这样的方式，而不是逃避对方的观点，你能渐渐掌握应对各种不同方法和不同意见。久而久之，你就会习惯接受不同的反对意见，不容易被立场相对的人支配。

虽然企业的管理者都在各自金字塔的顶端，他们高高在上，但他们也不是无所不能的，少数人的力量毕竟是有限的。俗话说"三个臭皮匠顶个诸葛亮"，所以说，管理者就要汲取多方面的意见，来补充自己观点的不足，这也能体现管理者的博大胸怀。

有能力的管理者，自律性一定很强，并且能做到经常反思自己的错误，及时改正。没有人没犯过错，但要知道自己的错误，知错就改。管理者的日常工作繁多复杂，可能出现错误的地方有很多。比如说，进的货是否够多，销售量是否能达到目标，服务态度是否使顾客满意，商品陈列是否整齐有序，能不能引起客人购物欲等等。

就像陈列的五花八门的商品，错误也有若干种，最严重的就是经营不当。

　　管理者最大的弊病就是独断专行。他们总觉得员工是自己花钱买来的劳动力,一切都由自己一个人说了算。因此,在处理工作上管理者容易一意孤行,固执己见。不尊重员工,也不愿意听员工的意见,看不到他们的眼光、情感、智慧和无穷的创造力。

　　再高的领导也是凡人,有不完美的地方,有他自己都反感的缺点。仅凭他们自己的能力,不能洞察市场的发展趋向,一下子就看透消费者的心理,更不能制定出完善的经营方针。

　　领导者也不能事事都做到尽善尽美,但对企业发展来说,一家公司能否尽快步入正轨,能否在遇到危机时保持稳定发展,不偏离发展方向,能否在经营的过程中不犯错,或能否在发现错误时立刻改正等答案都在这里面。

　　员工们的建议未必都是可取的,但是管理者的包容性应当在这时候体现出来,做到集思广益。如果你无法包容他们不合理甚至错误的意见,那么,你将不会听到任何正确的意见,以及他们的智慧、创造力和奇思妙想,反之则一定会有意想不到的收获,他们以自己的方式思考,站在他们的岗位上寻找途径,考虑得会很全面。这样不仅能对经营管理发挥作用,还能从中挖掘有潜力的员工,为公司培养人才。

　　好事和坏事向来是相互伴随而来的。管理者管理整个部门都不能保证不出错,为什么却要求员工不出半点儿差错呢?